国家级一流本科课程配套教材

大学语文导读

张天来　著

东南大学出版社
SOUTHEAST UNIVERSITY PRESS
·南京·

内容简介

本教材紧扣文化素质教育本质的特征,精心选择中国历代文学、历史、哲学经典,如《诗经》《楚辞》《论语》《庄子》《史记》,以及唐诗、宋词、明清小说等作为教学内容,分析其思想情感、品味其审美价值、探寻其文化意义,帮助读者提升对中国语言文学的热爱之情,陶冶精神情操,提高文化素养,留住对中国文化的乡愁。

本教材采用多模态知识图谱形式呈现教学内容,融教学视频、经典领读、课外讨论等于一体,既有一套内容丰富,结构完整的课程内容,同时又与其他相关课程相链接,呈现出动态性、开放性和交互性的特征。

本书适合作为普通高等院校公共基础课的教材,也可供公众阅读欣赏。

图书在版编目(CIP)数据

大学语文导读 / 张天来著. — 南京:东南大学出版社,2024.8

ISBN 978-7-5641-9938-8

Ⅰ.①大… Ⅱ.①张… Ⅲ.①大学语文课-高等学校-教材 Ⅳ.①H19

中国版本图书馆 CIP 数据核字(2021)第 262734 号

责任编辑:姜晓乐 陈 淑 责任校对:张万莹 封面设计:王 玥 责任印制:周荣虎

大学语文导读

DAXUE YUWEN DAODU

著 者	张天来
出版发行	东南大学出版社
出 版 人	白云飞
社 址	南京市四牌楼 2 号 邮编:210096
网 址	http://www.seupress.com
经 销	全国各地新华书店
印 刷	广东虎彩云印刷有限公司
开 本	700 mm×1000 mm 1/16
印 张	18.75
字 数	308 千字
版 次	2024 年 8 月第 1 版
印 次	2024 年 8 月第 1 次印刷
书 号	ISBN 978-7-5641-9938-8
定 价	69.80 元

本社图书若有印装质量问题,请直接与营销部联系。电话(传真):025-83791830

大学语文

绪论
- 课程意义
  - 提高读写能力
  - 提升人文修养
  - 寻找精神家园
  - 留住文化乡愁
- 课程内涵
- 学习方法

《诗经》
- 乐歌总集
- 风：六义之首
- 爱情诗
  - 天真浪漫
  - 和谐美满
  - 礼制渗透
  - 相思离别
- 战争诗
- 农事诗
- 周史诗

孔子与《论语》
- 轴心时代
- 孔子形象
  - 孔子形象演变
  - 孔子原初形象
  - 孔子性格特征
- 孔子思想
  - 以仁为本
  - 义利之辨
  - 教育教学
- 《论语》语言艺术
  - 言近旨远

庄子与《庄子》
- 庄子生平事迹
  - 博学：其学无所不窥
  - 地域：与楚国的关系
  - 生活窘困
  - 鄙视功名利禄
  - 旷达通脱
- 庄子主要思想
  - 哲学本体论
  - 悲情人生观
  - 冷峻社会观
  - 直觉认识论
- 《庄子》文风
  - 《庄子》三言
  - 意境阔大
  - 形象诡异
  - 语言瑰丽

屈原与《楚辞》
- 楚辞渊源
  - 楚辞含义
  - 楚歌
  - 巫文化
- 屈原社会角色
  - 政治家
  - 思想家
  - 哲学家
  - 文学家
- 屈原文学创作
  - 《离骚》
  - 《九章》
  - 《九歌》
- 灵均余影
  - 宋玉-唐勒-景差
  - 楚风汉韵

司马迁与《史记》
- 史官文化
- 先秦历史典籍
- 司马迁生平
  - 读万卷书，行万里路
  - 忍辱负重，发愤著书
- 史家之绝唱
  - 先秦汉初史学集大成
  - 结构严密，体制完整
  - 秉笔直书的实录精神
  - 建立正统史观
- 无韵之离骚
  - 丰富的人物形象
  - 融注浓烈的情感
  - 典型事件
  - 互文见义
  - 语言平易

魏晋风流与《世说新语》
- 六朝烟水
  - 魏晋风流
  - 金陵怀古诗
- 世说新语
  - 魏晋玄学
  - 玄学实践
  - 放浪形骸
  - 风度气韵
- 陶渊明
  - 安贫乐道
  - 耕读传家
  - 崇尚自然
  - 回归乡愁

盛唐气象与唐代诗歌
- 盛唐气象与李白诗歌
- 形成原因
  - 经济发展：农-畜-商
  - 南北一统
  - 观念开放
  - 科举取士
  - 艺术互动
  - 历史积淀
- 现代启示

大宋风华与宋代诗词
- 宋代文化的特殊地位
- 尚理：宋诗的主要特征
  - 杜甫-韩愈-白居易
  - 王安石-苏轼-程颢-朱熹
- 崇雅：宋词的艺术魅力
  - 晚唐五代：温庭筠-李煜
  - 北宋：柳永-苏轼-李清照
  - 南宋：辛弃疾-姜夔

古典与现代的裂变：王国维
- 王国维的心路历程及其文化意义
- 王国维早期文学思想
- 《红楼梦评论》的文学思想
  - 悲剧中的悲剧
- 《人间词话》的境界说
  - 境界的含义
  - 隔与不隔
  - 造境与写境
  - 有我之境与无我之境
  - 人生境界

前　言

大学语文课程的历史源远流长。一般认为,大学语文课程直接源于 20 世纪上半页我国现代高等教育中的通识教育课程"大一国文",至今已历经百年沧桑,其间因受苏联教育模式的影响,一度取消。改革开放后,一批有远见卓识的教育家大力倡导,大学语文课程首先在一批有影响的大学得以恢复,不久在各级各类高等学校得以全面开设。"语文"一词虽出现在 20 世纪中期,但从中国教育史的角度来考察,语文教育实践源于我国上古时期的保氏"六艺"。大学语文与古之大"六艺"也息息相通。大学语文课程在当代高等教育教学课程体系中,随着教育教学改革的推进,或必修或选修,或阅读或写作,或文学或文化,潮起潮落,大学语文在实施通识教育、推动人文素质教育的实践中,可谓居功至首,取得的成就也有目共睹。

有学者说,人生一辈子的道路往往取决于语文的修养。大学语文课程的设置,其意义见仁见智,众说纷纭,但至少有这样一些共识:一是提高语言文字修养和运用能力。孔子说:"工欲善其事,必先利其器。"大学语文延续了中小学语文课程的工具性的特征,在阅读古往今来的名著名作中,不仅可以提高语言修养,同时也可以提高口头表达和书面表达的能力。二是提高人的文化修养。有知识未必有文化已成为人们的共识。大学语文教学通过优秀作品的研读,可以陶冶人的情操、净化人的心灵、涵养人的性情,亦如苏轼诗所说的"腹有诗书气自华"。这里的"气"可以是孟子的"浩然之气",正如文天祥《正气歌》中所说的"浩然者,乃天地之正气也";也可以是吴敬梓所说的"六朝烟水气",那是一种清俊、通脱的精神,正如魏晋名士的玄心、洞见、妙赏和深情。三是寻找安顿灵魂的精神家园。灵魂是大地上的异乡者,人的灵魂应该来自一个完美的家园,人的生命历程就是灵魂寻找它美丽故乡的归途。泰戈尔在《吉檀迦利》诗集中说,让我所有的诗歌,聚集起不同的调子,成为一股洪流,倾注入静寂的大海。像一群思乡的鹤鸟,日夜飞向他们的山巢,让我全部的生命,启程回到它永久的家乡。泰戈尔在这里说的是诗歌以灵魂寻找美丽故乡为归旨,实际上是在启示人们,阅读美丽的诗歌、品赏意蕴深厚的经典是人们寻找精神归宿的必由之路。中国历代文学家就是通过他们的生命体验和文学创作,以期获得对精神家园的回归。屈原"路漫漫其修远兮""虽九死其犹未悔"的飞翔,陶渊明回归田园后"山气日夕佳,飞鸟想与还"的低吟,李白"五岳寻仙不辞远,一生好入名山游"的高唱,杜甫"飘飘何所似,天地一沙鸥"的悲歌,苏东坡"此身如传舍,何处是吾乡"的感悟,都包含了对精神家园的求索和回归。

课程是学校教育教学活动的基本依据,是实现学校教育目标的基本保证。东南大学"大学语文"课程经过多年建设,经过几代人的努力,在理论探索、课程建设、教材编写、课堂教学等方面取得诸多成果:2004 年,获国家精品课程称号;2005 年,"大学语文教学改革的理论与实践"项目获教育部国家级教学改革成果二等奖;2006 年,建设成为远程教育通识课程;2013 年作为学校网络在线试点课程进行重点建设;2014 年开始登录"爱课程中国大学 MOOC"网络平台;2017 年被评为"国家精品在线开放课程";2020 年,被进一步认定为国家一流本科课程。迄今已开设 19 个学期,选课人数达 20 万之众,在国内网络在线课程中有较大影响。

"大学语文"作为东南大学网络在线课程,建设以来运用网络信息技术对课程体系、教学内容和教学方法等方面进行了改革。

首先,彰显人文素质教育,积极改革课程体系。自 20 世纪 80 年代以来,"大学语文"课程体系经历了几次较大的变化,在教学内容上最初是以中国文学史或以诗歌、散文、小说、戏剧等文学体裁为主要线索,以作品选讲为主要内容进行教授。21 世纪初,"大学语文"课程不再拘泥于时间顺序或文章体裁,而是以"主题"分类为结构,如品格·胸怀、爱情·婚姻、怀古·咏史、写景·记游等,或个人修为、世界意识、自然生命等,将相关作品分属其中,仍以相关作品讲解为主实施教学,这些教学内容的设计,都为"大学语文"课程教学质量的提高提供了有益的探索。本课程在前人和时贤讲授"大学语文"课程经验的基础上,以中国历史为线索,以经典作品为载体,以人文精神的阐释为重点,注重发掘中国文学经典中的优秀文化基因,努力将"大学语文"课程建设为一门真正的文化素质教育课程。

　　其次,凝练教学内容,使教学内容具有较强的张力。"大学语文"作为一门文化素质教育课程,经常面临课内学时有限,而教学内容无限的矛盾。为解决这种有限与无限的矛盾,本课程紧扣文化素质教育本质的特征,精心选择中国历代文学、历史、哲学、艺术经典,如《诗经》《楚辞》《论语》《庄子》《史记》、唐诗、宋词、明清小说等作为教学内容,分析其思想情感,品味其审美价值,探寻其文化意义,切实提升学生对中国语言文学的热爱之情,陶冶其精神情操,提高其文化素养,留住人们对中国文化的乡愁。在阅读品鉴中,特别注意阐释中国文学经典中所蕴含的家国情怀、社会责任、文化自信、人文情怀、工匠精神等核心价值。

　　再次,在教学方法上,积极使用网络技术工具,尝试线上线下混合式教学模式。"大学语文"在网上主要以讲授为主。在线下教学时,让学生预习网络课程,课堂上以专题讨论为主,让学生选择一本经典、一个话题,准备大纲(PPT)在课堂上展示讨论,最后完成一篇形式规范有论有据且有切身体会的课程小论文,将阅读、议论、思辨和写作融为一体。

　　本教材是一本建立在我校"国家精品在线开放课程"基础上的新形态教材。教材采用多模态知识图谱形式呈现教学内容,融教学视频、经典领读、在线测验、课外讨论、线上答疑为一体,既有一套内容丰富、结构完整的课程内容,同时又与其他相关课程相链接,呈现出动态性、开放性和交互性的特征。

　　在无线网络、人工智能等技术日益融入教育教学的新时代,以大学语文为代表的通识课程也面临严峻的挑战,本教材不过是直面挑战过程中的阶段性成果,其中诸多不足,甚至错误,实所难免,欢迎同道批评指正。

　　本教材在编写过程中得到东南大学教务处、东南大学人文学院、东南大学出版社的大力支持,在视频拍摄和文字部分整理过程中,得到朱猛、高阳、高艳艳、顾娇、石婷、胡芊、过雨辰、周然、刘思垚、丁妍心、陈旋、朱冰倩、李阳、顾路晔等同学的帮助,在教材编校过程中,得到东南大学出版社姜晓乐老师耐心细致的指导,在此一并致以衷心感谢。

前言

目　　录

大学语文导读

目
录

绪 论

「大学语文」概论

同学们好,我是东南大学人文学院张天来老师,欢迎大家选修大学语文课程,今天我们讲"大学语文"这门课程学习的意义、学习的内容和学习的方法。大学语文课是我们学校诸多人文通识选修课之一。大学语文有些内容仍是我们以前所学语文课中涉及的内容,那么在我们的大学阶段为什么仍然需要学习语文这门课程呢?我对这个问题有以下思考,同学们也可以提出自己的见解。

首先,大学语文课可以进一步提高我们语言表达的能力。其次,与"大学语文"这门课程开设的宗旨或者主要的目的相一致,它可以提升我们的人文修养。最后,大学语文课作为一门人文选修课程,还承担着传承我们民族文化的主要任务,从这个方面来说,大学语文课是我们寻找精神家园的一条重要路径。

《论语》中说,"工欲善其事,必先利其器"。在众多的人文选修课程之中,大学语文课和其他人文选修课的一个重要区别,就是它的工具性。徐中玉先生在其主编的《大学语文》的前言中曾经这样论述:"大学语文课是普通高校面向文、理、工、农、医、财经、政法、外语、艺术、教育等各类专业开设的一门素质教育课程。课程设置的目的是培养学生汉语语言文学方面的阅读、欣赏、理解和表达能力。这是大学生文化素质中的一个重要方面。"这段文字明确地把大学语文这门课程界定为我们高等学校的一门文化素质课程,强调培养阅读、欣赏、理解和表达的能力。除此之外,学习大学语文还可以提升我们的人文修养。苏轼在《和董传留别》中这样写道:"粗缯大布裹生涯,腹有诗书气自华。厌伴老儒烹瓠叶,强随举子踏槐花。"这首诗中的第二句"腹有诗书气自华"是我们经常引用的一句名言。所谓的"气自华",就是我们一个人的修养,即内在心理素质的一种彰显,是你眉宇间不经意流露出来的一种气质或风度,也是我们接受高等教育的人所要追求的精神境界。苏东坡说"腹有诗书气自华",是说我们在阅读古往今来的那些经典的文学艺术作品,研读、分析它们的思想意义,鉴赏它们的审美价值的过程中,会受到这些经典文学艺术作品的内在思想的陶冶和审美情趣的感化，渐渐地就养成一种人文气质。朱自清先生曾经在《经典常谈》中说过这样的话："在中等以上的教育里，经典训练应该是一个必要的项目。经典训练的价值不在实用，而在文化。……再说做一个有相当教育的国民，至少对于本国的经典，也有接触的义务。"朱自清先生在这里所说的，是阅读经典的意义，而我们大学语文所讲述的内容，主要就是中国历代的经典文学艺术作品。朱自清先生在这里谈到，经典训练的价值不在于实用，而在于文化，然而经典训练实际上还是有自身的实用价值的。刚才我们说阅读经典的文学作品，可以提高我们语言表达的能力，就像清代学者蘅塘退士孙洙在《唐诗三百首》的序言中所说的"熟读唐诗三百首，不会作诗也会吟"，实际上就强调了我们在阅读历代经典的文学艺术作品的时候，会提高语言表达的能力。除此之外，朱自清先生还强调经典文学艺术作品的文化功能，这个文化功能在我们看来就是提升人文修养。他说："做一个有相当教育的国民，至少对于本国的经典，也有接触的义务。"可以看到，朱自清先生实际上对接受高等教育的人有更高的要求，就是除了学好自己的专业知识之外，还要传承自己民族的文化。这也是我们今天要进一步学习"大学语文"这门课程的另外一个层面的意义。

文化具有这样一种意义：它是一个民族的血脉，是我们中华民族的精神家园。每一个民族都应该有自己的精神家园，而文学艺术是精神家园的重要载体。所以我们学习语文，学习大学语文，就是寻找我们中华民族的精神家园，安顿我们民族的灵魂。实际上，寻找精神家园有多种路径，在这诸多路径之中，学习语文，尤其是我们讲的大学语文课，是重要的路径之一。

奥地利诗人特拉克尔是一个具有哲理性的诗人，或者说是具有诗性的哲学家，在他的《灵魂之春》这首诗中有这样一句话："灵魂，大地上的异乡者。"这是诗人特拉克尔对自己的生存境遇的一种感悟。我们现在读这首诗，不仅体会到了特拉克尔感受到的生存在世间的漂泊感，他也道出了我们大部分人的心声。我们平时在忙忙碌碌之中，不觉得怎么样，但当我们停下脚步，突然就会体会到特拉克尔这首诗的感觉——似乎找不到自己的归宿，找不到安定自己灵魂的所在。所以，特拉克尔这句"灵魂，大地上的异乡者"警示着我们，生存在这个世界上的你和我，还有一个生存的意义，就是寻找自己的精神家园。寻找精神家园，当然也有很多的路径，我们以为，学习大学语文这门课程是重要的路径之一。实际上从中国历代的作家以及他们的作品中也看得出来，中国那么多的作家，特别是一流的文学家，他们的一生在某种意义上，就是寻找自己的精神家园。而精神家园有时难以找到，就像我们熟悉的中国文学史上第一个伟大的作家屈原，他在代表作品《离骚》中说："路漫漫其修远兮，吾将上下而求索。"屈原为了自己的理想，始终在寻找自己的精神家园，可惜的是，最后没能找到。他以自沉汨罗这样一种非常具有悲剧性的方式告别了这个世界。自屈原以后，汉代的司马迁，魏晋南北朝的陶渊明，唐代的李白、杜甫、白居易，宋代的苏东坡，这些中国文学史上一流的文学家，他们穷其一生都在寻找自己的精神家园。他们不仅是在为自己寻找精神家园，也是在为我们这个民族寻找精神家园。我们学习大学语文这门课程的另外一层意义，就是通过阅读中国历代经典的文学作品，包括诗歌、散文、小说、戏曲，寻找我们的精神家园。

在这个忙忙碌碌的世界上，仍有一种诗意栖居在大地上，这就是我们这个课程学习的第三个层次的意义。我在这里不妨跟大家共同研读一下亚洲第一个获得诺贝尔文学奖的诗人泰戈尔的诗歌《吉檀迦利》。《吉檀迦利》是亚洲的文学家第一次获得诺贝尔文学奖的一部诗集，而"吉檀迦利"翻译成中文意思是"歌之献"。《吉檀迦利》这部诗集总共 103 首，就看这部诗集的最后一首诗歌，这首诗歌经由现代著名作家冰心的翻译而广为人知。

"让我所有的诗歌，聚集起不同的调子，在我向你合十膜拜之中，成为一股洪流，倾注入静寂的大海。

像一群思乡的鹤鸟，日夜飞向他们的山巢，在我向你合十膜拜之中，让我全部的生命，启程回到它永久的家乡。"

这首诗在某种意义上，是对泰戈尔诗歌思想情感的小结。特别是第二段，泰戈尔用了一个形象化的比喻，说"像一群思乡的鹤鸟"。这里的鹤鸟在某种意义上，就是诗人自我形象的一种写照。这群"思乡的鹤鸟，日夜飞向他们的山巢，在我向你合十膜拜之中，让我全部的生命，启程回到它永久的家乡"，读到这里的时候，我们很容易想到陶渊明的那首名篇《饮酒·其五》中的名句："采菊东篱下，悠然见南山。山气日夕佳，飞鸟相与还。此中有真意，欲辨已忘言。"泰戈尔在这首诗中同样也用了鹤鸟的意象，来表明自己生存的意义。这个作品要表达的思想就是，启程，回到他永久的家乡。我们从中国诗人陶渊明、印度诗人泰戈尔这些不同作家的作品中，感受到他们表达的一个重要的主题，就是寻找自己精神的家园。

这是我对"大学语文"这门课程学习意义的一些想法，同学们也可以对这个问题提出自己的见解。苏格拉底曾经说过："未经反省的人生不值得过。"我们对自己所从事的学习，也应该有一个反思。这是我们所讲的第一个问题，即大学语文课程学习的意义。

② "语文"的含义

刚才我和大家讨论了学习"大学语文"这门课程的意义，那么我们要进一步追问，大学语文这门课程到底要讲什么内容？我们可以从两个角度去思考，一个是历史的角度，一个是逻辑的角度。在大学语文中，关键词就是"语文"。那么"语文"这个词到底有什么含义呢？"语文"这个词实际上是现代汉语中的一个词语，在古代汉语中还没有正式形成。但是，并不能因为"语文"这个词是现代汉语中的一个词语，就判定在我们传统的教学过程中没有语文的内容。中国是一个非常重视教育的国度，在教育过程中，又非常重视我们今天用"语文"来指称的这个内容的教育。"语文"这个词虽然没有出现在中国古代的教育中，也没有形成专门的科目，但是语文教育在传统社会中源远流长，而且地位极高。在我们今天的语文教育中，首先要讲一讲汉语文字的教育，其次就是语言的教育。而这两个教育在中国传统的教育之中都有它自身的特征，且非常重要。

首先，我们来看文字的教育。《周礼·地官·保氏》中曾经有这样一段话："保氏掌谏王恶，而养国子以道，乃教之六艺：一曰五礼，二曰六乐，三曰五射，四曰五驭，五曰六书，六曰九数。"我们把这里的内容简称为"小六艺"。"小六艺"就是中国古代进入学校接受教育的孩子要学习的六门课程。这六门课程和现代教育中的德育、智育、体育、美育的内容大体相当。其中第五项"六书"，就是我们汉语言文字最主要的造字和用字的方法，也就是大家所熟知的象形、指事、会意、形声、转注和假借。"六书"所教的内容，在我们今天的语文教育中仍然是最基本的内容，所以说传统语文教育中的文字教育一直保留到了今天。在中国后来的语文教育中,出现了众多的识字课本,我们有一种说法,就是"三百千千"。这里所说的"三百千千",可以说是中国传统的语文教育中有关文字教育最经典的几部代表作品。"三百千千"是四本书的合称,其中"三"就是南宋末、元代初王应麟的《三字经》,"百"就是北宋时期所编的《百家姓》,"千"就是南朝萧梁时期周兴嗣所编的《千字文》,还有一个"千"就是《千家诗》南宋时期谢枋得所编、明末清初修订的本子是最为通行的本子。"三百千千"是从魏晋南北朝时期一直到清代悠远的历史中形成的经典的启蒙读物,这些启蒙读物就是识字的课本。从这些课本所记载的内容中我们可以看到,这"三百千千"不仅仅旨在一般的识别文字的符号,同时也贯穿了对我们民族的文化精神的理解。《三字经》的开篇就是"人之初,性本善",实际上这个开篇意义非常深远,在某种意义上,它揭示了我们整个人类教育的一个至高的目标,那就是教学生学会做人,做一个本性善良的人。当然这种看法是否符合人性的真正的内涵,有待于思考,但是它代表了我们这个民族对人性的最基本的、最有影响的一种看法。一开始,孩子们在学习文字的过程中,就自然地接触了这样一种人文的教育,这是值得我们注意的一个现象,即在识字教育的过程中,也贯穿了文化精神教育。

　　文字在某种意义上是记录语言的书写符号,而语言是用来交流思想感情的工具,所以在进行文字教育的同时,也要有一种教我们用语言文字来表达思想感情的教育,我们把它称为语言教育。中国传统的语言教育有明显的民族特征,因为我们这个民族的文字是意音文字,所以在造句子和写文章的时候,特别强调对句。这不仅仅是由于我们的语言文字本身具有这样的特征,这和我们民族文化中阴阳对应这样的哲学观点也有重要关联。刘勰在《文心雕龙》中就说过:"造化赋形,支体必双。"反映到我们中国人在语言文字的表达上,就是喜欢用对句,或者对仗,也就是属对,这是我们传统语文教育中基本的内容。到了明清时期,我们形成了不少专门教年轻人怎么去对对子的著作,比较流行的有清代学者李渔所编的《笠翁对韵》和车万育的《声律启蒙》。《笠翁对韵》开篇说"天对地,雨对风,大陆对长空",车万育的《声律启蒙》大体的内容和李渔的《笠翁对韵》相似,先是从自然现象中找出实体的对应的关系,然后进一步感悟到对仗这种修辞手法,"云对雨,雪对风,晚照对晴空。来鸿对去燕,宿鸟对鸣虫"。年轻人在阅读这样一些教怎么对对子的课本时,就逐渐地培养了自己语言表达的能力或者是对对子的能力。这种做法一直延续到 20 世纪中国的现代教育中。到 1932 年的时候,清华国学院有一次让陈寅恪先生出语文考试的题目,陈寅恪先生除了出语文试卷中最常见的作文题之外,还出了一个对对子的题目。出句就用了我们都非常熟悉的明代吴承恩的小说《西游记》中的主要人物的名字"孙行者",让考试的学生写出对句。显然这个对句必须得是一个人物的名字。当时中国的教育已经接受了西方教育的众多思想,很多年轻人对陈寅恪先生的这个题目提出不少意见。陈寅恪先生后来专门在清华的校报上写了一篇文章,对年轻人提出的疑问作出了明确的回答。在这篇答词中陈寅恪先生说明了对对子在我们中国传统语言教育中的重要意义。实际上,也有一些同学对这个问题作出了很好的回答,有的同学用中国古代的科学家祖冲之来作对句,也有的同学想到了用新文化运动的代表人物胡适之来作对句,还有人用清代著名的学者王引之来作对句。我们可以把这些对句分为两种,一种是以古代的科学家祖冲之为代表,另一种用胡适之、王引之来作代表。同学们可以想一想,从对仗的角度来讲,哪一个对句与"孙行者"搭配是最恰当的呢?

从对仗的一般要求来说,字数要相等,词性要相对,意义要相关,所以祖冲之这个对句似乎是比较合适的,也是比较好的答案。但是相比较而言,胡适之或者王引之要更符合这个题目的要求。从这里我们可以感悟到,在汉语言文字当中,所谓的对仗不仅仅要求字数的相等,或者是词性的相对和意义的相关,它还有一个重要的要求,那就是平仄的协调。从平仄的协调来说,胡适之和王引之比祖冲之要更适合。对对子要考量词性、词义、平上去入四种声调,这是对句子的学习。句子的学习是为进一步写文章做准备的,所以语言的教育最终是要提高书面语言的表达能力,这就要讲到文章的写作了。文章的写作在中国传统的教育中也有它的特点。中国古代将近 1 300 年的科举考试中,最重要的一种形式就是作文。由于中国传统社会在思想性上有它自身的要求,所以作文的训练要和研读中国传统儒家的经典,也就是大家熟悉的四书五经结合起来。因此在阅读四书五经的过程之中,除了理解把握中国传统的主导思想——儒家思想以外,也需要掌握一点文章的写作方法,所以语文教育中还有一个重要内容,就是作文的训练。在我们今天的语文教育中,语言尤其是书面语言的表达能力显得至关重要。从中国传统的教育,尤其是语文教育中,我们可以总结出,我们的语文教育应该包含文字教育和语言训练这两大块。

这是从历史的维度来思考我们今天的语文教育应该包含的一些主要内容。除此之外,我们还可以从另外一个角度来思考这个问题,也就是从逻辑的角度,进一步追问语文应该包含哪些内容。

《论语》中曾经记载孔子有"正名"一说,具体内容是:"名不正,则言不顺;言不顺,则事不成;事不成,则礼乐不兴;礼乐不兴,则刑罚不中;刑罚不中,则民无所措手足。"这里的正名当然带有浓厚的伦理道德色彩,但是我们把这里的正名主要理解为一种概念的思考。如果从这个角度来说,那么"语文"这个词,我们可以把它一分为二,它实际上是由"语"和"文"这两个词素构成的,而"语"主要是口头语言的表达,"文"则侧重于书面语言的表达,实际上口头语言的表达也应该是我们语文教育的一个重要内容。我们可以看一看口头语言表达在历史的演进过程之中有哪些表现形式,有哪些重要的经典我们可以从中获得一些感悟。我们可以看到,按照中国历史发展的线索,从先秦一直到现代社会,曾经有很多具有代表性的口头表达的形式或场景,比如说春秋战国时期孔子的座谈以及孟子的论辩。孔子的座谈在《论语》这部经典之中有精彩的记录,比如《先进》篇中所记载的"子路、曾皙、冉有、公西华侍坐"章,就是孔子和他的弟子们在一块座谈,来畅谈自己的理想。这是一种精彩的口头表达。到了战国时期,诸子百家都有精彩的口头表达的形式,比如说墨家的墨辩、名家的诡辩、孟子的好辩和纵横家的游说。孟子的弟子经常对孟子好辩觉得不得其解,曾经有一次就问老师:为什么我们的老师喜欢和别人辩论呢?孟子非常直率地说:"予岂好辩哉?予不得已也。天下之生久矣,一治一乱。"正是在这种辩论之中孟子极力地要表达什么是治理国家的正确方法。《韩非子》有个名篇叫《说难》,在这个名篇中韩非子揭示了口头表达最关键的一个要素,就是了解言说对象的心理,选择恰当的言说方式。《说难》因此而成为古代散文中的经典。连司马迁在《报任少卿书》(韩非囚秦,《说难》《孤愤》)和《史记》(凡说之难,在知所说之心,可以吾说当之)中还念念不忘韩非子的这个名篇。我们的口头表达到魏晋南北朝时期,最精彩的当然就是以魏晋玄学为基础而形成的魏晋清谈。魏晋清谈被清代学者顾炎武看作误国的一种原因,我们不排除顾炎武说清谈误国有一定的道理,但是从哲学思辨的角度来说,魏晋清谈对提升一个时代的哲学思想实际上有重要的作用。从口头表达中我们还想到了南宋时期著名的思想家朱熹,曾经在今天的江西上饶铅山县鹅湖寺,与当时著名的心学大师陆九渊面对面谈论学习的重要意义和方法。这是学者之间的一种会谈。当然学者之间的会谈不一定要得出一个各方都认同的结论,但是正是在这样一种没有结论的会谈之中,各个思想家充分地展示了自己的思想。到近代和现代,由于受西方思想的影响,中国也出现了口头表达的现代形式,比如说思想家梁启超和新文化运动的代表人物胡适都是善于演讲的人,在他们一生中留下了很多精彩的演讲和名篇。

从座谈、论辩到魏晋清谈,再到宋代的会谈,一直到现代的演讲,可以看到在口头表达之中,代表人物对提升我们这个民族的思维方式、推动我们这个民族的文化发展都起了非常重大的作用。以这些思想家为代表的许多人物,在我们中国文学史上留下了很多以口头表达为特征的经典,比如先秦时代的《论语》、西汉初年陆贾的《新语》、记载东汉后期到刘宋间名士清谈论辩的志人小说《世说新语》、唐代学者王谠的《唐语林》,还有记载朱熹与他的弟子们讲课问答的语录集《朱子语类》,以及梁启超先生和胡适之先生的演讲录。这些记录口头语言的作品同样也是中国文学中的重要经典。这是我们讲到的语文教育中的"语"字的重要内涵。

刚才我们从逻辑角度分析了"语文"这个词的内涵,它主要包括两个关键词:一是"语",这个词主要是指口头语言表达;二是"文",这个词主要是指书面语言表达。

"文"在我们的语文中,应该包含哪些主要内容?首先它应该包含文字这个内容。我们知道文字是记录语言的书写符号,由于汉语言文字有意音文字的特点,所以它不仅仅是一个纯粹的语言符号或者是记录语言的符号,实际上它还承载着我们民族的文化精神。余光中先生在他的散文《听听那冷雨》中表达了他对汉语言文字特有的一种情感:"只要仓颉的灵感不灭,美丽的中文不老,那形象、那磁石一般的向心力当必然长在。因为一个方块字是一个天地。太初有字,于是汉族的心灵,他祖先的回忆和希望便有了寄托。"余光中在这里说,一个汉字就是一片天地。那么,这个汉字是怎样的一种天地呢?我们可以这样来理解,汉语言文字有悠久的历史,殷商时期甲骨文的出现标志了汉语言文字在殷商时期就已经非常成熟了,一直沿用至今。在这悠久的历史中,汉语言文字承载着我们这个民族的文化,也积淀了我们这个民族的文化,所以汉语言文字在作为记录语言的书写符号的同时,还凝聚或积淀了我们这个民族的思维方式、哲学观念、审美理想等。我们看一看,汉字中的"人"的小篆,这个字形实际上是人的侧面的一个形象,是个弓着身子的人。这个人的形象,让我们感悟到了做人的道理——做人应该谦恭一些,像孔子那样温良恭俭让。汉语言文字在作为记录语言的符号的同时,还承载着我们民族的一种哲学的思想或者是审美的理想。这是"文"第一个层次的含义。

其次就是文章。我们传统的说法叫"因字而生句,积句而成章,积章而成篇"。篇就是我们今天所说的文章,是有一定篇幅的、有一定结构的书面语言文字的组合。汉代有个语言学家叫刘熙,他在《释名》这本词典中,曾经对"文"作出这样一种界定。他说,所谓"文",就是"会集众彩以成锦绣,合集众字以成辞义,如文绣然"。汉代的语言学家刘熙对"文"的这个界定,显然受到他那个时代的审美理想或者审美趣味的影响。从文学的角度来说,汉代最有影响、最具代表性的文体就是赋。赋从语言形式上来看,铺张扬厉,辞藻比较华丽,所以就影响了刘熙对文的概念的界定。它告诉我们语言文字所形成的文章要有一种华彩之美,或者叫华丽之美,所以今天我们来看汉代的赋,尤其是大赋,它的一个重要特点可以用"丽"来概括。而"丽"的这种特点到魏晋南北朝得到了进一步发展,形成了那个时代的一个重要的文体——骈文。骈文无论是辞藻的选用、典故的运用,还是声律的协调方面,都有它的要求。以汉赋和六朝的骈文为代表的文学形式,体现了我们对中国传统文章的一个重要要求——华丽之美。这是中国传统文章的一个重要的审美观念。这个审美观念在不同时代也有不同的特点。例如后代的文学史一般认为,陶渊明是东晋成

先师孔子行教像

就最高的作家。而陶渊明的诗文在语言上的特点，与整个时代的审美趋向或者审美特点有些不同，甚至区别很大。后人对陶渊明的诗文作品的语言特征有个共同观点，即有自然之美。这种自然之美实际上也是我们对中国传统文章的一个重要的审美要求。这个审美要求在某种意义上要比汉赋、六朝的骈文的华丽之美的境界要更高一层。实际上孔子也曾经说过："辞达而已矣。"也就是说，语言文字只要能够恰当地表达文章的思想内容就可以了，而陶渊明的诗文在某种意义上已经达到了这样的要求。元代著名文学家元好问曾经评价陶渊明的诗歌："一语天然万古新，豪华落尽见真淳。南窗白日羲皇上，未害渊明是晋人。"在这里我们看看前两句"一语天然万古新，豪华落尽见真淳"，这两句对陶渊明诗文的语言艺术的特征做了非常明确的概括，那就是所谓的天然。朴素自然不仅是陶渊明诗文的语言的重要特征，也是中国传统的审美观念中一个重要的特征。这是"文"这个词在具体的文学创作之中，通过不同时代、不同作家的作品给我们的一些启示。

实际上就审美或者是语言文字本身的艺术特征来说，最好的就是自然之美，自然之美是我们中国文人所追求的一种至高的境界。这个境界说起来非常美好，但有时候似乎又不可捉摸。《论语》中记载的孔子的观点倒是比较切合实际，即"质胜文则野，文胜质则史，文质彬彬，然后君子也"。这句话是谈人的修养的，一个人的修养，既受他先天的素质的影响，这个先天的素质我们可以把它叫作"质"，这个"质"就是先天的素质，在后天也受自然环境和文化教养的影响，于是就有了"文"。孔子说一个人的修养，最好是文质能够达到和谐的统一，就是文质彬彬，这是最高的一种境界。《论语》中曾经记载过这样一件事情，有一个叫棘子成的人曾经问孔子的弟子子贡：君子只要保持自己先天的本色就行了，为什么要在文上下功夫呢？子贡听到这个话，就说："驷不及舌。"也就是说说话要小心，要思考以后才说，否则说错了话，就收不回来了。子贡认为："文犹质也，质犹文也。虎豹之鞟犹犬羊之鞟。"他说，文看起来好像不重要，实际上对做人来说非常重要。它代表着一种后天的文化教养，文质彬彬是人的内在的精神修养的一种完美的境界。后来"文质彬彬"这个词的词义发生转化，指一篇文章要达到思想内容和艺术形式的完美统一，这是对文章的一个审美的要求。文质彬彬代表着文

学艺术审美的一种要求,这是文作为文章来说对我们的一种启示。

这里讲到文章,我们就想到了与文章关系比较密切的另外一个概念,就是文学。"文学"是我们汉民族语言文字当中固有的一个词语,实际上在《论语》中就已经出现了。孔子曾经采用因材施教的方法根据他的弟子们的不同特长,将所教内容分为四个科目,或者叫四个专业,我们把它叫作孔门四科,也就是德行科、言语科、政事科、文学科。那么,文学就是孔门四科之一。从这里可以看到文学在我们汉民族语言当中有很悠久的历史。但是我们今天通行的"文学"这个词的概念,和《论语》中"文学"这个词的概念实际上是不同的。我们今天头脑中文学的观念,更多地受到了西方纯文学观念的影响。在近代以后,特别是新文化运动以后,西方的很多概念包括术语以及词语传到了中国。如果要区分受西方观念影响的文学和我们自己固有的文学的概念,我们有时候不得不加上一个修饰词,将它叫作"纯文学"。纯文学对我们理解文学的审美意义,是有重要的意义的。但是今天我们如果从语文学科的角度来说,中国固有的文学的观念似乎对我们有更多的启示,这里的文学实际上就是传统的六艺之学。我们前面讲过小六艺,这里的六艺主要是指儒家最重要的六部经典,就是大六艺——《诗》《书》《礼》《乐》《易》《春秋》。《乐经》后来失传,就剩下后来所谓的五经。五经用今天的标准来看,包含了以《诗经》为代表的文学,以《尚书》和《春秋》为代表的历史,以《周易》为代表的哲学。如果《乐经》未失传,我们今天会把它叫作艺术。六艺之学,实际上是中国传统的文学、历史、哲学和艺术。这样一个文学观念和今天受西方观念影响的纯文学是完全不同的。要准确地理解中国固有的这个文学的观念,我们可以借用一个通行的词,这个词就是我们大家所熟悉的"文化"。章太炎先生曾经在《国故论衡·文学总略》中对文学下过这样一个定义,他说:"文学者,以有文字著于竹帛,故谓之文。论其法式,谓之文学。"实际上这里是两个概念,一个是文,一个是文学。他这里所谓的文,相当于我们今天的文学;他这里所说的文学,实际上是关于文学的科学。章太炎先生在这里所说就是,凡是用语言文字记载下来的典籍都可以称为文。这里的文,我们可以说主要指中国传统的精神文化的载体,也就是我们今天讲的文化。我们在前面讨论过,文化是我们语文学习的一个重要的内容,因为我们中国的语言文学作品是我们中国优秀的精神文化的载体,所以在阅读欣赏中国优秀的文学作品的时候,也在理解我们民族优秀的文化精神。"文化"这个词最早是在汉代的大学者刘向所编的《说苑》这部著作中出现的。《说苑·指武》中说:"凡武之兴,为不服也;文化不改,然后加诛。"文化这个概念按照我们今天的理解有多种含义,比较简洁的分析方法是把文化分为两个层次:物质文化和精神文化;也可以用三个层次的分析法,包括:物质文化、制度文化和精神文化;也有用四分法的:物质文化、制度文化、精神文化、语言文字文化。我们在这里比较同意选用四分法这样的分析方法来看待文化,也就是物质的、制度的、精神的、语言的。这也是我们前面所讨论的语文课程学习的意义之一,就是把语文当作工具,能够在提高我们语言表达能力的同时,传承我们民族的文化。这样我们可以看到"语文"这个词的完整概念,包括口头表达、书面表达,其中书面表达又包含四个层次:语言文字、文章、文学、文化。这是用逻辑的或者概念的分析方法,对"语文"这个词的概念内涵的一种理解。

③ 如何学习"大学语文"课程

　　刚才我们给大家讲了"大学语文"这门课程学习的意义以及学习的内容,那么我们再谈谈如何学习"大学语文"这门课程。如何学好这门课程,也就是学习的方法问题。作为绪论,我们实际上应回答为什么、是什么和如何做这三个问题。

　　那么如何学习"大学语文"这门课程呢? 基于对"大学语文"这门课程意义的理解,在学习"大学语文"这门课程的过程之中,我们通过这样一些具体的方法来学习大学语文,首先从路径的角度来说,将语言文学和文化结合起来,从文化的角度来阅读、欣赏、理解历代优秀的文学作品。比如说,我们从历代的文学作品中,精选《诗经》、楚辞、唐诗、宋词、明清戏曲小说中优秀的作品,来分析它们的思想内容和艺术价值。其次是要努力去实现四个统一。因为从传统的语文观念来说,中国传统的文学实际上也包含了历史、哲学和艺术的内涵,所以在这门课程中,要努力做到文学、历史、哲学、艺术这四个方面的统一,去挖掘历代优秀作品的文化内涵。从载体的角度来说,可能选用的一些作品,有的比较偏向于文学,有的比较偏向于历史,有的比较偏向于哲学,也不排除我们会选一些与艺术,比如说音乐、美术、绘画等艺术结合比较紧密的一些载体,比如说唐诗、宋词、明清的一些戏曲。这些文本或者文体与中国传统的音乐、绘画等艺术是息息相关的。通过对这样一些作品的研读,努力地去实现四个统一,就是文史哲艺四位一体,这是我们大学语文学习或者教学方法的主要路径。

对我们同学来说,学习的主要要求有这样几个方面:第一,选用一种大学语文或中国语文的教材去泛读。这里的教材,我在给大家的课件中已经明确地提出来有哪些参考书,大家也可以自己到图书馆去选择一种比较适合的大学语文的教材来通读,实现对中国的语言文学或者是文学史的基本的把握。第二,在阅读大学语文教材或者在泛读大学语文教材的基础之上,根据自己个人的兴趣,选择一到两种中国文学或者文化的经典研读。这些经典可以是纯粹文学的,比如说《诗经》、唐诗、宋词或者明清小说戏曲,也可以是偏向于历史的,比如说司马迁的《史记》。当然,对我们同学来说读一种选本也就可以了,比如史记选或者是历史散文选,或者是有的同学对中国的诸子感兴趣,也可以选择其中的一到两种诸子文本去研读,比如说《论语》《孟子》这些诸子百家的经典,也可以选用《老子》《庄子》这些经典去研读。第三,在研读这些经典的过程中,努力去发现问题,最好能够结合我们的教学内容和自己阅读的作品,包括大学语文教材和自己精读的经典,来思考一些人生或文化的问题。在此基础之上,写成一个主题鲜明、内容集中、形式规范、文从字顺的小论文。这是我们大学语文课程的基本学习要求。

最后,根据我们这个课程的绪论部分讲述的内容,提出一些思考题,供课后思考。这些思考题有一些是概念性的,比如六书、六艺,比如三百千千、四书五经;还有一些是值得我们进一步探索的问题,比如如何去理解"语文",包括"大学语文"这个课程的内涵,如何去学习大学语文这门课程,才能实现我们这个课程的目标:提高我们的表达能力,提升我们的人文修养,还有寻找我们的精神家园。

思考与练习

1. 谈谈你对"大学语文"课程学习意义的理解。
2. 你认为"语文"课程应该包括哪些内容?

参考文献

［1］朱熹. 四书章句集注［M］. 北京：中华书局，1983.

［2］杨伯峻. 论语译注［M］. 北京：中华书局，1980.

［3］喻岳衡. 千家诗［M］. 长沙：岳麓书社，2005.

［4］徐中玉，齐森华. 大学语文［M］. 上海：华东师范大学出版社，2005.

［5］周先慎，何九盈，孔庆东，等. 中国语文［M］. 北京：北京大学出版社，2009.

［6］张天来. 大学语文读本［M］. 南京：东南大学出版社，2004.

［7］张天来，徐同林. 大学语文教学参考资料［M］. 南京：南京大学出版社，2003.

第一讲

窈窕淑女 君子好逑

——《诗经》爱情诗导读

今天我们讲《诗经》。我们选择这样一个题目来跟大家共同讨论中国文学史上第一部诗歌总集《诗经》的主要内容之一："窈窕淑女，君子好逑"——《诗经》"爱情诗"导读。在这个题目下面，我们和大家共同讨论《诗经》是怎样一部书，《诗经》"爱情诗"的主要内容，以及《诗经》其他方面的内容。今天首先跟大家来讨论，作为我们中国文学史上第一部诗歌总集，《诗经》是怎样的一部书籍。

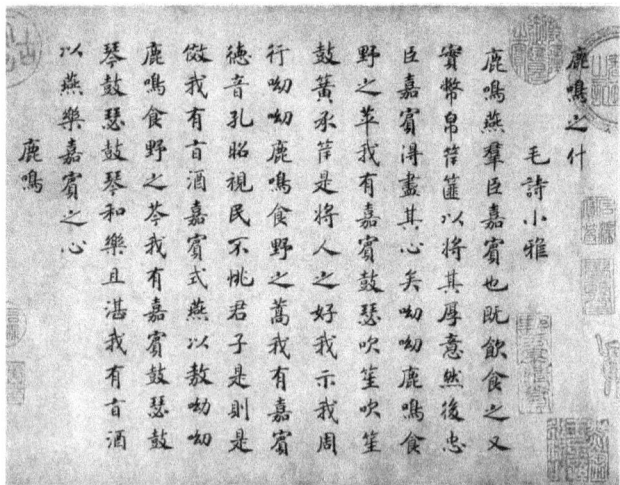

《鹿鸣之什》图卷

在中国文学史上，我们一般把《诗经》称为第一部诗歌总集，在这里我们可以把它进一步界定为我国第一部乐歌总集。这是基于我们对《诗经》这部诗歌总集的一种认识，在中国的诗歌史上，诗歌和音乐的关系非常密切，从《诗经》时代就是如此。所以我们第一个专题就是：《诗经》，我国第一部乐歌总集。首先给大家介绍一下《诗经》这部书的基本内容。在讨论《诗经》的基本内容的时候，我们一般要了解《诗经》产生的时代、地域、作者以及《诗经》的编纂、传播，《诗经》中最基本的概念，包括《诗经》"六义"的基本内涵，以及

《诗经》的主要内容和它的艺术成就。这是我们对我国第一部诗歌总集《诗经》的总体的把握。

　　首先要讨论的问题就是《诗经》产生的时代、地域和作者。《诗经》大约产生于西周初期到春秋中叶之五百年间。《诗经》主要产生在黄河中下游地区，《诗经》的十五国风就产生于黄河中下游这个辽阔的地区。《诗经》的十五国风分别是周南、召南、邶风、鄘风、卫风、王风、郑风、齐风、魏风、唐风、秦风、陈风、曹风、桧风、豳风等。这十五国风所在区域，大体相当于今天的山东、河北、河南、山西、陕西、湖北北部、安徽北部这一片地区，也就是说《诗经》产生的地域，东到齐鲁，南到江汉，西到渭陕，北到燕冀。《诗经》总共有 305 篇，除了《诗经》《春秋左氏传》中曾经记录的部分诗篇知道作者是谁，其余大部分篇章的作者已经不太能够弄清楚了。但是，我们从《诗经》的具体内容中大体可以判断，《诗经》的这些作品的作者来自社会的各个阶层，上到贵族，下到平民百姓。

　　产生在这么久远时代、这么辽阔地区的这么多篇诗歌，最后怎么编成了一本诗歌的总集呢？这要归功于天子王官中的乐官。《诗经》中的诗歌，又叫乐歌。所以，能够将《诗经》中的作品编纂起来的，往往是懂音乐的人。《诗经》大概就是这些乐官编纂的。作为一本礼乐教科书，这是《诗经》编纂的一个主要目的，所以《诗经》在编纂以后，广泛流传。孔子曾经告诫过他的学生："诵诗三百，授之以政，不达；使于四方，不能专对。虽多，亦奚以为？"从这里我们可以看到，学习《诗经》不仅仅是接受一种文学的陶冶，它还有更重要的政治功能。在春秋那个时代，无论是执掌内政的，还是外交的官员们，他们的一个重要工具就是《诗经》。《诗经》是当时人们表达思想和感情的一个重要工具。研读和学习《诗经》，在春秋时期有广泛的需求，所以《诗经》在编成后在中原地区得到了传播。在汉代的时候，《诗经》正式成为儒家的重要经典之一，也是地位极为显赫的五经之一。对于历代的学者来说，《诗经》是必学的一本书。今天我们虽然不一定要像我们的前代或古代那样，把《诗经》当作儒家的重要经典来对待，但是把《诗经》当作我们中华民族的优秀文学经典去对待，也需要我们对《诗经》有比较深的了解。《诗经》是我们中国文学的重要源头，这个源头对后代作家的作品，包括唐代的诗歌、宋代的曲子词，甚至明清时期的戏曲小说，都有深远的影响，乃至我们今天的文学艺术创作仍有《诗经》的影子,比如说受《诗经·蒹葭》影响的《在水一方》,是我们大家比较熟悉的台湾作家琼瑶的一部小说。近代著名学者王国维、建筑学家梁思成、教育学家郭秉文的名字皆取自《诗经》。

那么如何去学习《诗经》这本文学的经典呢?古人曾经提出六义之说,也就是所谓的《诗经》"六义"。《诗经》"六义",从某种意义上来说,是我们学习或是进一步研读《诗经》的重要钥匙。有了这六把钥匙,我们就能够将《诗经》的精神宝库之门打开。所谓《诗经》的"六义",就是我们熟悉的风、雅、颂、赋、比、兴,这是《诗经》学习的一个重要内容。除此之外,了解《诗经》的主要内容,当然也是《诗经》学习的重要内容之一。《诗经》虽然篇目不多——305篇,但是,它的内容涉及的范围极为广泛,将它称为我们中国上古时代的一部百科全书也不为过,比如说《诗经》涉及我们日常生活的爱情、婚姻、家庭,涉及我们中国古代社会最重要的物质生产方式,以及上古时代的战争,还涉及我们民族的史诗,还包括祭祀、宴会等多方面的内容。掌握《诗经》的艺术特色,也是《诗经》学习的一个重要内容。我们刚才说学习《诗经》首先要掌握"六义"。"六义"之中包括赋、比、兴,赋、比、兴是我们中国诗歌也是我们中国传统文学最重要的艺术表达方式。要想理解《诗经》以及包括唐诗宋词在内的后代的诗歌创作,就必须要理解《诗经》中的重要艺术表现手法,这是我们介绍的有关《诗经》的一些主要内容。

❷ 《诗经》"爱情诗"解析(上):风——《诗经》"六义"之首

从内容的角度来看,《诗经》被我们誉为上古时代的百科全书,但是由于课时的限制,我们不可能给大家面面俱到讲述《诗经》全部的内容。我们有这样一种说法,爱是人类社会永恒的主旋律,而爱情则是文学的主题。无论时代如何发展、如何变迁,爱情和文学都会保持着一种不变的联系穿梭于时空之中。因此在《诗经》的主要内容之中,我们就选择爱情诗来和大家共同讨论。在讲《诗经》的爱情诗之前,我们要对《诗经》的"六义"作进一步的解析,尤其是解析与《诗经》的爱情诗内容直接相关的"六义"之一——"风"的主要内涵。"风",是《诗经》"六义"之一,而且是"六义"之首,也就是"六义"的第一个内容。我们先来看"六义"的内涵。"六义"在《诗经》之中又被称为"六诗",中国的儒家经典《周礼》之中就曾经提到过"六诗"。《周礼·春官宗伯·大师》中说:"大师……教六诗:曰风,曰赋,曰比,曰兴,曰雅,曰颂。"到汉代的时候,正式形成的说法叫《诗经》的"六义"。《毛诗序》中就称之为"六义","六义"的具体内涵和"六诗"一样。在这个解说之中,我们要注意一点,这个排列的顺序,和我们平常所讲的《诗经》的"六义"的顺序是不太一样的。在学习《诗经》或学习中国文学的时候,提到《诗经》的"六义",我们一般称之为"三体三用"。所谓"三体"就是风、雅、颂,"三用"就是赋、比、兴。风雅颂和赋比兴,与"六诗""六义"原初的顺序是不太一样的。"六义"和"六诗"原初的顺序,是风、赋、比、兴、雅、颂。这种排列的顺序看起来对于理解《诗经》的"六诗"或"六义"无关紧要,深究起来却不完全如此。我们中国古代文化非常讲究次序,次序显示一定的内涵,风、雅、颂、赋、比、兴,是对《诗经》"六义"的一种理解。而风、赋、比、兴、雅、颂这种顺序体现的是对《诗经》的另外一种理解。我们今天和大家着重地讨论《诗经》"六义"之首——"风"的主要含义。

钱锺书先生在《管锥编》中曾对"风"的含义进行过细致的分析。他将"风"的概念从三个角度加以解释:第一是从作用的角度,第二是从来源的角度,第三是从体制的角度。从作用的角度来说,"风"就是风谏、风教,强调《诗经》中的作品具有一种教育意义,比如说《诗经》的开篇《关雎》就是这样。"《关雎》,后妃之德也,风之始也,所以风天下而正夫妇也。……风,讽也,教也。风以动之,教以化之。"《毛诗序》特别强调《关雎》作为"国风"之始的教育意义。

在传统的《诗经》学之中,《诗经·关雎》这篇诗歌是有重要的教育意义的,所以《关雎》是国风的第一篇诗歌。这是"风"的第一个层次的意思。第二层内涵是从本源的角度分析,"风"是指土风和风谣,也就是说《诗经》的国风,是来自各个地方的歌谣,就相当于我们各个地方的民歌。《诗经》有十五国风,这十五国我们前面说过,是二南、邶、鄘、卫、王、郑、齐、魏、唐、秦、陈、桧、曹、豳等十五个地方。当然有些地方,我们通过《诗经》文本的分析,实际上是可以进一步合并的,比如说邶、鄘、卫这三风,我们可以把它合并成卫风,二南我们也可以把它大体合并。这样我们大体可以得出,《诗经》的国风大约来自十二个不同的地方。这十二个不同的地方,从疆域来说相当于今天的齐鲁、渭陕、江汉和燕冀一带。所以从来源来说,《诗经》的国风产生于黄河中下游这个广阔的地区。这是"风"的第二层内涵。第三是从《诗经》的国风中的体制来说的,国风中的 160 篇诗歌从形式上来看,是怎样的一种诗歌呢?"风"这个概念,实际上就体现了诗歌分类的一个重要的体制特征,那就是"'风'者,风咏也、风诵也,系乎喉舌唇吻,今语所谓口头歌唱文学",也就是说"风"是一种乐歌,是一种可以用来歌唱的文学。这是钱先生在《管锥编》中对"风"三层内涵的一种界定。

实际上我们今天读国风中的诗歌,来理解"风"这个概念的时候,不止这三个层次的内涵。我们来看一看白居易的一首诗歌。白居易特别珍爱自己的诗歌,他在诗歌创作到了一定的阶段以后,就将自己的诗歌编纂起来。他曾经将自己的诗歌编纂成十五卷,编完了以后还写下一首诗歌作纪念,他把这首诗歌送给了他的好朋友元稹和李绅这两位诗人。这首诗歌的题目叫《编集拙诗成一十五卷,因题卷末,戏赠元九、李二十》,在这首诗中白居易写道:"一篇长恨有风情,十首秦吟近正声。每被老元偷格律,苦教短李伏歌行。"我们看到白居易在这首诗歌的开篇,提到了他自己颇为得意也就是有成就感的两类作品,一类是有风情的诗歌,另一类是和《诗经》中具有教育作用的诗歌相类似的《秦中吟》。《秦中吟》是新乐府类的诗歌,这类诗歌是反映民间疾苦的,白居易称之为正声。而风情类的诗歌白居易直接点出了他的得意作品《长恨歌》。这是我们比较熟悉的一篇长篇叙事诗歌,主要内容是写唐明皇和杨贵妃的爱情悲剧,白居易称之为有风情的作品。这里的"风情"之情主要就是指爱情,于是这里的"风"在诗歌当中就可能是指爱情这个意思了。南宋著名的理学大师朱熹也是一个《诗经》学者。他的《诗经》学代表作品就是《诗集传》。在《诗集传》的序言之中朱熹曾经对"风"做过这样精粹的解释,他说:"吾闻之,凡诗之所谓风者,多出于里巷歌谣之作。所谓男女相与咏歌,各言其情者也。"这句话是朱熹解释"风"这个概念的主要文字。在这一段文字之中。朱熹指出了"风"的两个层次的意思:第一个层次的意思和钱锺书先生所讲的"风"的第三层内涵相当,就是从它的体制来说,这些诗歌是可以歌唱的,同时也指出了它的来源,那就是里巷歌谣。如果从内容的角度来看,朱熹认为《诗经》国风中的诗歌大部分是写男女爱情的。这里的

"风"这个词很可能是指爱情这个含义。这是我们在《诗经》众多的诗歌之中，选择把爱情诗作为我们今天讨论的重要内容的一个依据。刚才我们从学者的角度来解释《诗经》的风，现在我们从读者的经验来分析阅读《诗经·国风》里诗歌的感受。著名戏曲大师汤显祖在他的代表作品《牡丹亭》中，曾在《闺塾》这出戏中写到南安太守杜宝非常珍爱他的掌上明珠杜丽娘，特地延聘老师陈最良给他家的女儿杜丽娘教《诗经》。陈最良老师给杜丽娘教《诗经》的时候，基本上是从中国传统的儒家经学的角度解释《诗经》包括《关雎》这一类诗歌的含义的，即主要是从教化的角度来分析《诗经》的内涵。但是我们知道杜丽娘是一个非常聪慧的女孩子，她自己有较强的阅读诗歌的能力，她自己私下里读《诗经》的时候，感受到《诗经》的情感内涵和老师所讲的不完全是一回事。我们从《牡丹亭》第九出她身边的丫鬟的视角中可以看得出来，这个丫鬟春香整天陪伴着杜丽娘。有一次她看到了杜丽娘在读《诗经》，就是传统所称的《毛诗》，《毛诗》第一篇是《关雎》，《关雎》最重要的句子我们都熟悉，叫"窈窕淑女，君子好逑"。杜丽娘读到《诗经》中这样两句诗以后，她自己的感受和老师陈最良所讲的不一样，她感叹道："圣人之情，尽见于此矣。今古同怀，岂不然乎?"这里所说的"圣人之情，尽见于此矣"，"圣人之情"是怎样的一种情感呢? 是不是像我们想象的不食人间烟火的那种情感呢? 不是这样的，汤显祖在《牡丹亭》题词之中，实际上通过杜丽娘这个形象，就将这种情感的内涵揭示出来了。汤显祖的《牡丹亭》题词是解读《牡丹亭》的重要的纲领性的文字。汤显祖在这个题词中这样写道："天下女子有情，宁有如杜丽娘者乎! 梦其人即病，病即弥连，至手画形容传于世而后死。死三年矣，复能溟莫中求得其所梦者而生。如丽娘者，乃可谓之有情人耳。情不知所起，一往而深。生者可以死，死可以生。生而不可与死，死而不可复生者，皆非情之至也。"情之至这种至情，就是杜丽娘梦到了自己的意中人柳梦梅后的那种一往情深，而这种一往情深就是自由的爱情。包括朱熹所说的"男女相与咏歌，各言其情者也"，白居易所说的"一篇长恨有风情"，以及汤显祖在《牡丹亭》题词之中所揭示的那种"情不知所起，一往而深。生者可以死，死可以生"的情感，都是指爱情。所以我们可以说，《诗经·国风》中的"风"，或者《诗经》六义中的"风"的一个重要内涵，是指青年男女的爱情。

《诗经》是我们上古时期的一部百科全书,它的内容极为丰富。我们的课堂上选择《诗经》的爱情诗作为阅读《诗经》这部经典的主要内容,跟大家分享,因为爱情是文学的母题。当提到《诗经》中的爱情诗这个话题的时候,我们可能想象因为《诗经》是产生在公元前 11 世纪到公元前 6 世纪这样一个遥远时代的作品,那么即使《诗经》中涉及爱情的内容,它在我们的头脑中,呈现出的也是相对比较单调的一种情感形态。其实,《诗经》中的爱情诗的情感内涵,是不是像我们认为的那样相对比较单一,或者像后代的戏曲小说之中经常出现的那样,以悲剧性的爱情为基调呢? 可能不是。正如我们前面提到过的朱熹所说的"凡诗之所谓风者,多出于里巷歌谣之作。所谓男女相与咏歌,各言其情者也",《诗经·国风》中有大量的爱情诗歌,这些爱情诗歌呈现出的爱情的形态是多种多样的。大体上《诗经》中爱情诗涉及的,有我们现代的天真烂漫的爱情,有表现了我们民族对爱情婚姻的一种美好愿望的情感形态,有中国古代礼制渗透下的婚姻是怎样具体地呈现在爱情生活之中的形式,当然还有一些在礼制渗透之下以悲剧情感为主要特征的爱情。除此之外,还有一些其他的爱情形态,比如以《邶风·燕燕》这首诗为代表的一种送嫁形态的爱情诗歌。

首先我们看看《诗经》中有关自由烂漫的爱情的诗歌,比如《邶风·静女》这首诗歌。这首诗歌文字相对比较浅易,总共有三章:"静女其姝,俟我于城隅。爱而不见,搔首踟蹰。静女其娈,贻我彤管。彤管有炜,说怿女美。自牧归荑,洵美且异。匪女之为美,美人之贻。"这首小诗实际上是描写一对已经相爱的年轻人,约好了到城边的角楼上去约会。诗中是这样写的,这个漂亮的女孩子如约而至,来到了城边的角楼,在等着她的心上人。当那个男孩子也来到城边的角楼这个约会地点的时候,可惜没能够看到他的心上人。于是他在这里盘桓犹豫,抓耳挠腮,不知如何是好。正当男孩子犹豫不决的时候,这个女孩子从旁边出来,她不仅来了,而且我们看得出来,她比这个男孩子来得还早一些。当她来到城边这个角楼的时候,很可能远远地看到男孩子也往这边走来,她躲在一旁,所以那个男孩子来到这个约会地点的时候,就没能看到她。她今天特意地打扮了一番，我们可以看到诗歌开头用了"姝"字，第一章用了"其姝"，"其姝"就是"姝姝"，"姝"实际上是美丽的意思。第二章的开篇用了"娈"这个形容词，"娈"也是非常漂亮美丽的意思。"其姝""其娈"这两个词，就是描写这个女孩子的肖像。我们看到，站在男孩子身边的这个女孩子今天显得特别的美丽，她的手中还拿着这样一个特别的东西，是一株红红的小草，我们把它称为"彤管"，或者叫红管草。这个红管草的颜色特别的可爱，诗中描写的是"彤管有炜"。"炜"加上一个"有"字，相当于《诗经》中常见的一种叠词的形式，即"炜炜"。"炜"是明亮的意思，这种红色的彤管草在男孩子看来特别的明亮，也就是红管草也非常的漂亮，所以男孩子特别喜欢这个美丽的红管草。我们再看一看，女孩子一只手拿着红管草，另外一只手拿着一株茅草——"荑"。"荑"就是茅草（一说"茅针"），茅草是非常普通的小草，但是在这个男孩子看来"洵美且异"。"洵"是"的确"的意思，"美"是漂亮，"异"就是不同于一般的，在男孩子眼中，茅草也非常的美丽，而且不同寻常。那么这个茅草到底有什么与众不同的地方呢？诗中交代了并非这个茅草本身有多漂亮，关键是这个茅草是这个女孩子特意从郊外采摘而来的，是爱情的一种象征。在男孩子看来，这个茅草寄托了一种特别的情意，所以显得非常美丽，且与众不同。这首诗歌写的就是那个时代的青年男女，两情相悦自由约会的情景。这是《邶风·静女》这首诗所表达的一种情感内涵。

我们再继续翻看《诗经》中其他爱情诗的文本，比如说《郑风·野有蔓草》，这首诗歌有两章，第二章的内容大体和第一章相像，这是《诗经》惯用的艺术手法，也就是重章叠句的艺术手法。这两章诗歌文字也相对比较浅易，我们首先来看看诗的文本："野有蔓草，零露漙兮。有美一人，清扬婉兮。邂逅相遇，适我愿兮。野有蔓草，零露瀼瀼。有美一人，婉如清扬。邂逅相遇，与子偕臧。"这首诗歌的开篇"野有蔓草"借用了《诗经》常用的外在物像的描写，同时"野有蔓草"也为诗歌增添了具体的环境的描写。大约是仲春时节一个大清早，一个男孩子在沾满露水的小路上急急地赶路，突然之间对面过来一个女孩子。关于这个女孩子，诗中有一句肖像描写："清扬婉兮。"这个"婉"字和《邶风·静女》中的"姝""娈"一样，都是形容女子的美丽的。这里还有"清扬"一词，是眉清目秀的意思。"清扬婉兮"这个对女子形象的描写是非常具有典型性的,后来在中国的文学作品中描写女性肖像的时候,经常会使用"一汪秋水"来形容女孩子的眼睛,或者是"美目流盼",所以《诗经》中看似非常平常的描写,实际上很有经典的意义。"清扬婉兮"这是人物的描写,那么再看后面的"邂逅相遇,适我愿兮"。这首诗歌中的关键句子就是这句"邂逅相遇,适我愿兮"。"邂逅"是偶然相见,"邂逅相遇"就是第一次偶然的见面。这个男孩子看到对面过来一个女孩子,她就是他日思暮想的那一位,叫作"适我愿兮"。在现实生活中我们常常把这种感情称为一见钟情。我们常常说一见钟情的爱情往往是非理性的,往往是不可靠的,但是在文学作品中,常常会出现这样一种情感的形态。我们看《红楼梦》中林黛玉进贾府,当时就出现了这样一种心理。林黛玉第一次进贾府的时候,贾府上上下下有很多人来看她,其中就有我们熟悉的贾宝玉。贾宝玉第一次看到林黛玉的时候,就说道:"这个妹妹我曾见过的。"贾母就认为宝玉又一次在说傻话了。贾母笑道:"可又是胡说,你又何曾见过他?"宝玉用这样一句话来回答他的祖母:"虽然未曾见过他,然我看着面善,心里就算是旧相识。"面善,好像是看见过的,好像是熟人见过面的,这里就好像旧相识了。但是这个说法实际上还不能真正回答清楚一见钟情这种心态。如果我们说,贾宝玉看到了林黛玉之后,就想到了这个妹妹我曾经见过,仅仅是贾宝玉一方有这样一种感觉,我们可能还认为是单相思,那我们再看看林黛玉的心中有怎样的一种感觉。我们接着往下看,林黛玉看到贾宝玉的时候,心里就起了这样一种疑惑:"好生奇怪,倒像在那里见过一般,何等眼熟到如此!"我们知道,这是林黛玉第一次进贾府,贾宝玉和林黛玉也是第一次见面。当然在小说情节的设计上,我们知道,佛家的观点有三生:前生、今生、来生。那么在前生,贾宝玉和林黛玉可能是见过的,但是我们从今生这个角度来看,他们是没有见过的,而没有见过的贾宝玉和林黛玉感觉到他们好像是见过似的。这一下我们就看到了贾宝玉可能不是一种单相思,在林黛玉的眼中,她第一次看到宝玉的时候,她也觉得好像在哪里见过似的。我们刚才讲《郑风·野有蔓草》中的"邂逅相遇,适我愿兮",在日常生活中,我们很多的年轻人都可能有这样一种心理:对面过来的第一次见到的人,他是不是将来能够和我一直走下去的那一位啊。《诗经》中以《邶风·静女》为代表的这些作品,描写的是一种相爱的人可以自由地约会这样一种情感,而《郑风·野有蔓草》描写的则是一见钟情式的情感。

我们再看一看《诗经》中的另外一篇诗歌,也是《郑风》中的一首诗歌——《郑风·溱洧》。这一篇诗歌在语言形式上,和《诗经》中的大部分篇章比较起来显得有些特别。首先,它不像《诗经》中大部分的诗歌,在句式上都是以四言为主的,像《邶风·静女》主体上是四言的,《郑风·野有蔓草》也是如此,而这首诗歌句式参差不齐。除此之外,我们还可以看到,里面有语言式的描写,就是话语描写。这首诗歌中的部分文字相对比较繁难,比如说题目中的"溱"和"洧"这两个字,它们的读音可能就和一般见到的读法有些不同。《溱洧》这首诗歌描写的背景非常特别,这首诗有两章,在结构上也是运用了重章叠句的方法,所以从诗的内容来说,我们看一章,就大体能够了解它的内容。而另一章呢,在诗的描写上它是用一种重章的方法,再次呈现这样的内容。我们知道,前面我们给《诗经》做总体定性的时候就说,《诗经》是我们上古时代第一部乐歌总集。《诗经》国风中的诗歌大部分都是可以歌唱的,而从音乐的特点来说,这种重章叠句也比较适合歌唱,这是《诗经》国风中大部分诗歌在章法上的一个特点。

我们现在看一看《郑风·溱洧》这篇诗歌的文本,诗中是这样写的:"溱与洧,方涣涣兮,士与女,方秉蕑兮。女曰观乎?士曰既且。且往观乎?洧之外,洵訏且乐。维士与女,伊其相谑,赠之以勺药。"这首诗歌描写的是郑国,春秋时期的一个诸侯国,在今天的河南新郑一带。郑国有一个风俗,每年到了上巳节的时候,都要举行修禊之礼,而诗的背景就是这样一个特殊的时节——上巳节。上巳节这一天,郑国国都里的,即新郑城里的男男女女、老老少少都要到溱水或者是洧水边去举行祓禊之礼。路上的人可以说是熙熙攘攘,在这熙熙攘攘的人群之中出现了一个女孩子。这个女孩子到这河边当然也是行祓禊之礼的,但是她似乎还有另外一个目的。这个女孩子在人群之中走着的时候,突然发现对面过来一个男孩子,于是她走到这个男孩子的身边,大胆地发出了这样的邀请,悄声地对他说:怎么样,陪我到河边走一遭吧。可惜这个男孩子不懂女孩子话语背后的意思,他傻乎乎地说:对不起,我已经去过了,我要回去了。诗中写道,这个男孩子说:"既且。"就是我已经去过了。但是女孩子仍然没有放弃,她说:"且往观乎?"你去过了

又怎么样,不妨陪我再去一趟嘛。你看一看,洧水的旁边是多么的欢乐,有那么多的人,尤其是青年男女,他们在一块互相地依偎着,而且很多男孩子的手中还拿着芍药。诗的第二章用重章叠句,大体也描写的是这个内容。这首诗由于句式参差不齐,所以就显得非常的活泼。这首诗描写的女孩子居于主动的地位,去邀请男孩子行被禊之礼的同时,可能也是谈情说爱的最佳时机。而且对于这首诗歌,我们要注意两个方面:第一方面是这首诗中的两个意象,第一个是芍药,第二个是蕑。"蕑"这个字有点难,它在诗中有什么特别的意义? 第二方面是诗中所描写的时令背景的典型意义。首先看芍药,芍药在中国古代的文学作品中频繁地出现,这和芍药在文学作品中所指代的特别意义相关。著名《诗经》学者程俊英老师在《诗经注析》中曾经对芍药做出这样的分析,他说:这个芍药是草芍药,它另外有个名字,叫江蓠,这个江蓠是谐音双关了,是指古代情人们在离别时要互赠草芍药,表示离别,江蓠是表示离别。但是,离别还不是草芍药的全部的含义,芍药固然被称为离草,但实际上芍药,无论是"芍"还是"药",这两个字都有一个共同的部分,就是勺。"勺"这个字与我们今天现代汉语中的字"约"在古代是同一个读音,古代汉语中这两个字是相通的。"勺",通"约会"的"约"。所以草芍药在表示离别的意思之外,实际上还表示下一次可能会重新聚首、约会,所以它也可以表示恩爱或者是结良约的意思。芍药在《诗经》中有这样的意思,在后代的诗歌中也有表达对美好爱情的向往的内涵。芍药这个意象在《郑风·溱洧》中是值得我们注意的。

其次我们分析诗中描写的"蕑"。蕑就是兰,也就是兰草。对兰草这个词或者是这个意象独特的意义,宋代的学者朱熹曾经有过精粹的分析,他说:"郑国之俗,三月上巳之辰,采兰水上,以被除不祥。"我们看看这一段话,就是说:蕑,也就是兰草,是行被禊之礼的时候一个必备的用品,这个兰草有被除邪祟、辟邪的作用。我们知道梅兰竹菊被中国的文人称为四君子,而兰在众多的香草之中,在众多的花卉意象之中,显得尤为不同。孔子曾经赋予兰草很高的定位——兰是王者之香。所以兰草在后代的中国文学作品之中,渐渐地提升为一种境界寓意很高的意象。

我们看到这首诗发生的时令背景也非常特别。朱熹说这首诗发生的时令背景是三月上巳之辰,就是我们所说的古代的上巳节这一天。上巳节这一天主要的活动是行袚禊之礼，禊礼实际上就是人们到河边去，用冰雪消融的水洗除不祥，将邪祟之气洗除掉，当然也祈求一年的福祉。上巳节后来在古代社会中渐渐发生演变，上巳日本来是不固定的，到魏晋南北朝的时候三月上巳日就渐渐地固定为三月三。后代的文人士大夫，比如说我们大家所熟悉的王羲之，他的《兰亭集序》中的曲水流觞这个故事就发生在三月三日。三月上巳之日在中国传统的文化之中，除了是一个传统的岁时和具有特殊民俗特征的文化符号之外，还承载着很多特有的情感，在中国古代是一个神圣的日子，同时也是一个充满爱情寓意的日子。这是《郑风·溱洧》中的特殊的时令背景所显示出的意义。

刚才我们讲到《诗经》中的爱情诗的情感、内涵和表现形态的时候提到，《诗经》中有一些诗歌表现了自由烂漫的爱情，同时也表现了我们古代中国人对爱情婚姻的一种美好的愿望。从情感的角度来说，这两种情感应该都是积极的、烂漫的，但这不是《诗经》中爱情诗的全部内容。《诗经》中有些爱情诗还有礼制的约束。

《诗经》中有这样一些诗歌，它们写到了我国后代的爱情生活中经常提到的，男女之间的结合必须要有父母之命、媒妁之言。《齐风·南山》中就说了："蓺麻如之何？衡从其亩。取妻如之何？必告父母。……析薪如之何？匪斧不克。取妻如之何？匪媒不得。"这首诗中就直接提出了要"必告父母""匪媒不得"，就是我们后来所说的"父母之命，媒妁之言"。《卫风·氓》描写了一个青年男子在市场上见到了他心爱的人，想把她娶回家，但是那个女孩子心中就有了这样一个顾虑，她说："匪我愆期，子无良媒。"我不能跟着你马上就回去，你必须要派一个适合的媒人到我家来提亲，跟我的父母要说合才行，征得我父母的同意。像《豳风·伐柯》之中也提到了媒人在青年男女的结合之中重要的不可替代的一种作用。"伐柯如何？匪斧不克。取妻如何？匪媒不得。"开篇用砍树和娶妻这样一种类比，意思是我们去砍树枝做成斧柄没有斧头是不行的，娶妻必须要用媒人去说合。两者之间虽没有直接的逻辑关系，但这是我们中国人的一种思维的方式，叫类比思维。这首诗的第二章也表达了美好的愿望，"伐柯伐柯，其则不远"，"柯"就是斧头的柄，"则"就是方法，做斧柄的方法就在手中，"其则不远"。所以娶妻子要靠

笾　　　　　　　　　　　　豆

媒人说合,这也是应有的道理。诗中表达了这样一种愿望,"我觏之子,笾豆有践",我看到了我心仪的对象,经过媒人的说合娶回家,在举行婚礼时,我就会拿出各种各样的食物,把它排得整整齐齐,用笾装果品,用豆装食物,来招待客人。笾和豆,我们可以在博物馆里看到实物,排列在一起非常好看。回到诗中,我们可以看到媒人在青年男女结合的时候所起的重要作用。对于这一点,儒家的代表人物孟子曾经明确地提出过类似思想。《孟子·滕文公下》中就说过:"丈夫生而愿为之有室。"这个丈夫指男孩子,生了男孩子,当然希望他有个妻室。这个"室"指的是妻室。"女子生而愿为之有家",生了女孩子,那就希望她有一个好的丈夫。这是"父母之心,人皆有之",作为父母人人都有这样的心理,希望自己的儿子娶上一个好的妻子,希望自己的女儿嫁给一个好的丈夫。但是孟子就明确地提出了"不待父母之命、媒妁之言,钻穴隙相窥,逾墙相从,则父母国人皆贱之",如果青年男女结合没有得到父母的同意,没有媒人来说合,那么这样的结合是可耻的事情,这里就是礼。刚才我们讲《豳风·伐柯》和《卫风·氓》《齐风·南山》等,诗歌中所说的"必告父母""匪媒不得",它们的意思是一样的。礼成了婚姻中不可逾越的一道鸿沟,在我们看来这对两情相悦的人来说,可能起着一种消极的作用。但实际上我们中国社会是一个礼制社会,这个礼无处不在,尤其在终身大事、儿女的婚姻大事上,有非常细致的礼仪,古人称之为婚礼中的六礼。这六礼具体的名目有纳采、问名、纳吉、纳征、请期、亲迎。这些婚礼的名目在我们今天看来比较烦琐,但即使是在我们今天的婚姻礼仪中,有一些也是不可省略掉的,它有存在的合理性。古代社会在婚姻中形成的礼,从历史的发展来说,在某种意义上是一种进步。我们在前面讲到的《邶风·静女》《郑风·野有蔓草》,这些诗歌的爱情形式看起来好像比较自由烂漫,但实际上潜藏着危机。《国语》中曾经这样说过:"同姓不婚,恶不殖也。"这里就蕴藏着中国古代对爱情婚姻的一种科学的认识,所以礼仪中像问名、纳吉这些环节可能还带有一种迷信的色彩,但是像请期这一环节实际上包含着科学的因素,甚至请期、亲迎等礼仪还蕴含着对女性的尊重的内涵。所以这个礼,我们要具体问题具体分析,在古代社会它有一定的合理性。即使在现代生活中,它也有合理的一面。古人凡事都要循礼而办,特别是爱情婚姻生活之中,如果不按照礼仪去做的话,就会使人们感觉是一件令人羞耻的事情。有了这种意识的人对那种不遵循礼仪而来谈情说爱的人就有另外一种态度了。我们看看《诗经》中《郑风·将仲子》这首诗歌,诗中描写的这个女子就有遵循礼仪的观念。所以她对前来追寻她的男子不遵循礼仪,是持保留态度的。《将仲子》这首诗有三章,同样采用了重章叠句的手法,文字相对比较浅易,我们来看一下。诗是这样描写的:"将仲子兮,无逾我里。"刚才孟子说"逾墙相从",这里"逾"就出现了,"逾"就是翻墙,翻墙到我们的村子里来。"无折我树杞。岂敢爱之? 畏我父母。仲可怀也,父母之言,亦可畏也。"第二章"岂敢爱之? 畏我诸兄。仲可怀也,诸兄之言,亦可畏也"到第三章"岂敢爱之? 畏人之多言。仲可怀也,人之多言,亦可畏也",这样的重章叠句,同时也有循序渐进、递进的意思在里面。从"父母之言"到"诸兄之言",再到"人之多言",我们看到了一种递进的关系。诗中描写这个男孩子主动地、大胆地到女方家来探望这个女孩子,但是女孩子认为他应该找媒人到她家来提亲。所以当男孩子来到她们村子里的时候,她不敢去见他,因为怕她父母不同意,怕诸兄不同意,甚至怕别人有闲言碎语。我们从这里可以看到,女孩子实际上对男孩子还是有留恋之心的,还是爱着他的,所以诗中写道"仲可怀也"。"怀",表现了女孩子对男孩子的爱慕之心,但是由于这个男孩子没有遵循礼仪,所以诗中的女孩子持一种迟疑的态度,来对待这个男孩子对她的追求。我们看到,《诗经》中的爱情开始有了明确的对礼仪的要求,礼仪已经渐渐地渗透到爱情生活之中,这是《诗经》爱情诗中的另外一种情感形态。《郑风·将仲子》这首诗歌就是这类作品的一个典型代表。

《诗经》中的爱情诗歌是多种多样的。从总体上来看，有《邶风·静女》中的自由爱情，有《郑风·将仲子》中的有礼制渗透的爱情。我们刚才分析了《郑风·将仲子》，"将仲子"的"将"顺便提及一下，这里"将"是请求的意思，就像我们读到李白的诗歌《将进酒》，就是请您喝酒。"将仲子"，就是求求那个男孩子，不要贸然地、冒冒失失地闯到我们的村子里来。通过《将仲子》这首诗歌我们看到，礼制已经渗透到爱情生活之中，成了青年男女不可逾越的鸿沟。前面我们分析到礼在爱情生活中有它的合理性，但是我们站在爱情的角度来说，它显然是对自由爱情的一种阻隔。所以我们从逻辑上来看，在礼制渗透下就很容易出现这样的一种情况，就是相爱的人由于不能征得父母的同意，没有好的媒人的说合，就可能形成悲剧性的爱情。所以我们看一看《诗经》中的爱情形态，有一种相思悲歌的苦恋型的爱情。首先看《陈风·月出》，这首诗歌的语言形式比较特别，诗的文本这样写道："月出皎兮，佼人僚兮。舒窈纠兮，劳心悄兮。月出皓兮，佼人懰兮。舒忧受兮，劳心慅兮。月出照兮，佼人燎兮。舒夭绍兮，劳心惨兮。"这首诗歌带有一个明显的特点，每一句诗都有一个"兮"字，这个"兮"字是我们大家所熟悉的，是楚辞中的一个重要标志词。而《陈风·月出》这首诗歌句句最后都有"兮"字，所以形式上看起来好像和《诗经》中的《桃夭》《鹊巢》等诗歌非常相似。这首诗总共有三章，每一章四句，每一句是四个字。但是我们如果把这个"兮"字作为一个虚词单独来看，那么实际上从实词的角度来说这是一首三言诗歌，所以这首诗歌在句法上很特别。这首诗歌不仅句法很特别，而且词语也很特别，像这里出现的"佼人僚"的"僚"，"佼人懰"的"懰"，到第三章"佼人燎"的"燎"，这几个字都是形容女子的美貌的。再者我们看看还有"窈纠""忧受"和"夭绍"，这些词实际上是进一步描写这个女子的肖像，形容她美丽漂亮。这首诗歌出自陈风，带有陈这个地方方言的特征。再次我们看这首诗歌，它在句法、结构上也有自己的特点。"月出皎兮，佼人僚兮。舒窈纠兮，劳心悄兮"，第一句、第二句和第四句，我们把前面两个字连起来读，合成一个节拍，"月出""佼人""劳心"。但到第三句的时候，"舒"这一个字就是一个节拍，在这里停顿，后面一个词叫"窈纠"，它是一个联绵词，和"忧受""夭绍"一样,都是形容这个女子的美丽、身材的曼妙。但是我们读出来的时候叫"舒""窈纠"、"舒""忧受"和"舒""夭绍",这样诗句在节奏上就和前后都不同,赋予了诗歌一种变化,所以读起来时,这首诗歌就显得摇曳多姿,恰到好处地和这首诗歌怅惋的情感相符合。这是这首诗歌在语言上的特点。我们可以进一步追问这首诗歌所表达的情感内涵。朱熹,南宋理学家,同时也是诗经宋学的一个代表人物,他的目光比较犀利,他就直接地道出了这首诗歌所表达的一种情感形态,他说这首诗歌描写的就是相爱的青年男女由于不能结合而表现的一种怅惋之情。所以他用这样的语言来表达,"此亦男女相悦而相恋之辞",而这种相恋,从情感的内涵来说,是一种苦恋,是一种离别相思。表达这首诗歌情感的一种典型场景,就是明月升起——"月出"。我们在解读这首诗的思想情感和艺术特征后,可以作一点小结,从情感的角度来说,这首诗歌表达的是一种相思离别的苦恋;从这首诗歌的语言特征来看,它带有方言的特征。对于诗中的"窈纠""忧受""夭绍",以及单音节的词,比如说"liǎo",两个 liǎo 字,一个单人旁的"僚",一个火字旁的"燎",我们都不能按照今天的现代汉语的理解望文生义,要回到《诗经》那个时代,使得这首诗的情感在阅读的时候,显得摇曳多姿。同时人物的描写角度比较丰富,"月出皎兮""月出皓兮""月出照兮",这是多词一义的表达手法,为这首诗歌提供了一个典型的环境,接着来描写诗中女主人公的肖像。第四句是描写这个女子的心理的,"劳心悄兮","劳心"就是伤心,"悄"是忧思深重,这种感情,与整首诗的情感是相一致的,即相思离别的苦恋,而这种苦涩的情感在诗中直接用"劳心悄""劳心慅""劳心惨"等词语来表现。除了对这首诗歌的思想情感和艺术特征作一般性的分析之外,这首诗歌的一个典型环境描写也是值得我们关注的,比如题目中直接标注出来的"月出",明月这个意象,可以这样说,中国的诗歌史是一支月光下的交响曲。这支交响曲演奏的时间非常长,从遥远的上古时代,一直到我们今天。这支宏大的交响乐,它的序幕在某种意义上就是以《诗经·陈风·月出》为代表拉开的。后来这轮明月就一直伴随着中国诗歌的发展进程,在中国悠远的诗歌发展进程中,它寄托着我们中国人很多的情愫。与《陈风·月出》相一致的,比如三国时期的代表人物曹植的《杂诗》:"明月照高楼,流光正徘徊。上有愁思妇,悲叹有余哀。"他也描写了一轮明月之下的一种相思离别。还有表现明月之下的一种孤独和苦闷之情的，像阮籍的《咏怀》："夜中不能寐，起坐弹鸣琴。薄帷鉴明月，清风吹我襟。"阮籍的这首《咏怀》，正如他在诗中所说的"徘徊将何见，忧思独伤心"，表达的是一种强烈的孤独苦闷的情怀。明月在这里起着一种反衬的作用。还有我们更为熟悉的，以李白的《静夜思》为代表，诗中的明月常常能够引起人们对故乡的一种深切的怀念，李白在《静夜思》中写道："举头望明月，低头思故乡。"这首诗语言非常浅显，当诗人在月夜抬起头来，看到天上那一轮明月的时候，他就自然而然地在心中产生对家园故乡的一种浓烈的思念。当然明月这个意象还承载着游子在远方对家园、对母爱的一种眷恋，甚至还可以进一步上升到对永恒和无限的追求，比如说我们大家熟悉的张若虚的《春江花月夜》。随着明月的渐渐升起，诗人展开了对宇宙人生的无限的遐想。"江畔何人初见月？江月何年初照人？人生代代无穷已，江月年年望相似。不知江月待何人，但见长江送流水。""明月"在《春江花月夜》这首诗歌中代表着一种无限永恒，诗人面对人生的短暂和渺小就产生了一种忧患的意识。这轮明月在后代的中国诗歌中，承载了诸多情感内涵，而这些情感内涵，我们又可以溯源到《陈风·月出》。可见《陈风·月出》诗歌虽小，但对后代的诗歌书写明月意象影响至为深远。

除了《陈风·月出》这首诗歌表达的相思悲歌的一种苦恋的情感之外，在《诗经》中还有一首卓越的诗篇，我们可以把它称为《诗经》中表达相思离别或者是相思悲歌的苦恋情感的一首经典作品，那就是《秦风·蒹葭》。《秦风·蒹葭》这篇诗歌语言极为婉转，意象极为缥缈，意境朦胧含蓄。这首诗同样是采用了《诗经》中最经常使用的重章叠句的手法。我们来看这首诗歌其中的一章："蒹葭苍苍，白露为霜。所谓伊人，在水一方。溯洄从之，道阻且长。溯游从之，宛在水中央。"诗的开篇用了"蒹葭苍苍，白露为霜"这样一种深秋时令作为这首诗的背景，为这首诗歌营造了一种凄凉的氛围。诗的关键句就是第三句和第四句"所谓伊人，在水一方"，"在水一方"是中国古典诗歌中非常重要的一个情境或者是境界，它极为典型，在后代产生了深远的影响。这首诗歌，我们把它称为相思悲歌的经典。实际上古往今来的学者对此形成了非常一致的一种认识。我们先来看看前人的一些评价，清诗格调派代表人物沈德潜曾经在《说诗晬语》中推举《诗经》中的一些优秀的篇章,他说道,北朝时期著名文学家颜之推特别喜爱《诗经·小雅·车攻》里的名句,叫"萧萧马鸣,悠悠旆旌",东晋时代的谢玄在他叔父谢安的指导之下也喜欢读《诗经》,他最喜欢《诗经·小雅·采薇》的"昔我往矣,杨柳依依"这两句。再看一看沈德潜自己最喜欢的《诗经》中的两篇诗歌,一篇就是《豳风·东山》,这首诗里有两句他特别喜爱,一句是"我来自东,零雨其濛。鹳鸣于垤,妇叹于室",另一句是最后一章中的"其新孔嘉,其旧如之何"。他说后来的闺情诗都发源于此。另外一篇他特别喜爱的是《诗经·秦风·蒹葭》,这首诗歌中的"蒹葭苍苍,白露为霜。所谓伊人,在水一方",给他留下了这样一种感觉:"苍凉弥渺,欲即转离,名人画本不能到也。"我们刚才说《秦风·蒹葭》选择了深秋时节作为诗的背景,为这首诗歌笼罩了一种苍凉的氛围,而"所谓伊人,在水一方",则是诗歌中的一种境界。这种境界钱锺书先生后来把它称为"企慕情境",这种境界即使是大画家也很难在作品中展示出来。宋代著名的文学家苏东坡曾经评价唐代诗人王维的诗和画说:"味摩诘之诗,诗中有画;观摩诘之画,画中有诗。"所以在中国传统的艺术手法中,有诗画同源、诗画同体这个观点,但是一个画家,一个大画家,要想把《诗经·秦风·蒹葭》这首诗歌中的那个苍凉弥渺和企慕情境再现出来,是非常难的事情。我们再看清代学者陈启源,他曾经说过《诗经》中有一些诗歌的情感是这样的:"夫说之必求之,然惟可见不可求,则慕说益至。"陈启源在这里说的这种情感、这种心理在《秦风·蒹葭》中表现得大体也是一样的。诗中写面对自己心爱的人,当然希望能够和她结为良缘,但是心爱的人好像就在眼前,却追求不到。既求不得便愈发心向往之。晚清著名的学者王国维在《人间词话》中论及《诗经》中《蒹葭》这一篇的时候,给了它很高的评价,称其"最得风人深致"。"风人",就是诗人;"深致"之"致"是我们中国古典诗歌追求的一种至高的境界。我们说中国的诗歌是缘情的,是表达情感的。这个情感可以分为三个层次:第一个层次就是我们前面所提到过的,汤显祖在《牡丹亭》(题词)中所说的那种"情不知何起,一往而深"的至情,是一种至高无上的至深的情感。第二个层次,是"诗言志"这个中国诗学中的纲领性的表达,即情和志的统一,这个"志"是理性的意思。再上升一个层次,就达到王国维在这里所说的"深致",这个"致"就是中国古典诗歌在意境上所追求的一种最高的境界。这种最高的境界就是钱锺书在《管锥编》中所说的"企慕情境",与西方的浪漫主义诗歌中所表达的情境非常相似。这种企慕情境用陈启源在《毛诗稽古编·附录》中所说的话能够阐释明白,就是你所喜欢的东西都希望追求到,可是由于外在的种种原因,我们似乎不能够追求到。这样一种情感的形态,或者心理特征,钱锺书先生把它称为企慕情境。《诗经·秦风·蒹葭》这首诗歌表达的这种"企慕情境",一般认为只有唐代的诗歌才能够达到,但是在《诗经》那个时代,《蒹葭》这首诗歌就已经达到了这种境界。所以古往今来对《秦风·蒹葭》这首诗歌给予很高的评价,是有一定的道理的。

下面我们对这篇诗歌的情感内涵和艺术特征作一个小结,这首诗歌开篇用蒹葭来作为起兴的意象,用清代学者沈德潜的话来说,这个意象就为这首诗歌笼罩了一种凄凉的情调;其次是这首诗歌的关键句子"所谓伊人,在水一方",这里的"伊人"也就是这首诗歌所描写的中心人物,我们在解读这首诗歌的时候,一般直接把伊人当作意中人,但实际上这个伊人还有多解。有人把伊人作为自己的朋友来对待,也有人认为伊人就是隐居在山野中的贤人,从而把这首诗歌解释成一首招隐诗歌。但实际上这个伊人不仅可以解释成某种人物,还可以解释成我们心目中的一种理想。我们每一个人心中都有理想,这个理想是我们要追求的,但这个理想有时候似乎就在我们身边,有时候又是那么的遥远,而这种境界就是《蒹葭》这首诗歌所表达的,就是在意境上达到了一种企慕情境。这种企慕情境用宋代学者严羽的《沧浪诗话》来分析,似乎已经达到了盛唐诗歌所达到的那种镜花水月似的境界。这是《秦风·蒹葭》给我们的感觉,当然《蒹葭》这首诗歌在《秦风》之中是比较特别的,因为《秦风》在总体上体现了秦地的一种民风,而秦地的民风是尚武的。尚武的秦人给我们留下了一首意境极为深婉的诗歌,这恰是出乎我们想象的事情。

4 《诗经》"爱情诗"解析(下):《邶风·燕燕》艺术分析

在《诗经》的爱情诗中,我们给大家介绍了自由烂漫的爱情,和谐美满的姻缘,礼制渗透的婚姻,还有相思悲歌的苦恋。实际上《诗经》中的爱情诗还有其他一些形态,比如说始乱终弃的苦涩情感,还有背离了纲常的畸形情爱。

这些诗歌我们不再列举了,但是我们还想给大家介绍与爱情生活相关的一首代表性的作品,是表达送嫁这个题材的,即《邶风·燕燕》。这首诗歌在语言艺术以及情感的表达上达到了一种高度,从而对后代的诗歌产生了深远的影响。诗的文本是这样的:

> 燕燕于飞,差池其羽。之子于归,远送于野。瞻望弗及,泣涕如雨。
> 燕燕于飞,颉之颃之。之子于归,远于将之。瞻望弗及,伫立以泣。
> 燕燕于飞,下上其音。之子于归,远送于南。瞻望弗及,实劳我心。
> 仲氏任只,其心塞渊。终温且惠,淑慎其身。先君之思,以勖寡人。

从诗描写的内容来看,这是一篇兄长给自己的妹妹送嫁的诗歌。诗的前三章用了重章叠句的手法,来表达送嫁离别时的一种悲伤的情怀。这首诗歌在表达情感的时候,运用了直接抒情的手法,写道“泣涕如雨”“伫立以泣”和“实劳我心”。在表达这种悲伤情感的时候,还运用了一个最典型的细节描写,就是所谓的“瞻望弗及”。这是值得我们关注的第一点。第二点是这首诗歌用来开篇的,或用来起兴的意象“燕燕”。前三章每一章开篇都写了燕燕在天空飞翔,分别描写了燕子不同的形象。第一章写道“差池其羽”,将燕子尾巴的典型形象再现在我们眼前。第二章“颉之颃之”,后来凝结为我们从古代汉语一直到现代汉语一个常见的词语——“颉颃”。到了第三章“下上其音”,燕子鸣叫的声音非常好听。它飞翔的姿态也很好看,飞翔的姿态在诗中用了“差池其羽”“颉之颃之”来进行描写。到了燕子发出呢喃的声音的时候,诗中用了“下上其音”,我们后来用拟声词“呢喃”来描摹这种声音。所以《诗经》在这里对起兴的意象燕子进行描写时所使用的词语也是非常丰富的,而且富有典型意义。这首诗歌除了对燕子形象的描写值得我们关注之外,还值得关注的是最后在离别场景之中这个妹妹对兄长的交代。首先是描写妹妹的内心品格特征,诗中的直接描写是“仲氏任只,其心塞渊。终温且惠,淑慎其身”,这里有三个词“塞渊”“温惠”“淑慎”,都是用来描写诗中的女子的,也就是她的身份是妹妹。“塞渊”就是诚实的意思,“温惠”就是温柔贤惠的意思,“淑慎”,“淑”是我们中国古代对女子的品格要求的一个规范,“淑”就是贤惠善良,“慎”就是谨慎。妹妹远嫁到外地去了,在和自己的兄长告别的时候,还念念不忘嘱咐她的兄长,要牢记先君如何治国,用这样的话语来鼓励兄长要好好地治理国家,为国效力。这是这首诗第四章所要表达的情感。从诗歌的艺术特征来说,前三章尤其值得我们关注,我们可以做一个分析。这首诗歌从它具体的描写来说是写兄长送别妹妹的,在题材上可以归为送别诗歌。但这首诗歌写的不是一般意义上的送别,清代神韵派的代表王士禛曾经对这首诗歌评价极高。他说《燕燕》这首诗歌,宋代的学者许彦周认为可以"泣鬼神",这是从这首诗歌情感的角度来评价的。这首诗歌是一首惊天地泣鬼神的作品,也就是一首非常感人的作品,在情感表达上是能够引起人共鸣的,是很具有感染力的一首作品。古人喜欢知人论世,所以他说,如果"合本事观之,家国兴亡之感,伤逝怀旧之情,尽在阿堵中。《黍离》《麦秀》未足喻其悲也,宜为万古送别之祖"。王士禛在这里进一步提到了这首诗歌,如果你联系卫国在当时受到北方的狄人的进攻几近亡国的这样一个时代背景来看,这首送别诗歌在最后一章说"先君之思,以勖寡人",实际上就有一种家国之恨、亡国之情在里面了。就像《麦秀》这首诗歌,传说中的那个箕子,回到他原来的王国,殷商的国都朝歌,看到麦秀这个情景的时候,他内心中涌出一种家国之恨的情感。《燕燕》这首诗歌如果仅仅作为一般的送别诗歌来看待,就不能够看到这首诗歌所蕴含的深沉的家国之情,所以王士禛最后就给了这样高的一个评价,他说"宜为万古送别之祖"。从送别诗来看,《诗经》的《邶风·燕燕》当然因产生的时代比较早,对后代的送别诗有深远的影响。刚才已经提到的我们来小结一下。诗的前三章都是以"燕燕于飞"作为诗的开头,这个"燕燕于飞"为整首诗歌渲染了一种依依惜别的情感,描写在天空中盘旋飞舞的燕子的形象的时候,前三章不是一般的简单重章,而是分别从燕子特有的形象"差池其羽",燕子飞翔的动态"颉之颃之",即一会儿向上飞,一会儿向下飞,以及它呢喃的声音等多方面来描写。在燕子形象的描写上,已经达到了经典的高度,对后代诗歌之中燕子形象的描写起着一种典范的作用。燕子这个形象在中国古典诗歌之中实际上也有深远的影响,在某种意义上我们可以说,燕子,在天空中飞翔的那个燕子,是中国诗歌中的一个精灵。再者,我们说这首诗歌是送别诗,它用了一个典型的细节来表现分别之际的那种悲伤的情感,即"瞻望弗及,泣涕如雨""瞻望弗及,伫立以泣""瞻望弗及,实劳我心"中的"瞻望弗及"这一句,就表达了兄长对临别之际的妹妹依依惜别的一种情感。这个"瞻望弗及"的细节描写,在后代的送别诗歌中也常常出现。我们列举两首大家熟悉的作品来印证，一首就是李白的《黄鹤楼送孟浩然之广陵》。孟浩然是李白崇敬的一位诗人，孟浩然要从今天的武昌到李白曾经去过的广陵，也就是今天的扬州的时候，由于李白对孟浩然的崇敬之情，他在送别的时候也同样表达了一种依依惜别的情感。诗中写道"孤帆远影碧空尽，唯见长江天际流"，这也是"瞻望弗及"的一种形态。一直送到老朋友孟浩然所乘的小舟消失在天际线之外。我们再看另一首诗，唐代的边塞诗人岑参的代表作品《白雪歌送武判官归京》。从题目中我们可以看出这也是送别诗，在一个大雪纷飞的日子，诗人送别自己的朋友武判官回京城。诗中最后写道："轮台东门送君去，去时雪满天山路。山回路转不见君，雪上空留马行处。"在这里我们也看到，诗人送别他的朋友武判官回京，他的朋友骑着马消失在茫茫的大雪之中，诗人一直送到看不见他的朋友为止。这也类似于《诗经·邶风·燕燕》之中描写的那个细节"瞻望弗及"。所以我们从这个细节描写对后代诗歌所产生的影响来看，也可以想见《诗经·邶风·燕燕》这首诗歌的经典意义。

⑤ 《诗经》其他题材简介

　　《诗经》是上古时代的一部百科全书。我们在讲课中，虽然以《诗经》的爱情诗为主，但是我们还想向大家介绍一下《诗经》中描写的其他题材，来拓展一下大家的眼界。首先，《诗经》除了描写爱情的诗歌之外，还有战争诗歌。首先，《诗经》中的战争诗歌在表现形态上也是多种多样的，比如说以《诗经·卫风·伯兮》为代表的战争诗歌，表现了我们中华民族对战争的情感态度，也就是一种厌战反战的态度。《卫风·伯兮》是描写一个女子的夫君伯到远方去打仗了，她在家里独守空房，没有心思打扮自己，一直到最后，内心非常的悲伤，乃至憔悴不堪。通过这样一种情感形态的描写，表现了诗中女子的丈夫从军给她带来的一种内心的悲伤的情怀。以《秦风·无衣》为代表的作品，体现的则是另外一种情感。我们知道，《诗经》中的《秦风》，表现了秦地人的一种主要性格特征——尚武。《秦风·无衣》这篇作品就典型地表现了秦人尚武的精神。从诗中描写的"岂曰无衣？与子同袍。王于兴师，修我戈矛。与子同仇"，我们可以看到，在日常生活中，秦国打仗的士兵连一件像样的军衣或者说戎装都置办不成,但是只要说要到远方去打仗,秦人个个都是踊跃地参加。只要君王说,我们要到前方去打仗了,秦人马上就想到去把自己的武器磨亮,准备和同胞一道到前方去打仗。这是《秦风·无衣》所透露出来的秦人的一种尚武的气息。而以《小雅·采薇》等为代表的战争题材诗歌,表达的是一种复杂的情感态度。《小雅·采薇》这首诗歌最经典的地方,是诗的最后一章——第六章。我们前面提到过,东晋时代在淝水之战中以少胜多的主将之一谢玄,他在读《诗经》的时候,特别喜欢《小雅·采薇》的最后一章。最后一章这样写道:"昔我往矣,杨柳依依。今我来思,雨雪霏霏。行道迟迟,载渴载饥。我心伤悲,莫知我哀。"尤其是前面四句"昔我往矣,杨柳依依。今我来思,雨雪霏霏",清代著名学者王夫之在《姜斋诗话》中曾经评价这四句诗,在艺术上叫作"以乐景写哀,以哀景写乐,一倍增其哀乐"。中国古典诗歌在艺术表达上,经常运用景物描写来寄托自己的情感,这首诗歌当然也是用景物描写来表达情感,但是在景和情之间构成了一种复杂的关系。它要表达悲伤情感的时候,用的是一种非常美好的意象;而表达一种喜悦情感的时候,却用了一般来说相对比较消极的意象,这就构成一种复杂的关系。同样是准备离家到远方去打仗,在《卫风·伯兮》中,显然透露出的是悲哀的情怀,但是《小雅·采薇》把时间放在"杨柳依依"这样一个美好时节。等他终于从前线回来的时候,明明是一件值得庆幸的事情,但是诗中却描写道,这时候天上飘起了雪花。这样就构成了情景之间复杂的关系。这是《诗经》的战争诗篇,我们提及的几首作品,大家课后可以浏览一下。

其次,《诗经》还描写了我们中国古典社会最重要的一种生产方式,就是农耕,其中以《豳风·七月》这首长篇诗歌为代表。这篇诗歌是《诗经·国风》中最长的一篇,全诗八章,每章十多句。清代学者姚际恒曾经评价这首诗歌内容极为繁复、丰富,说:"鸟语虫鸣,草荣木实,似《月令》。……流火寒风,似《五行志》。养老慈幼,跻堂称觥,似庠序礼。田官染职,狩猎藏冰,祭献执宫,似国家典制书。其中又有似采桑图、田家乐图、食谱、谷谱、酒经。一诗之中,无不具备,洵天下之至文也!……"说这首诗"无体不备,有美必臻。晋唐后陶、谢、王、孟、韦、柳田家诸诗,从未臻此境界",说这首诗歌内容上是无所不包,在农耕社会之中,反映了我们中国传统社会中的生活文化。后来的田园诗人,包括陶渊明、谢灵运、王维、孟浩然、韦应物、柳宗元这些诗人,他们的田园诗歌从内容上都没能够达到这种丰富的境界。这些田园诗人主要是从艺术境界上来表达自己对田园牧歌生活的一种追求。《豳风·七月》这首诗歌内容繁复，典型地表现了中国古代农耕社会的一种生活形态，是农事诗的代表。

最后，《诗经》作为我们上古时代的一部诗歌总集，它也表现了我们民族，特别是周民族的历史。我们可以把《诗经·大雅》中的一组诗歌称为周民族的史诗。这一组诗歌是《生民》《公刘》《绵》《皇矣》《大明》。《生民》表现了周民族的始祖后稷是怎样诞生的。在今天的陕西武功县一带，后稷作为周民族的始祖来到了人间，他非常聪明，后代种庄稼、种粮食都是由后稷发明的。他不仅是周民族的祖先，在某种意义上，也是我们中华民族的祖先之一，是一个优秀的农耕文明的代表人物。《公刘》《绵》《皇矣》《大明》反映了周民族从陕西渭河一带向北方迁徙，一直到古公亶父，再将周民族向南迁徙，一直到文王、武王时代，最后取殷商而代之的这样一个过程。所以把这五首诗合起来，可以说是周民族的一组史诗。这一组史诗，在中国文学作品中是不可多得的。

这是我们给大家介绍的《诗经》除爱情诗之外其他一些值得我们关注的内容，包括战争诗篇、农事诗歌和反映周民族历史的一组诗歌。如果我们想多了解一些《诗经》的作品，这些就是能够进一步拓展我们眼界的诗歌。关于《诗经》，我们要讲的内容，大体就是这么多。课后我们还有一些思考练习题，这些思考练习题是我们根据讲课的内容提出来的，可以供大家课后去思考，比如说《诗经》"六义"的含义，《诗经》爱情诗的基本内涵等。但对我们语文课来说，最重要的是熟悉《诗经》中的作品，从作品的文本之中体味其情感以及艺术特征。

思考与练习

1. 试举例分析《诗经》六义之首"风"的含义。
2. 试举例分析《诗经》爱情诗的情感内涵。

参考文献

［1］余冠英.诗经选［M］.2版.北京：人民文学出版社，1979.

［2］陈子展，杜月村.诗经导读［M］.2版.成都：巴蜀书社，1996.

［3］高亨.诗经今注［M］.上海:上海古籍出版社,1980.

［4］程俊英,蒋见元.诗经注析［M］.北京:中华书局,1991.

［5］李山.诗经析读:全文增订插图本［M］.北京:中华书局,2018.

［6］方玉润.诗经原始［M］.李先耕,点校.北京:中华书局,1986.

［7］马瑞辰.毛诗传笺通释［M］.陈金生,点校.北京:中华书局,1989.

［8］朱熹.诗集传［M］.上海:中华书局上海编辑所,1958.

［9］十三经注疏整理委员会.毛诗正义(十三经注疏)［M］.毛亨,传.郑玄,笺.孔颖达,疏.龚抗云,李传书,胡渐逵,等整理.北京:北京大学出版社,1999.

第二讲

是「至圣先师」，还是「丧家之狗」

——以《论语》为中心

同学们,今天我们跟大家讨论先秦诸子中的孔子以及记载他主要言行的那部典籍《论语》。我给大家讲的题目是这样的:是"至圣先师",还是"丧家之狗"——以《论语》为中心。在这一讲中,我们要和大家讨论孔子时代在中国历史上的独特的意义,孔子是怎样一个人,孔子的主要思想以及记载孔子言行的主要文献——《论语》的语言艺术。

① 中国文化轴心时代

首先我们跟大家探讨的问题就是中国文化的轴心时代——春秋战国时期在中国文化史上的独特意义。我们在这里援引德国存在主义哲学家雅斯贝斯的一个观点,叫"文化轴心"时代。雅斯贝斯在《历史的起源与目标》这本著作中,曾经对世界历史有过这样一个界定,他说:"在公元前500年左右的时间内和在公元前800年至公元前200年的精神过程中找到了这个历史的轴心,正是在那里,我们同最深刻的历史分界线相遇,我们今天所了解的人开始出现。我们可以把它简称为轴心期。"雅斯贝斯所称的"轴心期"在历史上的时间段是以公元前500年为轴心,向前延伸到公元前800年,向后绵延到公元前200年。雅斯贝斯作为一个西方的学者,他当然看到这一时期在西方历史上是古希腊罗马时期。西方人有一句话叫"言必称希腊",古希腊罗马在这个时期所创造的高度精神文明对后代的西方人产生的深远影响有两个层面。一是古希腊罗马在这个时期取得了高度的精神文明,二是这个阶段的精神文明在精神上对后来的欧美或者是西方人产生了深远的影响。雅斯贝斯作为一个现代西方学者,他的眼光不仅仅局限在西方,他对东方文明也有一定的了解。

与古希腊罗马时期相对应的中国的这个阶段,大约相当于春秋战国时代。春秋战国时代,我们也可以把它称为中国历史或者中国文化的"轴心时期"。"轴心时期"的意义在于中华民族这个时期取得了高度的精神文明,而且这一时期的精神文明对我们后来的中国人产生了深远的影响。我们来看一看春秋战国时代的精神文明所取得的成果,前代的学者曾经对这个时期的精神文明进行总结,有过这样一个固有的名词叫"九流十家",出自东汉著名史学家班固的《汉书·艺文志》。《汉书·艺文志》中在诸子列传中提到了"九流十家",这"九流十家"的名目我们大体上是熟悉的,就是儒、道、墨、法、农、名、杂、阴阳、纵横、小说家。大家看到这些熟悉的诸子百家的名称,可以做进一步思考。我在这里做了这样一种排列方式:儒家、道家是排在前两位的,后面有墨家、法家,然后是其他诸子,最后一个是小说家。这种排列实质上是显示了其中意义的。因为在"九流十家"的学说中,小说家排在最后一个,正如班固在《汉书·艺文志》中所说的:小说家虽然名为一家,但都是街谈巷语、道听途说之流。所以实际上就是不入流。所以在这十家之中,可以说入流的只有九家。这种观念对后代的中国文学的发展是有一定的影响的。虽然说诸子百家中的小说和后代的小说在内涵上不完全是一样的,但是小说家虽名为一家而不入流的这种观念对中国后来的小说发展起着一定的阻碍作用,所以中国的文学史上,小说成熟得较晚。我们说,直到唐代的传奇出现以后中国的小说才开始真正成熟,直到明清时期中国古典小说才取得了辉煌的成就,这和诗歌散文在遥远的先秦时期就已经取得了高度的成就相比是不太一样的。

　　"九流十家"的名称有儒、道、墨、法、农、名、杂等,从名称上来看我们可以获得一些感悟。我们中国人讲究正名,通过名称往往我们能直接看出它的某些意思出来。比如说,老子、庄子这个学派,我们之所以用"道"来指称它,是因为"道"在老庄哲学中是最核心的思想。墨家,我们也能够顾名思义,因为墨家学派的代表人物是墨子。而法家最主要的思想就是"法",韩非子在继承了前代法家思想的基础上,提出了以"法"为核心的法家思想。下面一些诸子百家的名称,我们大体上能够通过它的名称直接了解这些学派的来源甚至它们的基本内涵,而在这"九流十家"之中排在第一位的,在某种意义上也是我们比较熟悉的一个学派——儒家,儒家这个名称是值得我们追问的,为什么把孔子、孟子、荀子以及后来传承这个学派的思想的人都称为儒家?"儒"这个名称是怎么来的?这好像是一个我们非常熟悉的问题,但也可能是一个我们比较陌生的问题。有很多事情是这样的,看起来我们对它很熟悉,但是细究起来,我们可能还不清楚。

　　所以,我们今天首先可以思考一下"儒"这个名称是怎么来的。为什么这个学派被称为"儒家"?这个问题实际上是中国古代学术探讨了很久的一个问题,也是很多晚近的中国学者所探究的一个问题。我们首先看近代著名学者章太炎先生在《国故论衡·原儒》中对儒这个名词三个层次的解释。章太炎先生说:"儒有三科,关达类私之名。"这里的"达名""类名""私名"即儒三个层次的内涵:有广义的,有中义的,有狭义的。"达名"为儒,是从广义的角度来说,儒就是"术士也",所谓的"术士"就是精通一门知识的人,这是广义的儒。"类名为儒"在这里我们相比较来说是中义的儒,懂得儒家六艺的人,懂得礼、乐、射、御、书、术的人都可以称为"儒"。狭义的儒是"九流十家"中的一个学派,"盖出于司徒之官,助人君顺阴阳、明教化"的这类学者,我们都称为"儒",我们刚才提到的孔子、孟子、荀子这样的人都可以称为"儒"。

    章太炎先生在这里对"儒"的三个层次的解释实际上是传承了汉代学者的观点,认为"儒"起源于西周时期的王官,是司徒之官,是辅助明君施行教化一类的人。章太炎先生对儒的解释还不能完全解除现代学者对儒的内涵的疑问,所以现代著名学者胡适有一篇专论名叫《说儒》,对儒的来历进行了专门的探讨。他在这篇文章中提出了几个重要的观点,首先他认为儒是殷商民族的教士。我们说孔子、孟子、荀子是春秋战国时期的学者,实际上儒起源于很古老的殷商时代,殷商时代的一些教士就是儒,在我们来看,儒是从事什么工作的?胡适的解释非常有意思,这些儒从事一种特殊的职业,他们主要从事治丧相礼这些事情,殷商王朝在公元前11世纪商纣王时期被周武王所灭,但亡国后的殷商民族有一个预言,这个预言就是"五百年必有王者兴"。而春秋时期的孔子被殷商民族当成这个预言应运而生的一个人物,接着胡适在探讨"儒"的基础之上进一步论述了孔子的贡献。我们在这里先简单介绍一下胡适《说儒》这篇文章中对这个"儒"来源的探讨,这种探讨对了解儒家的起源及其后来的思想是有一定意义的。

② 孔子的原初形象(上):孔子形象的演变

    在了解了孔子生活的时代——春秋战国时期在中国文化史上独特意义的基础之上,我们可以进一步讨论孔子究竟是怎样一个人。孔子在春秋战国时期以及后代的中国历史上到底是怎样一种形象?对这个问题的探讨,我们要分几个层次。在前面一讲中，我们看到大题目是"是'至圣先师'，还是'丧家之狗'"，尤其是后面这个名目"丧家之狗"值得探讨，用"丧家之狗"这个名目来讲孔子，可能有很多的同学不大适应，我们首先要解释"丧家之狗""至圣先师"这些名目的来源，其次再看一看孔子这个形象在他的一生中以及后来中国历史上的演变过程。这些主要是为探讨"孔子究竟是怎样一个人"这个问题打下基础。

唐 阎立本《孔子弟子像》

　　首先我们来解题，也就是我们今天为什么要给大家列这样一个题目，"丧家之狗"与孔子这样一个至圣先师联系在一起的时候，一开始我们觉得不太自然，甚至有些唐突；但实际上"丧家之狗"这个称呼由来已久，司马迁的《史记》当中有一篇传记叫《孔子世家》，是流传到今天的有关孔子的第一篇传记，在这篇传记之中，孔子曾经带着他的弟子周游列国。有一次到了郑国，在郑国都城的大街上孔子和他的弟子走散了，到傍晚的时候，孔子的弟子们在到处寻找自己的老师。其中有一个弟子，他叫子贡，也在大街上到处找，似乎没有头绪。这时候，郑国城里有一个人告诉子贡，说他在东门口看到有这样一个人，他的额头长得好像五帝时期的圣君尧帝，他的脖子长得有一点像大禹时代的那个大法官皋陶，他的肩膀长得有点像郑国的大夫子产，他的个子看起来很高，但是比大禹好像要矮一点。那个人的长相好像很奇特，从他的眉宇之间，感觉他好像非常的懊恼，若有所思的样子，好像一条流浪的丧家之狗……子贡从郑国人的这个描述之中知道这人应该是自己的老师，于是就来到了郑国人告诉他的东门口，见到了自己的老师孔子。子贡和老师之间的关系比较亲密，所以他毫无避讳地把刚才从郑国人口中听到的有关孔子形象的描述原原本本地告诉了孔子。按照我们一般的想法，孔子听到这个说法以后，特别是后面说他"累累若丧家之狗"，应该会有一些不高兴，但实际上不然，孔子听到子贡这样介绍郑国人对他的描述以后，似乎有些欣然。他说道："形状，末也。

而谓似丧家之狗,然哉!然哉!"郑国人对"我"形象的那种描述,实际上是次要的,但是,他把"我"说成是"丧家之狗","我"认为他说对了。所以孔子连连地说道"然哉!然哉"。

"丧家之狗"这个说法在我们后人看来,是一个不太好的称呼,但实际上,"丧家之狗"在这里是一个非常生动的喻象。当代学者李零先生对此有一个精妙的解释,他有一本读《论语》的著作,书名就叫"丧家狗",书的副标题是"我读《论语》",李零先生在读《论语》的时候就读出这样一个形象,好在李零先生对"丧家之狗"做出了自己的解释。这个解释非常精妙,他说:"任何怀抱理想,在现实世界找不到精神家园的人都是丧家狗。"如果这样来理解丧家狗的话,实际上我们可以体会到,在现实生活之中,我们每一个人在寻找自己精神家园的时候,如果觉得不得意或者感觉没能够找到自己安顿心灵所在的地方的时候,似乎都有一点丧家狗的样子。这是我们解释题目之中"丧家之狗"一说的来历和它的意义。

其次我们再介绍一下"至圣先师"一说的来历。首先介绍一下"至圣"一说,在中国历史上,第一次用"至圣"这个名词来称孔子的,还是我们刚才介绍的《史记》的作者司马迁。司马迁在《史记》之中用《孔子世家》这个篇目详尽地描述了孔子的一生,在文章的最后,司马迁用了他惯用的体例"太史公曰"对传主进行评价。在这个评价之中,我们看到司马迁对孔子流露出一种由衷的崇敬之情。我们不妨看一看这样一段"太史公曰":"《诗》有之:'高山仰止,景行行止。'虽不能至,然心乡(向)往之。余读孔氏书,想见其为人。适鲁,观仲尼庙堂车服礼器,诸生以时习礼其家,余祗回留之不能去云。天下君王至于贤人众矣,当时则荣,没则已焉。孔子布衣,传十余世,学者宗之。自天子王侯,中国言六艺者折中于夫子,可谓至圣矣。"司马迁在这里交代了自己曾经出于对孔子的一种崇敬之情,亲自到孔子的故乡——今天的曲阜去访问孔子的遗迹。司马迁生活的时代与孔子相距已经有三百多年了,司马迁来到曲阜城的时候,看到了孔子的庙堂,看到一些年轻人于特定时候在夫子故居演习夫子当时提倡的礼仪,司马迁被这种场景深深感染了。文章中说"余祗回留之不能去云","祗回"就是盘桓流连的样子。所以司马迁发出这样的感慨——"天下君王至于贤人众矣",从古到今有很多的圣人君王,这些人在活着的时候非常荣耀,而死了以后就湮没无闻了。孔子是一个布衣,传到今天已经十余代过去了。一般一代大约是二三十年,司马迁离孔子生活的时代有三百多年了,而几百年过后的曲阜城里的人,包括普通的年轻人还有学者都尊仰他。所以中国人讨论人文学术或者说"六艺",都要以孔子的理解为最标准、最规范的一种理解,司马迁给予孔子以最高的评价——"至圣",也就是最高的圣人。这是我们对题目中出现的两个关键词"丧家之狗""至圣先师"的来历的介绍和解释。

　　刚才我们从文献中给大家指出了今天的题目中"丧家之狗"和"至圣先师"这两个说法的来历。在这个基础之上,我们就可以和大家讨论今天的中心话题,即孔子是怎样一个人。这个问题,我们可以从几个不同的角度来进行分析。我们首先看一看孔子这个形象在历史上的演变,我们知道孔子是儒家学派的代表人物,儒家思想从汉代开始在中国古典社会中一直是历代的主导思想,所以孔子的形象在历史上不断地演进。从历史的发展过程来看,孔子的形象在逐步地提升,当然孔子在他在世的时候就受到很高的评价。比如说《论语》的《子罕》篇中曾经就出现过"圣者"的说法,鲁国的太宰曾经问孔子的弟子子贡说:"你们的老师是不是圣人,不然的话他怎么有那么多的能耐?"子贡就顺着他的话往下说:"是的,我们的老师就是一个圣人,是老天要让他成为圣人,又让他具有很多能力的。"所以圣者的称呼在孔子在世的时候很可能就已经有了,虽然这个话孔子自己是不承认的。但是当时在孔子的弟子以及社会上一部分人的心目之中,孔子已经具有了圣者的形象,甚至还有用日月来比喻孔子的形象的。在《论语》的《子张》篇中就出现了这样的记载:"叔孙武叔毁仲尼。子贡曰:'无以为也! 仲尼不可毁也。他人之贤者,丘陵也,犹可逾也;仲尼,日月也,无得而逾焉。人虽欲自绝,其何伤于日月乎? 多见其不知量也。'"从这里可以看到子贡是很维护夫子形象的。鲁国有一个大夫叔孙武叔诋毁孔子,子贡就说我们的孔子是像太阳和月亮一样不可诋毁的,一般的人就像小丘陵,人们要想翻过去很容易,但我们从来没有人见过有能超过太阳和月亮的。日月是对孔子光辉形象的一个比喻。

　　到了孟子时代,孟子在自己的文章之中把孔子与其他的一些圣人作了一番比较,把孔子称为圣人中最能够因时而变的人。《孟子·万章》中曾经记载,孟子说过这样的话:"古往今来在我看来,有四大圣人,第一个就是伯夷,第二个是伊尹,第三个是柳下惠,第四个是孔子。"伯夷,我们知道是一个隐士,在殷商王朝灭亡的时候,他不肯食周粟,结果饿死在首阳山上,所以孟子称他为圣人中比较清高的人。而伊尹是商汤时候的大臣,在孟子看来他是圣人当中能够吃苦耐劳的人,是圣之任者。柳下惠被孟子称为圣人当中比较随和的人,而孔子是"圣之时者也"。什么是"圣之时者也"? 孟子进一步阐释说:"圣之时者就意味着孔子是一个集大成的人,集大成的人是金声而玉振之也。"在中国古代社会演奏宏大音乐的时候,一般以钟声开头,而以磬收尾,奏乐从头到尾非常的完整,所以音乐既响亮又和谐,后来金声玉振被用来比喻人德行崇高、知识渊博、才学精到。这里的"金声玉振"四个字,我们经常在夫子庙前面的牌坊上或者是匾额上看到,就是比喻孔子德行崇高、学问渊博、才学精深的。在孟子的心目中孔子就是一个集大成的圣人。

从司马迁的《史记》之中可以看到孔子被称为至圣,这是我们刚才讲过的。到了东汉时期,王充在《论衡》之中记载了孔子的另外一个名声,《论衡》的《超奇》篇中说,孔子作《春秋》在后代学者看来是孔子一生中的一个重大事业,这个重大事业可以称为"素王之业"。什么叫素王? 一般来说孔子作《春秋》这件事实际上就是代君王立法,循君王之道,但是我们知道孔子是没有君王之位的,所以被称为素王。随着历史的演进,到了魏晋南北朝时期,由于玄学兴起,儒学相对衰落,所以夫子的形象没有得到进一步的提升,但是魏晋南北朝结束之后,中国再次走向大一统时代,到了唐代以后,孔子的形象进一步被提升为文宣王。特别是到了宋元以后,孔子的形象已经基本固定为"大成至圣先师文宣王"。清代乾隆皇帝在北京孔庙的大成殿里面题写过一副对联,这个对联大概可以代表对孔子的歌颂的主要内容,这个对联是这样写的:"气备四时,与天地日月鬼神合其德;教垂万世,继尧舜禹汤文武作之师。""日月",我们说在《论语》中就记载过,子贡曾经用这样两个意象来比喻孔子崇高的形象。乾隆皇帝的对联之中,上联主要是化用《周易·乾卦·文言》中的说法,《周易·乾卦·文言》中是这样说的:"夫大人者,与天地合其德,与日月合其明,与四时合其序,与鬼神合其吉凶。"从这里可以看到乾隆皇帝的上联,就是引用概括了《周易·乾卦·文言》中的内容,但实际上这个上联还是比较虚的。下联倒是道出了孔子一生中最重要的贡献,下联说"教垂万世,继尧舜禹汤文武作之师",这里点到了孔子一生最重要的贡献是教育事业。孔子是第一个大力兴办私学的人,在中国的教育史上开创了私学教育,这样一种教育事业对后代的贡献是非常伟大的,可以说"教垂万世,继尧舜禹汤文武作之师"。这是古代社会从孔子在世的时候一直到中国最后一个封建王朝清代孔子形象总体上的演进。我们从这里可以看到,就总的趋势来说,孔子的形象是逐步提升的,孔子在世的时候就被称为圣人,去世之后一直到今天我们都把他称为至圣先师。《论语·述而》中曾经记载过:"子曰:'若圣与仁,则吾岂敢。抑为之不厌,诲人不倦,则可谓云尔已矣。'"有人说"我"是一个圣人,"我"是一个充满仁爱之心的人,实际上"我"哪里敢接受啊。"我"只不过是做什么事情从来没有厌倦过,尤其是"我"教导人从来不知疲倦,这大概就是我能够做到的。你们看孔子的形象在历史上逐步地演进,最后成为一个至圣先师,而夫子自己对于"圣人"这样的称呼是不敢接受的。由此我们就提出了一个问题:孔子的原初形象是怎样的?

③ 孔子的原初形象(中):孔子的生命历程

孔子到底是怎样一个人?了解孔子的原初形象,我们刚才提到主要的依据应该是《论语》以及相关的较早记载孔子形象的文献。关于孔子的原初形象,最可靠的文献应该是这几部,第一是《左传》,第二是《论语》,第三是我们刚才提到的司马迁的《史记·孔子世家》以及三国时期的学者王肃的《孔子家语》。在这些文献之中,《论语》是最重要的一部,这部书共20篇,记载了孔子及其弟子的话语和活动。班固曾经在《汉书·艺文志》中对《论语》作出这样的介绍,他说:"《论语》者,孔子应答弟子时人,及弟子相与言而接闻于夫子之语也。当时弟子各有所记。夫子既卒,门人相与辑而论纂,故谓之《论语》。"《论语》实际上就是孔子的弟子们在听老师讲课或者是记载了孔子平时言行的书。这部书代代相传,是我们考察或者理解孔子形象最可靠的资料,所以我们今天就通过《论语》以及《左传》《孔子世家》这样一些资料来看看孔子最初的形象。我们首先可以从他的家世来看,我们中国人读书最基本的方法,就是知人论世,这个"世"既包括一个人物所生活的那个时代,同时也包括他的家庭和家世。

胡适之先生曾经在《原儒》中说过,儒家起源于殷商时代,儒是殷商时代的教师,从事一种特别的工作,这有一定的依据。我们从儒家的经典《礼记》当中就能看到孔子曾经自称是殷商人,《礼记·檀弓》中就有这样的记载:"而丘也,殷人也。"这是夫子自报家门,说自己是殷商人。殷商是三代时期的第二个王朝,年代是公元前17世纪到公元前11世纪,离孔子生活的时代也有五百多年,孔子这样说是因为他实际上是殷商的后裔。从中国的历史中我们可以看到,商纣王作为殷商王朝的最后一代天子,被周武王打败以后自缢鹿台,但是殷商贵族后裔在西周的时候又被分封到了宋国,所以殷商的贵族成了宋国的贵族,殷商王朝的后裔就成了宋国的贵族。而孔子的祖先就是宋国的贵族。据历史记载,孔子的先祖有可能是宋国宗室的继承人,但是孔子的先祖主动让了位,成了宋国的卿大夫。在孔子的先人孔父嘉这一代的时候,宋国发生了内乱,当时宋国的太宰是华父督。华父督把孔子的先祖孔父嘉杀掉了,孔父嘉的后人木金父逃难跑到了鲁国去避祸,经过了几代,到了孔子的父亲叔梁纥这一代。叔梁纥,史书中记载他人高马大,非常具有勇力,多次建立战功,通过军功做了陬邑大夫。叔梁纥平生都在征战,未考虑到家庭生活,他虽然功业上取得了一定的成就,但是在生活上还不太如意。我们从史书中看到叔梁纥原先有一个儿子,叫孟皮(伯尼),孟皮生下来以后先天残疾,叔梁纥自己觉得不太得意,于是又娶了一个年轻的鲁国曲阜城里的颜氏为妻,这个颜氏就是孔子的母亲。孔子的母亲嫁给了叔梁纥之后,生下了小孔子,不久孔子的老父亲叔梁纥就去世了。孔子由于失去了父亲的照顾,后来就沦为历尽苦难的少年。《论语》中曾经记载过,鲁国的太宰问孔子的弟子子贡"夫子圣者与?何其多能也"。刚才我们提到过,孔子对"圣人"这样一个称呼,是不太接受的。夫子的少年时代,实际上是非常艰苦的。他说"吾少也贱,故多能鄙事"。这里说的就是孔子少年时代身份非常的低微,所以为了维持生存就做了很多贵族子弟不能或是不愿做的看起来非常琐碎、低微的事情。孔子生下来不久,他的父亲就去世了,在他还未成年的时候,他的母亲可能是因为积劳成疾也去世了,所以小孔子实际上成了一个实实在在的孤儿。少年时代的孔子为了维持自己的生存,去给人家打工。史书中记载,孔子曾经给季氏家做过会计,甚至还当过放牛娃,给人放牛放羊,详见《孟子》:"孔子尝为委吏矣,曰'会计当而已矣。'尝为乘田矣,曰:'牛羊茁壮长而已矣。'"这个会计跟我们今天的专业性的会计是不一样的,主要负责记录贵族家里的财务的出入和往来的人员的变动,和我们今天的保安倒是有一点相似。卿大夫家中财务和人员的流动,孔子都记载得非常清楚。"乘田"一职,从《孟子》的介绍中,我们可以看出主要是放牛和放羊的,就是今天的放牛娃。这种身份是非常低贱的,但是我们从这里看到,孔子在小的时候就很用心,即使做这些低微事情的时候,他也非常地认真,所以才会有"会计当"和"牛羊茁壮长"这样的评价。

同样的记载在《史记·孔子世家》中也有,内容大体相当。但是我们回过头来想,如果孔子一直做这样的事情,他可以成为一个正直的人,可以成为一个自食其力的人,但是很难成长为后来的至圣先师、一代圣人。是什么改变了孔子的命运?夫子在晚年的时候对自己一生的心路历程有一段精粹的概括:"吾十有五而志于学,三十而立,四十而不惑,五十而知天命,六十而耳顺,七十而从心所欲,不逾矩。"在这里,孔子回忆了自己从少年时代一直到垂垂暮年心路历程的演变。这段文字是我们把握孔子心路历程的重要线索,后来也有很多人把孔子的成长历程与自己的成长做比照,反思自己的成长过程、自己的心路历程在相当的年龄是不是已经达到了孔子这样一种境界。如果在年轻的时候未能有志于学,到三十岁的时候,还没能够像孔子那样三十而立,就觉得自己可能在这一生中有一些欠缺了。所以这段文字虽然非常浅易,但是非常精粹,值得我们去进一步解读。

刚才我们提了一个问题,孔子少年时期曾经给人当过会计,给人放过牛羊,虽然做得也很称职,但是一直这样几乎不可能成长为一代宗师。孔子之所以从一个苦命的少年成长为一代至圣先师,从这一段描述心路历程的文字中我们可以看到关键所在。首先看这里的第一句,叫"吾十有五而志于学",这里的关键字就是"学"字,从某种意义上来看,是学习改变了孔子的命运。孔子那个时代的学习内容是什么?无非是大小六艺,所谓小六艺就是礼、乐、射、御、书、数。这里的科目实际上包括了中国当代教育中的道德教育的内容,体育教育的内容,比如说射箭、驾车,以及智慧教育的内容,比如说语言文字和算术,这是小六艺。此外还有大六艺,大六艺就是后代儒家学派代代相传的六部经典,这六部经典最早在《庄子》中就已经记载过了,《庄子·天运》

中曾经记载:"丘治《诗》《书》《礼》《乐》《易》《春秋》六经。"这里的"丘"就是指孔子,孔子名丘,"治",是学习研究这六部经典。后来《乐经》由于在上古时代没有专门的音乐符号记载它,到了汉代的时候就没有能够传承下来。六艺或者说六经就成了五经,从这里我们可以看到孔子学习的主要内容就是大小六艺。

如果说"吾十有五而志于学",孔子从十五岁左右的时候就开始学习,到了第二个阶段"三十而立"经历了十多年系统勤奋的学习。孔子有了自己的思想,到了三十岁的时候,三十而立的"立",我们可以把它理解为孔子在学习先代文献各种专门知识的基础之上,形成了自己独立的思想,有了独立思想之后的孔子就开始想要从政了,想把自己的思想运用到治理国家之中。孔子选择了齐国作为自己理想政治实施的第一个所在。所以到三十五岁的时候,孔子来到了齐国,和齐景公讨论了如何治理国家。《史记》中曾经记载孔子到了齐国,齐景公对他礼遇有加,向孔子请教如何治理国家,孔子给他讲了八个字,叫"君君臣臣父父子子",齐景公听了这话以后大加赞赏,说治理一个国家确实应该如此。如果君不像个君,臣不像个臣,父亲不像个父亲,孩子不像个孩子,虽然物质生活能够过得很好,但是这个国家不久就要动乱了。过了几天,孔子又给齐景公讲如何进一步地治理好齐国,说了两个字——"节财"。节财在我们今天看来好像非常容易理解,但是我们应该把这个话放在当时的历史背景之中去分析,齐国在春秋时代诸侯国之中是一个比较富裕的国家,齐国人养成了铺张的风气。有一个成语叫滥竽充数,说的就是齐国,普通的音乐场景便要动用几百个人,这是铺张的表现。齐国人的铺张在先代的历史文献包括《诗经》当中都有所体现,所以孔子在这里讲的节财,不仅仅是一般意义上的节约,对齐国来说是非常具有针对性的。齐景公听了孔子这些治理国家的建议之后,对孔子愈加崇敬了。可惜齐国的丞相晏婴由于担心自己的地位不保,在齐景公面前诋毁孔子,后来齐景公就渐渐疏远了孔子,所以孔子在齐国最终未能实现自己的政治理想。回过头来,只能去召集些年轻的弟子,将自己的政治理想传播给他们,而这成就了孔子的教育事业,随着教育事业的扩大,孔子在鲁国的名声也越来越大了。

到了五十岁以后,孔子开始有机会进入仕途了。通过《孔子世家》的记载,我们可以看到,孔子五十一岁的时候就开始做中都宰,大约相当于后来的县令,后来又做了小司空,两年有成,司空是主持国家工程管理的官员。不久又升为大司寇,主持鲁国司法管理,同时开始兼任鲁国丞相的一些职务。做到这个职位的时候孔子觉得可以开始大展宏图了,在鲁定公与齐景公会晤的时候,也就是历史上著名的夹谷之会上,孔子辅佐鲁定公通过激烈的谈判把被齐国强行占领的原来属于鲁国的地盘重新要了回来。孔子的名声一下子在鲁国得到了提升,可以说是声名大振,在这种情形下孔子开始进一步想改革鲁国的政治。鲁国当时的政治权力旁落在卿大夫的手中,孔子想提振鲁国公室的权力,所以下了一个堕三都的政令。堕三都这个政令刚刚发布不久,三家大夫叔孙氏、季孙氏、孟孙氏还是比较赞同的,后来他们发现进一步的改革触动了自己的利益,所以三家又联合起来对付孔子,孔子在鲁国开展的政治改革没有能够真正地实施,最后以失败告终。甚至孔子在鲁国待下去的空间也没有了,所以孔子被迫离开自己的父母之邦鲁国到中原地区去游历。自五十五岁开始,孔子在中原的卫国、郑国、陈国、蔡国等国家游历,去寻找能够实现自己政治理想的国家,时间过得很快,孔子周游列国一晃过了十五年的时间,孔子已经六十九岁了。到了这样一个年龄,孔子觉得在政治上要实现自己的理想已经几乎不可能了,这对孔子来说是一个沉重打击。《史记·十二诸侯年表》中曾说:"孔子明王道,干七十余君,莫能用。"就是对这十多年的一个概括,实际上就说明孔子周游列国去寻求能实现自己政治理想的国家或者国君也归于失败。《淮南子》中也有这样的记载:"孔子欲行王道,东西南北,七十说而无所偶。故因卫夫人、弥子瑕而欲通其道。"

到了六十九岁,孔子不得已回到自己的父母之邦鲁国,虽然已经老了,孔子仍然生命不息,奋斗不止。他趁着最后的时光总结教育年轻弟子的文献,这些文献就是后来的儒家六艺,也就是《诗》《书》《礼》《乐》《易》《春秋》。《论语》中曾经记载过,孔子自己说:"吾自卫反鲁,然后乐正,《雅》《颂》各得其所。"《雅》《颂》我们知道是后来《诗经》中的两个重要的部类,既包括诗,同时也包括与诗相配合的音乐。经过大约四年的时光,孔子将先代的重要典籍《诗》《书》《礼》《乐》《易》《春秋》整理得比较妥当了。大约到七十三岁的某一天,孔子感到精神焕发,实际上我们可以看到这是临终之前的一种精神的兴奋,孔子可能意识到自己的生命大限就要到了,所以一大早起来一边漫步,一边唱着这样的歌:"太山坏乎! 梁柱摧乎! 哲人萎乎!"我们后来有个成语叫哲人其萎,就出自这段文字。孔子的弟子子贡听到了这段歌词之后,觉得可能要出什么问题,后来孔子把子贡喊到自己的身边来,给他交代了一些事情,说了自己的不祥预感。孔子唱了这个歌之后,过了七天就离开了人世,这是孔子最后的生活片段。刚才我们讲了孔子一生的主要经历,从苦难的少年一直到不知老之将至的晚年,这是我们理解孔子形象的基础,只有了解了孔子一生的主要经历,我们才可以进一步了解孔子到底是怎样一个人。

4 孔子的原初形象(下):孔子的性格特征

在了解孔子一生主要经历的基础之上,我们可以对孔子的性格做进一步的分析和概括。从孔子的一生之中,尤其是《论语》记载的孔子的言行之中,我们了解到孔子是这样一个人。第一,孔子是一个笃信好学、守死善道、充满着信念的人。《论语·泰伯》中记载,孔子说过"笃信好学,守死善道"。"笃信好学","好学"是我们体验过的,孔子自年轻的时候就特别喜欢学习,后来经过学习,有了自己的思想、理想。"笃信"就是坚定自己的信念,用一生来守护这个信念。所以,我们说孔子是一个有坚定信仰的人。这种信念一旦树立了以后,哪怕自己的生命受到了威胁也在所不辞,就是《泰伯》所说的"士不可以不弘毅,任重而道远,仁以为己任,不亦重乎? 死而后已,不亦远乎"里的"仁以为己任"。我们可以看到,孔子"三十而立"那个"立"是孔子确立了自己的思想,这个思想主要的内涵就是孔子在继承前代礼乐文化的基础之上形成的自己的独立的思想,就是以"仁"为核心的思想体系。"仁"有多种内涵,其中主要的就是仁爱,孔子想进一步把这种仁爱推行到治理国家的层面之上,所以把践行"仁"作为自己一生的重要信念,这是一个非常重大的任务。为了完成这样的一个重任,哪怕献出自己的生命也是在所不惜的。我们今天有一个成语叫任重道远,这里的任重,就是以仁义为己任,道远就是死而后已。《卫灵公》中记载,孔子说过"志士仁人,无求生以害仁,有杀身以成仁"。有理想的仁人志士在自己的生命受到威胁的时候也不会放弃自己的信念、理想,所以有所谓"杀生成仁",为了维护自己的信念,宁愿献出自己的生命,哪怕是

"朝闻道夕死可矣"。这是孔子性格的第一个方面,就是有坚定的信念。

第二,孔子的一生充满着一种乐观主义的情怀。我们可以把这种乐观主义的情怀称为发愤忘食、乐以忘忧的乐观主义精神。《论语·述而》中记载"叶公问孔子于子路",就是说叶公曾经向孔子的弟子子路问他的老师孔子是怎样一个人,当时子路没有理会他,把这件事情告诉了老师孔子。孔子跟他说,你为什么不这样说:"其为人也,发愤忘食,乐以忘忧,不知老之将至云尔。"实际上孔子对自我的形象还是有非常清醒的认识的。这里说的"发愤忘食,乐以忘忧",在《论语》中我们可以进一步拓展它的内涵,《述而》篇中曾经讲过"发愤忘食"的这种情境,"饭蔬食,饮水,曲肱而枕之,乐亦在其中。不义而富且贵,于我如浮云",前面的几句话就说清楚了孔子平常的生活是非常艰苦的,饿了只能吃一些粗糙的食物,渴了只能喝几口凉水,困了有时候只能把自己的手臂弯曲一下,姑且当作枕头。但是孔子说只要能够实现我的理想,这也是一种快乐,如果通过不义的手段获得了富贵,那种富贵对我来说是一片浮云,没有什么值得的。孔子的弟子颜回大概是拥有这种精神的一个代表人物,《雍也》篇中记载,孔子曾经高度评价他的弟子颜回。为什么颜回在众多的弟子中能得到孔子如此高的评价?也许是在"发愤忘食,乐以忘忧"这一点上,颜回能够做到和他的老师一样。《雍也》篇中说:"一箪食,一瓢饮,在陋巷,人不堪其忧,回也不改其乐。贤哉,回也!"这里颜回的"乐",是贫困生活之中的一种乐,你看"一箪食,一瓢饮,在陋巷",吃的喝的住的都相对差,但是颜回和他的老师孔子一样,也能够在这种相对贫困的生活条件下追求自己的理想,这就是后人反复要体验的所谓"孔颜"的乐处。孔子、颜回的乐不是生活改善以后的乐,不是生活无忧的一种快乐,实际上是一种苦中的乐,是一种乐观主义。这种乐观主义后来也成了我们中华民族普通人性格中的一种情怀。孔子是一个圣人,他能够忍受我们一般人所不能忍受的苦痛生活。实际上每每遇到挫折的时候,孔子也有自己的怨言,他有时候也埋怨在中原地区周游列国是如此的不堪,没有一个国君能够接纳他。所以他说想到遥远的地方去居住——"欲居九夷",甚至还说过"乘桴浮于海",但是我们看到,孔子他最终没有到九夷,也没有下海,所以孔子就是这样一个乐以忘忧,知其不可而为之的具有乐观情怀的人。这是我们讲的第二个方面。第三个方面和孔子一生中的主要贡献息息相关,就是孔子作为一个师长,具有"学而不厌,诲人不倦"的师长风格。

刚才我们在分析孔子形象的时候,首先说孔子具有坚定的信念,所谓"笃信好学,守死善道"的坚定的信念。其次说孔子具有一种乐观主义的情怀,就是发愤忘食、乐以忘忧的乐观主义情怀。最后来说孔子一生最重要的贡献,就是开创了我们中国古代教育大力兴办私学的传统。在这个层面上我们看到孔子是一个学而不厌、诲人不倦的师长。《论语》中多次记载孔子这种形象的特征。《述而》篇中说:"默而识之,学而不厌,诲人不倦,何有于我哉?"这里的中心就在于学而不厌,诲人不倦,《述而》篇中也说过孔子对于当时有人称他为圣人不敢接受,他说自己只不过是一个"为之不厌,诲人不倦"的人。说到这句话的时候,孔子的弟子公西华反思自己,这正是弟子们学不到的。作为一个师长,前提条件就是先得要有学识,我们对孔子的学可以做比较细致的分析。通过《论语》我们可以看到在学这个层面上,孔子可以达到四个层次,我们把它概括为"勤学、善学、博学和活学"。

从《论语》中我们可以看到孔子勤学不倦,"学"这个字在《论语》中出现的频率比较高,多达 64 次,可以看到学在孔子的生平之中是一个重要的内涵。《论语》开篇《学而》说道:"学而时习之,不亦说(悦)乎?"《述而》篇中说道:"我非生而知之者,好古敏以求之者也。"《泰伯》篇中说道:"学如不及,犹恐失之。"从这里我们可以看到,孔子是一个非常勤学好问的人,这是他后来成为至圣先师的一个先决条件。在《雍也》篇中孔子说:"知之者,不如好之者;好之者,不如乐之者。"在《公冶长》中也说到了自己"敏而好学,不耻下问"。这是从学习这个角度来说,孔子的第一个境界或第一个层次就是勤学好问。

在勤学好问的基础之上还要进一步地提升为善学,善学实际上就是善于学习,学习要讲究方法,勤学是一个先决条件,如果不讲究方法,学习的效果有时候恐怕是不太好的。我们从《论语》中看到,孔子不仅勤学而且善学,非常讲究学习方法。这里有哪些学习方法值得我们借鉴呢?在《论语》的《为政》篇中孔子就说过:"诲汝知之乎?知之为知之,不知为不知,是知也。"这里实际上是讲学习态度的问题。《为政》篇中还记载孔子说过这样精粹的话,他说:"学而不思则罔,思而不学则殆。"学思结合是我们中国古代教育教学中的一个非常宝贵的方法,一直流传到今天。只有思考才能够提高自己学习的效果,在《卫灵公》中,孔子也这样说道:"吾尝终日不食,终夜不寝,以思,无益,不如学也。"这里就讲思考固然重要,但是如果只是在那里空想而不去努力学习各种知识,这种思考也是没有什么益处的。这里同样也是讲要将学习和思考结合起来。《述而》篇中所说的"三人行,必有我师焉,择其善者而从之,其不善者而改之"就告诉我们,学习还要和广泛地结交朋友相结合,这里的结交朋友主要是结交一些比自己知识更渊博的、有能力的朋友,所以叫"择其善者而从之,其不善者而改之",正如《礼记·学记》中所说的"独学而无友,则孤陋而寡闻",总之是要把学习和交朋友结合起来。实际上英国的学者培根也有这样的思想,培根在《论学问》中就说过读书要和交朋友相结合。儒家的代表人物孟子也提到过类似的观点"尚友":"一乡之善士,斯友一乡之善士;一国之善士,斯友一国之善士;天下之善士,斯友天下之善士。"这里的友天下之善士,实际上就是叫我们读书学习要和交朋友相结合,在和朋友的交往之中发现自己学习的不足,这就是学习尚友相结合,也就是善学。

博学是孔子的知识境界。作为一个读书人,我们都希望自己能够达到这种境界。在《论语》中我们看到孔子在别人的眼光之中已经达到这样的境界了。《子罕》篇中的"夫子圣者与?何其多能也?"就是说孔子博学多能。《子罕》篇中就借达巷这个地方一个老乡的话说孔子真是伟大啊,他好像什么都知道,我们很难把他称为某一方面的专家,所谓"博学而无所成名"。在司马迁的《史记·孔子世家》之中有好几个场景记载了孔子博学的故事,这是孔子学习的第三个境界,就是博学的境界。

第四个境界,我以为是达到了活学这个境界,前面我们才提到,孟子对孔子评价很高,把他和前代的几个圣人进行比较,说"伯夷,圣之清者也;伊尹,圣之任者也;柳下惠,圣之和者也;孔子,圣之时者也"。相比较之下,孔子是一个集大成的人,这个集大成的人就是"圣之时者"也。这里的"时"这个概念非常重要。我们学习是对前人知识的一种接受,但是仅仅接受这个知识是不够的,我们学习的目的是学以致用,要活学活用,要随着时代的发展变化灵活运用自己的知识。所以我们在这里说从学习的层次或角度来说,孔子是一个伟大的学者,他的学习有四层境界,就是勤学、善学、博学、活学。

在了解孔子形象的基础之上,我们可以进一步探索孔子的主要思想。在《论语》和其他的儒家文献之中记载了很多孔子对当时社会和治理国家的一些看法。孔子的思想是非常丰富的,在这里,我们以《论语》为主要依据给大家分析一下孔子思想的一些主要内容。

首先是孔子的思想核心"仁"。在《论语》中"仁"这个字总共出现了109次之多,相比较来说出现的频率很高,说明这个问题是夫子比较关注的。在孔子之前,中国传统的文化可以用"礼"来进行概括,"礼"是孔子之前中国文化思想的一个主要内涵。在《左传》中"礼"被认为是天经地义的,所有的人都应该按照"礼"去做事情。在《论语》中孔子当然也非常重视"礼","礼"在《论语》中出现的频率仅次于"仁"这个字。但是相比较来说,孔子在传承先代礼乐文化的基础之上,形成了自己的独立思想,这个独立的思想,我们可以用"仁"这个字来进行概括。"仁"具有怎样的内涵?孔子的弟子曾经多次向老师提出这个问题,孔子在不同的场景之下对这个"仁"进行了不同的回答。在《颜渊》篇中,孔子的弟子樊迟向老师询问"仁"指什么,孔子的回答非常简洁明快,就是"爱人"。这是"仁"的一个重要内涵,是人的一个博爱情怀。在《学而》篇中,夫子说道"弟子入则孝,出则弟,谨而信,泛爱众,而亲仁。行有余力,则以学文"。这里的"泛爱众"和《颜渊》篇中的"爱人"结合起来是"仁"的一个重要内涵,体现了博爱是"仁"最基本的,也是重要的内涵之一。在《颜渊》篇中,孔子的另外一个弟子颜回也向夫子询问什么是"仁",这时候孔子对颜回的回答是这样的,他说:"克己复礼为仁。一日克己复礼,天下归仁焉。为仁由己,而由人乎哉?"颜渊曰:"请问其目。"子曰:"非礼勿视,非礼勿听,非礼勿言,非礼勿动。"在这则语录中,他说"克己复礼"是"仁"的一个重要的政治内涵。在这里所谓的"礼",主要指孔子最为推崇的西周时期周公制定的那一系列有关国家政治制度和人们行为方式的规范。所以"复礼"主要是复兴西周初期的周公之礼,这是"仁"的另外一个内涵。在《颜渊》篇中,孔子的另外一个弟子仲弓向老师请教"仁"的内涵,夫子又作出了这样的回答,他说"出门如见大宾,使民如承大祭。己所不欲,勿施于人。在邦无怨,在家无怨"。我们在这里只提取这八个字,就是所谓的"己所不欲,勿施于人"。这八个字相对比较浅显,但是做起来却不容易,意思是说,自己不想要做的事情,不要把它强加到别人的身上,这样一种要求对我们现代人来说也是非常有意义的。在人和人之间的关系上,甚至群体和群体的关系上,国与国的关系上,我们都可以从这句话中受到启发。

其次,我们再谈谈孔子的"义利之辨"。"义"就是应该遵守的道德规范,"利"比较简单,就是对物质利益的一种追求。在"义"和"利"这两者之间,孔子首先承认人基本的生存需求的合理性。《里仁》篇就说了"富与贵,是人之所欲也……贫与贱,是人之所恶也"。在日常的生活之中,我们也可以感觉到对我们普通人来说,追求富贵是我们的愿望,而沦为贫贱实在是我们所不愿意的事情,这是对个体来说的。对一个国家来说,对一个治国者来说,更应该提高老百姓的生活水平,使国家处于一种安全的状态之中。《颜渊》篇中记载,子贡向孔子请教如何治理国家,孔子就告诉他"足食,足兵,民信之矣"。作为一个治理国家的领导者,要让老百姓生活无忧,国家是安全的,这样老百姓才会信任这个领导者。从这里可以看出来,保证人生存的安全,这是最基本的。孔子作为儒家学派的一个代表人物,他也承认了这一点,但是我们刚才说这是对我们普通人来说的。孔子对他的弟子们的要求,不仅是做一个普通的人,还要做君子。"君子"一词在《论语》中一般有两个含义,其一就是贵族,这是从身份上、血统上来说的,贵族是君子。其二主要是从道德和学问来说的,我们在这里取第二层含义,就是具有崇高道德和广博学问的人叫作君子。孔子希望他的弟子们都成为君子。作为君子就不能像普通人那样,整天想着怎么去解决自己的生计问题。所以孔子说:"君子谋道不谋食。耕也,馁在其中矣;学也,禄在其中矣。君子忧道不忧贫。"孔子要求他的弟子,要做一个具有崇高道德境界和广博学问的人,在生活之中如果受到贫穷的威胁,在"义"和"利"发生矛盾冲突的时候,就要选择"义"而舍弃"利"。所以夫子提出一个观点叫"君子固穷",一个有崇高理想的人,一个有崇高道德的人,一个矢志不渝为了自己理想奋斗的人,在现实生活之中常常会碰到困难。"君子固穷"并不是说君子一直是非常贫穷的,而是在追求自己理想的时候,难免会遭遇到困境。这才是"君子固穷"的意思。颜回生活在贫困之中,但是孔子仍然称赞他是一个贤能的人,可以算是一个君子。"君子食无求饱,居无求安,敏于事而慎于言,就有道而正焉,可谓好学也已。"作为一个君子对自己有更高的一种要求,这种更高的要求就是在"义"和"利"发生矛盾冲突的时候,明确地选择"义"而舍弃"利"。就像《里仁》篇所说的,"君子喻于义",君子懂得大义;而"小人喻于利","小人"在这里就是普通人。孔子对自己弟子的要求要超越普通人,做一个君子。在《卫灵公》中,孔子进一步提出"志士仁人,无求生以害仁,有杀身以成仁",这是说在追求自己的理想的过程中,哪怕是自己的生命受到威胁的时候,也要舍弃自己的生命来维护自己的信念。在义和利之间,孔子认为义远远比利重要,"君子喻于义,小人喻于利",孔子追求的是如何让一个国家变得更加强大。

对于一个治理国家的人来说,发展自己的物质生产,是改善老百姓生活的基础。在《子路》篇中记载了孔子到卫国去时和他的弟子冉有的一段对话,这段对话可以体现出孔子的治国理想,也可以看出孔子的经济思想是有层次的,有系统的。孔子到卫国去,冉有给他驾车,卫国的都城朝歌是一个大都市,原是殷商王朝晚期的都城,虽然经过战乱,在后来仍然人口众多。所以孔子一到卫国的都城就赞不绝口,这个地方太繁华了,大街上有很多的人,就是"庶矣哉"。"庶"就是人口众多,这是城市繁荣的一个标志,冉有紧接着说:"卫国人口固然多,但是要治理这个国家的话要从哪个方面着手?"孔子就说:"富之。"就是说让卫国的人变得富裕起来。那富裕起来还要做什么呢? 冉有进一步追问。夫子给了简洁的回答"教之",就是教育这些人让他们有高度的文化教养。这里我们可以看到从庶到富到教,一步步地提升,我们可以说庶、富、教是孔子系统的经济思想。

孔子在中国的历史上是一个伟大的教育家,他有非常丰富的教育思想。孔子的教育思想我们可以从这几个层面去理解。首先是有教无类,《述而》篇中记载"自行束脩以上,吾未尝无诲焉",《卫灵公》中说"有教无类",有教无类实际上是孔子一生最重要的贡献之一。在孔子之前,中国也有很高的教育水平,但是那时候能够接受教育的主要是贵族子弟,草根阶层的平民百姓是没有机会接受教育的。孔子在中国的历史上第一个大力兴办私学,对来自社会不同阶层的人进行很好的教育,没有社会等级的差别,这就是有教无类。这是孔子教育思想的第一个方面。孔子破除了先代社会的那种教育等级制度，从具体的教育内涵来说，孔子有明确的教育大纲，这个教育大纲我们可以用《述而》篇的记载来作为它的具体内涵，就是文、行、忠、信或者叫志于道、据于德、依于仁、游于艺。道、德、仁、艺、文、行、忠、信，这些要求可以说是孔子的教学纲领。这里的道就是儒家的理想，这里的德就是孔子要把每一个年轻弟子培养成为具有崇高品德的人。仁，我们前面分析了是孔子的主要思想，这个思想也是孔子教育思想的一个重要内容。艺，我们前面讨论过有小六艺和大六艺，是具体的教学知识。小六艺就是礼、乐、射、御、书、数等，是德育、体育、智育甚至包括以乐为代表的艺术教育的内容。大六艺就是《诗》《书》《礼》《乐》《易》《春秋》这些先代的典籍，后来成为儒家的经典代表之作。这里的道、德、仁、艺、文、行、忠、信我们可以理解为孔子主要的教学大纲。

在教学方法上，孔子和他的弟子们在教学的实践过程中，形成了许多对后代富于教育意义的行之有效的教学方法。比如说《述而》篇中所说的"不愤不启，不悱不发，举一隅不以三隅反，则不复也"。我们经常说，教学最好的方法之一是启发式教育，但启发是要有条件的，这个条件就是在愤悱的前提之下提出来的一种高要求。而愤和悱实际上是指学生们的学习是主动的，在主动学习的时候对一些问题进行了思考，在反复思考不得其解的时候，内心是一种不满足的状态，在这种情况之下，老师应该用启发式的方法去引导他们。如果学生没有主动学习的积极性，没有主动思考问题这样一种心理状态，启发式教育实施的效果也不会好的，这就是启发诱导的教学方法。其次是因材施教，因材施教是孔子在自己的教育实践过程中所使用的方法，后来被总结为中国古代教育中的一种经典教学方法。《论语》中记载了因材施教的这种教学方法的典型案例，《先进》篇中子路等弟子问老师同样的话，而老师给予了不同的学生以不同的回答，比如说《先进》篇中子路曾经问孔子：听到了一件要做的事情，是不是我们马上就要付诸行动？孔子对子路的回答是这样的，他说："你有父亲和兄长在，不要听到了什么事情马上就付诸行动。"这是孔子对子路的回答。另外一个弟子冉有向老师问了同样的问题"闻斯行诸"，孔子给予明确的回答："那是的，听到了应该做的事情，当然要马上付诸行动。"弟子公西华对子路和冉有向老师询问同样的问题而老师作出不同回答感到非常困惑。孔子解释说因为子路是个鲁莽的人，所以要他听到了事情不一定马上要行动,那意思是说凡事要三思而后行。而冉有做什么事情总是畏畏缩缩的,不敢勇往直前,所以孔子鼓励他要果敢起来。关于仁的意思的解答孔子也是这样的,前面我们说过仁是孔子的主要思想,前面也提到不同的弟子在向孔子请教仁的内涵的时候,孔子也是给予了不同的回答。比如说颜渊问仁的时候,孔子的回答是"克己复礼为仁";仲弓问仁的时候,孔子的回答是"己所不欲,勿施于人";司马牛来问仁的时候,孔子的回答是"仁者,其言也讱";樊迟来向孔子请教仁的时候,孔子的回答是"爱人"。《论语》中记载了不同的弟子向老师询问同样的问题,孔子针对每一个学生不同的性格和他的身世背景,给予了不同的回答,这也可以说是因材施教的典型范例,而且取得了很好的效果。关于仁的不同的解答,让我们充分地理解了孔子的思想。仁的内涵实际上是非常丰富的,博大精深,值得我们好好去思考。在《论语》的《先进》篇中,还进一步记载了孔子因材施教的实践,孔子根据弟子们不同的特长分类进行教育,所以这里有孔门四科的记载,比如说德行科的代表有颜渊、闵子骞、冉伯牛、仲弓,言语科的代表有宰我和子贡,政事科的代表有冉有和季路,文学科的代表有子游和子夏。德行、言语、政事、文学,我们把它们称为孔门四科。颜渊等十位弟子分别是这四个科目,也就是我们今天所说的四个专业的代表人物,他们被称为孔门十哲。孔门十哲分别代表在不同的方面的具有特长的十大弟子,这是孔子采用因材施教的方法获得的效果,培养出了具有不同专业特长的弟子。这是我们所讲的孔子的教育思想。

6 《论语》的语言艺术

　　下面我们从文学角度,讲讲记载孔子形象和他主要思想的这本著作的语言艺术。《论语》在先秦的散文之中,属于语录体散文。书中详尽地记载了孔子的语言、行为和其他的众多事情,在语言上具有鲜明的特色,开创了中国古代语录体散文的典范。从具体的语言艺术中,我们可以看到有以下几个特征。

　　首先是浅近易懂,接近口语。《论语》的"语"字实际上主要指口头语言,而"论"是编纂的意思,《论语》是记录孔子及其弟子言行的语录集。记载的时候保留了口头语言原本的特征,所以我们今天读来,觉得大部分篇章语言比较简易。这是《论语》在语言艺术上的第一个特征。其次我们说《论语》虽然记载了孔子和他的弟子在一起交流时候的口头的表达,但孔子作为一个思想家和教育家,在这些平常的口头交流之中,道出了许多重要的思想。所以说《论语》这部书在简短的记言、记事中,传神地刻画了孔子及其门徒的音容笑貌、性格特征,语言浅易而内涵丰富,具有极强的概括性。同时,《论语》对我们汉语的修辞艺术也有积极贡献。《论语》虽然是语录体散文,但是其中也不乏一些对偶的句子,我们前面说到的"君子喻于义,小人喻于利"这个句子就用了对仗或对偶的修辞手法,将两种不同的境界做出了鲜明的对比。

在《论语》的诸多篇章之中,尤其是《先进》篇这个《论语》中较长的篇章,详尽地记载了孔子和他的弟子们在一起讨论时的一个场景,后人把这个片段的第一句话作为标题,即《子路、曾皙、冉有、公西华待坐》。这里涉及五个人物,第一个当然是孔子,此外,还有孔子的四个弟子,就是子路、曾皙、冉有、公西华。一次孔子把他这四个学生召集起来,跟他们谈谈未来的人生理想,子路迫不及待地首先回答说:"千乘之国,摄乎大国之间,加之以师旅,因之以饥馑;由也为之,比及三年,可使有勇,且知方也。"子路说:"一个拥有一千辆战车的国家,在春秋时代是一个中等国家,夹在大国之间,大国威胁到了千乘之国。如果我来治理它,三年之内让这个国家的人们变得勇敢起来,同时还懂得礼仪教化。"子路第一个说出自己的政治理想,孔子听后也没有明确的表态,只是微微地笑了一笑。

第二个弟子冉有也表达了自己的政治理想。冉有见到夫子对子路的话没有表态,只是笑了笑,冉有是比较谨慎的,于是他收敛了许多,说:"我没办法像我的学长那样治理大的国家,我可以治理相对比较小的国家,大概六七十里见方的或者五六十里见方的一个小国家,三年时间也能使这个地方的老百姓生活变得富足而且社会比较安定,至于礼仪教化类的精神文明建设,我恐怕要等待更有能力的人去做了。"

到了第三个弟子公西华,公西华的名字叫赤,因此又叫公西赤。孔子问他:"你的理想如何?"公西华非常地谦逊,说:"我并不敢说能做什么,但是我愿意去学习,比如说在宗庙之中祭祀的事情或者是卿大夫和诸侯国之间举行盟会的时候,我就穿着礼服去做一些相礼的工作。"这是公西华的回答。在座的四个同学中有三个同学说出了自己的理想,还有一个同学叫曾皙,他的名字叫点,还没有说话。这时夫子就向他提出了同样的问题,这个曾点在别的同学畅谈理想的时候在旁边弹琴鼓瑟,夫子就点了他的名。曾点不得已把刚才弹的琴停了下来,站起来回答夫子的问题,说:"我与三位同学的理想是不太一样的。"孔子说:"这没有什么关系,我们只不过是把自己内心的理想说出来罢了。"我们看看曾点是怎么谈自己的理想的,这个理想和前面三个同学的真是完全不同。他说:"莫春者,春服既成,冠者五六人,童子六七人,浴乎沂,风乎舞雩,咏而归。"子路要治理的是一个千乘之国,冉有虽然收敛了许多,但毕竟还是治理国家的事情,公西华说自己没有治理国家的能力,但他所要做的宗庙之事和诸侯国结盟的事情,这些都是治理国家重要的事情。而曾点说,到了暮春的时候,春天的服装已经穿好了,这个时候就和五六个刚刚成年的人还带着六七个小孩子到沂河的旁边去洗洗澡,然后回过头来在舞雩台上吹吹风,然后一边唱着一边回家去。这不是春游吗?好像和政治、治理国家这个严肃的事情没有什么关系。但是当曾点说完了以后,孔子却给予了一个明确的回答,而且还感慨万千,说道:"吾与点也。""与"就是赞同,夫子赞同曾点的话,这个恰恰体现的是儒家治理国家的理想。

因为只有国家安定了,富足了,和平了,孩子们才能自由自在地玩耍。所以,孔子对曾点所说的话是非常赞同的。从这个片段中可以看出,孔子弟子的性格真是非常不同。子路是很有抱负的,他要治理一个大国,而且第一个说出了自己的理想也体现了他的坦诚,但有一点鲁莽、轻率。所以《论语》中说他"率而对之"。而冉有,说话就很有分寸。公西华非常谦逊有礼,特别善于辞令。曾点一边听着同学说话一边弹着琴,我们说他非常热爱音乐。他所说的理想得到了夫子的赞同这一点,说明这个理想不仅是他心中的,也是孔子心中的一个至高的理想。所以曾点与其他的同学比较起来,显得不同寻常,体现了他洒脱、高雅、卓尔不群的性格特征。所以《论语》这本书,看起来语言比较浅易,但包含了深刻的道理,同时在孔子同他弟子的相互交流之中也体现出了这些人物鲜明的性格特征。

思考与练习

1. 根据《论语》《史记·孔子世家》等文献，试分析孔子的性格特征。
2. 举例分析孔子"因材施教"教学方法的具体运用。

参考文献

［1］蔡尚思.论语导读［M］.北京：中国国际广播出版社，2008.

［2］杨伯峻.论语译注［M］.3版.北京：中华书局，2009.

［3］杨树达.论语疏证［M］.上海：上海古籍出版社，2006.

［4］杨逢彬.论语新注新译［M］.北京：北京大学出版社，2016.

［5］程树德.论语集释［M］.程俊英，蒋见元，点校.北京：中华书局，2013.

［6］刘宝楠.论语正义［M］.高流水，点校.北京：中华书局，1990.

［7］朱熹.论语集注［M］.北京：中华书局，2012.

［8］十三经注疏整理委员会.论语注疏（十三经注疏）［M］.何晏，注.邢昺，疏.朱汉民，整理.北京：北京大学出版社，2000.

第二讲　是「至圣先师」，还是「丧家之狗」

第三讲

汪洋自恣 仪态万方

——道家学派代表人物庄子及其文风

今天,我们和大家讲先秦时期道家学派的代表人物庄子,在庄子这一讲中,我们主要和大家探讨庄子的主要思想和《庄子》这部书的文学特征,今天讲的题目是《汪洋恣肆　仪态万方——道家学派代表人物庄子及其文风》。

在这一讲中,我们主要讨论三个问题:第一个问题,庄子的生平事迹以及在这个基础上体现出的人生观;第二个问题,通过《庄子》这部书来揭示庄子作为先秦道家主要代表人物的思想;第三,讨论《庄子》这部书的文学特征。

① 庄子生平事迹钩沉

首先,我给大家讲第一个问题,庄子的生平事迹。庄子,作为道家学派的代表人物,他的生平事迹的记载不像先秦时期儒家学派代表人物孔子那样多,《论语》这部书比较详细地记载了孔子的生平事迹及其和弟子在一起的交流、交往,尤其是汉代的史学家司马迁在《史记》之中以篇幅较长的《孔子世家》,给我们留下了孔子一生重要的事迹。司马迁虽然在《史记》中也给庄子写了传记,但是,有关庄子生平事迹的文字留下的比较少,在《庄子》这本书中直接描写庄子生平事迹的文字也比较少。所以今天我们讲庄子,只能根据司马迁的《史记》和《庄子》这本书中有关庄子事迹的一些片段做一些梳理,因此我们说"庄子生平事迹钩沉"。

我们看司马迁的《史记·老子韩非列传》。在《老子韩非列传》之中,司马迁在老子的后面附了庄子的生平事迹,在韩非子的前面还有法家的代表人物申不害的一些事迹。我们看《史记》之中是如何描写庄子的:"庄子者,蒙人也,名周。周尝为蒙漆园吏,与梁惠王、齐宣王同时。"这里按照一般的人物列传的惯例,交代了庄子的籍贯、名字,以及他生平中主要的职业,他所生活的时代。当然这个生活时代,是个大致的生活年代,在战国中期,与梁惠王、齐宣王同时。这篇传记中有三句话值得我们注意:第一,"其学无所不窥";第二,"其要本归于老子之言";第三,"故其著书十余万言,大抵率寓言也……其言洸洋自恣以适己,故自王公大人不能器之"。因此,我们对庄子的生平事迹可以从三个方面进行分析。第一个就是"其学无所不窥",显示出庄子的学识。我们说庄子是一个非常博学的人,所以司马迁用了这样一个评语,叫作

"其学无所不窥"。那么，庄子的博学具体体现在哪些方面？我们可以将《庄子》这部书和《论语》做一个比较。《论语》中记载了孔子和其弟子以及当时很多人的交流，但是《论语》中同样记载了孔子有很多东西是不说的，其中就提到"子不语怪力乱神"。谈到怪、神，我们常常会想到先秦时候的《山海经》，《山海经》就记载了很多上古时代的神话。对这些神话一类的事迹，孔子一般情况下是不予涉及的，也不和弟子们谈论有关这些神话的故事。但是，庄子很特别，在《庄子》这本书中庄子奇特的思想，大多数情况下是通过上古时候的神话，或者是虚构的故事来表现的。《庄子》这部书，司马迁说"著书十余万言，大抵率寓言"，就是说，《庄子》这部书是由很多寓言故事构成的，庄子的那些思想主要是通过这些寓言表达出来的。我们把《庄子》中那些带有奇特思想的神话故事叫作寓言。

那么，庄子为什么喜欢通过这些神话故事来表现奇特思想呢？这个问题，在古代社会就有人追问过。《朱子语类》就记载了一个叫李梦先的人曾经向朱熹提出这样的问题。他说，据司马迁《史记》的记载，庄子与齐宣王、梁惠王同时代，而战国时期儒家学派的代表人物孟子也生活在这个时代，也就是说庄子和孟子大约生活在同一个时代。同时代的两个大师级的人物理应有所交集，但是在《庄子》和《孟子》这两本书中我们看到，似乎他们生平没有见过面，也没有提及对方，这是怎么一回事呢？这就进一步引出一个问题：孟子和庄子到底是不是同一时代的人？朱熹对老庄和孔孟都是有精深研究的，他对李梦先提出的问题作了这样的回答，他说庄子和孟子确实是同一时代的人，但相比孟子来说，庄子可能要年轻几岁，但是不会太多。那么，既然庄子和孟子生活在同一个时代，为什么没能见上一面？朱熹是这样回答的，他说，孟子平生足迹不曾过大梁之南，庄子自是楚人，"想见声闻不相接"。这里朱熹的判断实际上是不太准确的。朱熹说孟子平生的足迹不曾到过大梁之南，但是，他是到过大梁的，跟梁惠王是有过交往交流的。《孟子》的开篇就是《梁惠王》，梁惠王和孟子讨论的是如何使自己成为春秋时期的齐桓公和晋文公这样的人，而孟子却和梁惠王谈起了如何治理天下，提出了他"老吾老以及人之老，幼吾幼以及人之幼"的治国思想，也就是仁政的思想。朱熹提出庄子是楚人，"想见声闻不相接"。但实际上，庄子也是到过魏国大梁的。在《庄子》的《秋水》篇中，我们可以看到庄子的朋友惠子听说庄子要来大梁，害怕庄子对自己丞相的位子构成威胁，非常紧张。所以实际上孟子和庄子是有可能见面的。但从《庄子》和《孟子》这两部书中我们现在看不出他俩有过见面的痕迹。

下面值得我们注意的是朱熹对庄子的判断，说庄子是楚人。我们刚才提到庄子奇特的思想主要是通过神话故事来表达的。楚地文化与中原地区的文化有很大不同，其中很重要的一点就是在楚国人的日常生活中有一种对鬼神的崇拜，神话在楚地文化中占有很重要的地位。像《庄子》的开篇《逍遥游》鲲化为鹏，像《秋水》篇中河伯和海若的故事，这些神话故事表明庄子很可能深受楚文化的影响，庄子和楚国的关系是非常特别的。朱熹也根据这一点进一步判断，庄子很可能就是楚国人，楚国才有这样独特的人物，楚国人才有这样独特的学问。庄子的博学，在某种意义上可以和孔子做一个比较。孔子也是博学的，但孔子所知晓大多是关于现实社会的各种各样的知识和学问。庄子除了对现实生活中的知识和学问感兴趣外，还对神话故事特别感兴趣，而神话是楚文化的一个重要标志。所以，我们从学术和学问的角度来看，庄子和楚文化的关系十分独特，这一点是值得我们关注的。

在《庄子》这部书中，我们除了看到庄子和楚国的独特关系之外，还看到庄子生活的地方不在楚国，而在宋地。司马迁说，庄子是宋之蒙人也，在蒙地做过漆园吏。漆园，有人说是官职，也有人说是一个地名。如果是官职的名称，可以看出来庄子是管种植漆树的园子的，地位比较低微，俸禄也比较低。庄子是否一直做着这个漆园吏，我们不太清楚，但是我们可以看出来庄子一生中的大部分时间，生活是比较贫困的。就像《庄子》的《列御寇》中所记载的："处穷闾厄巷，困窘织屦，槁项黄馘。"这里难得一见地对庄子的形象做了一些描写，说他"槁项黄馘"。"槁项"，就是脖子像枯槁的树枝一样，非常细。"黄馘"，"馘"是脸的意思，脸是黄巴巴的，面黄肌瘦。而他住的地方比较偏僻，房子也比较差，"处穷闾厄巷"，这个居住的环境和孔子的弟子颜回可以一比。为了生存，庄子有时候靠打草鞋为生。所以叫"困窘织屦"。屦，就是草鞋。

靠这样的一种生存方式维持生活，可见庄子的生活是比较穷困的。《庄子》这部书中提到庄子穷困的还有几个地方。《外物》篇中就直接提到庄子家境比较贫寒，有时候没得吃的了，就到达官贵人家去借粮食度日。但是在《外物》篇中,我们发现庄子这一次去向监河侯告贷借粮的时候碰了壁,没能够借到。我们再看《山木》篇中描写道:"庄子衣大布而补之,正緳系履而过魏王。"庄子见魏王的时候,以这样的一种形象出现,穿的衣服应该是粗麻布做的,上面有好多补丁,看来衣服还是比较破的。穿了一双鞋子,这个鞋子也穿不正,只能勉强用粗麻绳把它系起来。于是魏王就问庄子为什么如此疲惫不堪。庄子说自己并不是疲惫不堪,只不过是贫穷罢了。庄子说:"贫也,非惫也。士有道德不能行,惫也;衣弊履穿,贫也。""衣弊履穿",衣服是破破烂烂的,鞋子也有很多破漏,从这个形象描写中,我们再次看到庄子生活的贫困。

庄子作为道家学派的代表人物,他是如此的博学,而生活却如此的贫苦。这一点让我们感到疑惑,庄子如何在这样一种贫穷的生活中成长为道家学派代表人物?在《庄子》这部书中,可以看出庄子追求一种很高的境界,也就是开篇《逍遥游》中所说的自由的境界。庄子生活如此贫困,却追求一种自由的境界,这和他独特的人生观有关。

《庄子》这本书和司马迁的《史记》,都记载了庄子对功名利禄的鄙视。在《老庄申韩列传》也就是《老子韩非列传》之中,有这样一个故事,楚威王听说庄子非常贤能,所以派使者用重金厚币去聘请他做官,许以为相。相就是中原地区诸侯国的丞相。用楚国的语言来说,应该就是令尹的官职。这个官位仅次于国王,是非常高的。但当楚国的使者带着这样的重金厚币来聘请庄子的时候,庄子断然拒绝了,而且给楚国的使者讲了一个故事。他说:"千金,重利;卿相,尊位也。子独不见郊祭之牺牛乎?养食之数岁,衣以文绣,以入太庙。当是之时,虽欲为孤豚,岂可得乎?子亟去,无污我。我宁游戏污渎之中自快,无为有国者所羁,终身不仕,以快吾志焉。"从这个记载中,我们可以看到庄子给楚国使者讲了一个牺牛的故事。牺牛就是为了祭祀养的牛,行太牢之礼的时候,少不了牛这个牺牲品。用来祭祀的牛,精心饲养几年以后,膘肥体壮。然后到了祭祀的时候,给这个牛穿上漂亮的衣服,把它拉到太庙之中,当然是要把它用作祭祀用品的。当牺牛发现自己要被作为祭品宰杀,它这时再想做一只小猪,行不行呢?那肯定是不行的。庄子就想到了楚国人许诺让他做丞相,这个丞相的位子是非常高的,但是一旦做了卿相后,自己就失去了最宝贵的人身自由,所以他宁愿生活在贫困之中也要保持这种个人的自由。

同样的事情在庄子的《秋水》中也有记载,故事情节大体相当。故事说庄子在濮水钓鱼的时候,楚国的两个大夫来聘请他。庄子又给他们讲了一个故事,说不想做神龟。神龟看起来非常高贵,供在庙堂之上,但实际上连生命都没有了,连生命都没有了还谈论别的什么东西呢?于是庄子断然拒绝了楚国大夫的聘请。

这两个故事虽然文字不同,但说的道理大体上是一样的。表现了庄子虽然生活非常贫穷,但是他对个人的自由非常珍惜。尤其是庄子临终之前的那个场景,我们看到庄子的一种旷达的精神。《庄子·杂篇·列御寇》记载了庄子临终之前的一个场

仇英《南华秋水图》

景。"庄子将死,弟子欲厚葬之。庄子曰:'吾以天地为棺椁,以日月为连璧,星辰为珠玑,万物为赍送。吾葬具岂不备邪。何以加此?'弟子曰:'吾恐乌鸢之食夫子也。'庄子曰:'在上为乌鸢食,在下为蝼蚁食,夺彼与此,何其偏也!'"庄子是一个博学的人,我们可以看出来,在庄子的一生中,有很多年轻人追随他,向他学习。庄子临终前,庄子的弟子觉得他们的老师一辈子过着贫寒的生活,所以最后告慰庄子说,老师,你放心走吧,你去世后我们会厚葬你的。庄子听了这件事情后,并不高兴,反而责问自己的学生,你们是白费力气,实际上我的葬具早就准备好了,"以天地为棺椁,以日月为连璧,星辰为珠玑,万物为赍送"。但是我们从庄子的豪言壮语中,实际上是什么也没有看到的。那庄子的弟子就很担忧,这不符合传统的一般的丧葬习俗。随便把我们的老师埋在什么地方,被乌鸦、老鹰吃掉了怎么办?庄子说你们纯粹是瞎操心,放在地上会被乌鸦、老鹰吃掉,埋在地下还不是被蝼蚁啃食了吗?实际上这个故事告诉我们,庄子对自己的生命看得非常通达,所以我们说庄子的人生态度,可以用旷达这个词来表达。这是从《庄子》这部书和司马迁《史记·老子韩非列传》中来看,庄子一生中值得我们关注的几个场景、几个细节。我们可以看出,庄子一生虽然贫穷,但他是一个博学的人,对生死看得非常开,是非常通达的一个人。

我们以《庄子》这部书为主要依据，来看看道家代表人物庄子的主要思想。我们在了解庄子生平事迹的基础之上，对庄子做的进一步分析。

司马迁说过庄子的思想"其要本归于老子之言"。关于世界的最根本看法，道家学派代表人物老子在《道德经》开篇就提出来了，道是这个世界的本源、本体。"道生一，一生二，二生三，三生万物。"这是一个带有机械论观点的宇宙生成论。所谓一生二，二生三，三生万物，就是世界的万事万物最根本的来源就在于道。这就是老子的世界观，也是关于这个世界最根本的看法。

在《老子》第二十一章之中，老子也说过："孔德之容，惟道是从。道之为物，惟恍惟惚。惚兮恍兮，其中有象。恍兮惚兮，其中有物。窈兮冥兮，其中有精。其精甚真，其中有信。"再一次说明了道是世界的本源，这个道是看不见摸不着的，和我们现实世界中看得见摸得着的具体的事物不一样。用《周易》的话来说就是形而上的。而我们看得见摸得着的那些事物是形而下的。道是道家学说最根本的思想，在这一点上庄子和老子的观点基本上是一致的。所以在《大宗师》中，庄子这样说："夫道，有情有信，无为无形；可传而不可受，可得而不可见；自本自根，未有天地，自古以固存；神鬼神帝，生天生地；在太极之先而不为高，在六极之下而不为深，先天地生而不为久，长于上古而不为老。"这里面的神鬼神帝的"神"实际上是生的意思，就是说连那些看不见摸不着的鬼神，都是由道所决定的，更不用说世间我们可以感知的万事万物了。

从这个角度来看，庄子和老子在世界观上好像没有多大的不同。实际上，在世界本体论这个问题上，庄子对道的阐述也有自己的智慧和见解。我们从下面一个场景可以看到庄子的智慧所在。在《外篇·知北游》中，有一个人叫东郭子，看来也是一个读书人。东郭子对老子，尤其是对庄子所说的那个构成世界万事万物本源的道觉得很难理解，有一次就当面向庄子请教，您所说的那个道到底在哪里？庄子给他的回答非常简洁，我所说的道无所不在。但是东郭子这一下不干了，他说，你说无所不在，我怎么好像没有感知到呢？你能不能明白地说出来，你只有说出来，说明确点，甚至指明道在哪里，我才能够接受。庄子被东郭子这种好问精神逼迫，没有办法，于不经意之间指出，道就在这个蝼蚁的身上。东郭子听到这个回答就觉得非常好笑。我们在《大宗师》中可以看到庄子所讲的道非常的神圣，"神鬼神帝，生天生地；在太极之先而不为高"。这个道是如此的高超和神秘，怎么忽然变成了地上的小爬虫了呢？于是这个东郭子就质问庄子，你所说的那个道怎么如此卑下呢？庄子就顺着东郭子的话再往下说，道不仅在蝼蚁，而且在稊稗，在瓦甓。稊稗是什么？稊稗就是杂草。杂草也有道吗？不仅杂草有道，连瓦片、碎砖头也有道。我们在这里看到，庄子在回答东郭子"道"在哪里的问题时，不经意间说出了三个事物：一个是蝼蚁，一个是稊稗，一个是瓦甓。我们再仔细考虑下这三个东西，发现真的像东郭子说的那样，越来越卑下了。蝼蚁至少还是会爬的，是动物。而稊稗是一种杂草，是植物。那到了瓦甓，连动都不会动，是一个无机物。我们再想一想，把这三个事物加起来，似乎就构成了客观世界。蝼蚁代表着有机界的动物，而稊稗代表着有机界的植物，瓦甓代表着无机物。从某种机械论的观点来看，这个世界实际上就是由有机的动物和植物以及无机的纯粹的无生命的物体构成的。所以实际上，庄子好像是随意说了蝼蚁、稊稗和瓦甓这三个事物，但当我们把它们合起来的时候会发现，它们和他的大命题"无所不在"是相符合的，正好回答了东郭子所说的那个问题，道无所不在。正是在这里，我们看到庄子的智慧所在。他讲的道，不是直接地将抽象的命题给你，而是在和别人的讨论过程中，使你进一步认识到这个道确实是无所不在的，是这个世界最根本的东西。这是庄子的世界观，代表着他哲学本体论的观点。

我们再看看庄子奇特思想的有机组成部分。除了他的世界观、哲学本体论之外，我们可以进一步探讨一下庄子独特的人生观。

庄子的人生观值得我们思考，从《庄子》这部书的文本来看，似乎庄子的人生观是比较消极的。《庄子·内篇·齐物论》有一个庄周梦蝶的故事。这个庄周梦蝶的故事很有文学性，在后代很多作家的作品中被当作典故来运用，表达了很多作家对人生的一种体验。晚唐有个著名诗人李商隐，他的代表作品《锦瑟》之中就用了庄周梦蝶的典故，"锦瑟无端五十弦，一弦一柱思华

元代刘贯道《梦蝶图》

年。庄生晓梦迷蝴蝶，望帝春心托杜鹃"。这里第三句就化用了庄周梦蝶的典故。庄周梦蝶的典故在《齐物论》中是怎样描写的呢？《内篇·齐物论》中说："昔者庄周梦为胡蝶，栩栩然胡蝶也，自喻适志与！不知周也。俄然觉，则蘧蘧然周也。不知周之梦为胡蝶与，胡蝶之梦为周与？周与胡蝶，则必有分矣，此之谓'物化'。"后面三句话姑且搁置，看前面的。前不久庄子做了个梦，梦见自己变成一只蝴蝶，这只蝴蝶在空中翩翩起舞，非常好看。他感到自己已经不再是生活在世间非常贫穷的、长得非常干瘦的那个庄子了，而是在空中翩翩起舞的一只蝴蝶。不久之后他突然醒了，结果发现自己不是那只翩翩起舞的蝴蝶，于是流露出惊异的神色，我还是那个干瘦的贫穷的庄子吗？为什么刚才的梦境中我变成了一只翩翩起舞的蝴蝶呢？难不成不是我庄子梦到了蝴蝶，而是蝴蝶梦见了我庄子吗？这个故事把庄子和蝴蝶通过梦境交织在一起，有一种荒诞感。这种荒诞的感觉在后代文学家的作品中直接表现出来，就是浮生若梦，人生就像一场大梦。梦在某种意义上是虚幻的，就像宋代著名文学家苏东坡在《念奴娇·赤壁怀古》中所说的，"人生如梦，一尊还酹江月"。这里的梦实际上也可以追溯到庄子梦蝶的这个梦，代表着人生的一种虚幻。这个荒诞的庄周梦蝶的故事隐藏着庄子人生的痛苦，这种人生的痛苦来源于他个人的体验，也来自他对世界的观察。对庄子生活的苦痛我们已经有所了解，因为他自身的生存状态是比较贫寒的。庄子作为一个思想家，并不仅仅因为他自身的贫困，而对人生持这样一种悲观的态度，更主要的是由于他对他所生活的那个时代——战国中晚期天下平民百姓生活在水深火热之中这样一种现状的悲悯。在《大宗师》中，庄子用这样的理性话语道出了一个观点，他说："以生为附赘县疣，以死为决疣溃痈。"附赘和县疣，是指人身上长出来的多余的瘤子，如果瘤子是毒性的话，那肯定是要切除掉的，否则人就会死亡。庄子认为，只有死亡才是这个瘤子最后的消解，也就是人生苦痛最后的消解。从这样一段直接陈述的理性话语中，我们看到庄子的人生观，显然是悲观的，与生存的苦痛相比较，庄子认为生命的对立面，即死亡，在某种意义上也是人生中一件值得快乐的事情。

在《外篇》中，有一篇文章叫《至乐》。至乐就是最为快乐。什么是最快乐的事呢？从庄子的几个故事片段中，我们可以看出来。庄子有一次到楚国去，走在路上，看到路边有一个髑髅头。髑髅，大家想一下，空空洞洞的样子。于是庄子用自己的马鞭子敲了一下这个髑髅头，就问他，髑髅头，你是怎么死的呢？是不是太想活了，结果养生不当，反而使自己早死了？或者是你们国家遭到别人的进攻，在战争之中被人砍杀了？还是你自己做了什么不好的事情，无颜见父老乡亲，自我了断了？还是你可能像我庄子一样，经常挨冻受饿，结果饿死冻死了？这时候我们发现在《至乐》中的庄子形象，不再是那个超绝的哲学家庄子。实际上他摇身一变，成了现实生活中平凡的你和我，也就是普通人。对普通人来说，生命当然是宝贵的，也是最美好的，而死亡是人们不愿意接受的一件事。所以庄子转化为普通人来对髑髅进行追问，追问他是怎么死的。问了半天，他似乎觉得累了，话也说完了，于是把这个髑髅头移过来，当作枕头，呼呼大睡。睡着了就开始做梦。这个髑髅头就在梦中出现了，髑髅头就质问庄子说，从您刚才的一席话来看，您好像是一个能言善辩的人。但在我看来，你是因为活得太累，所以说这样的话。你要像我这样，就不会问这些问题了。你是不是想听我讲一讲，我现在这种状态的一种快乐呢？庄子感到很奇怪，像你这样变成一个髑髅，难道还有什么快乐？这个髑髅就对庄子说，你看像我这样，"无君于上，无臣于下；亦无四时之事，从然以天地为春秋，虽南面王乐，不能过也"。没有人管我，我也不去多管别人的闲事，我就顺着四时去运行。到了春天，我就过春天的生活，按照春夏秋冬四时的顺序，安然地过这一年。即使你做了国王，做天子，也没有我现在这样快乐。

在《至乐》篇中，庄子变成了一个普通人，而髑髅头倒变成能够代表庄子思想的形象。这里的髑髅形象非常怪异，正是这个怪异的形象说出了庄子的观点。髑髅的形象是带有寓言色彩的。《庄子》这部书不仅通过寓言来表现他奇特的思想，甚至有的时候让庄子现身说法，让他自己从生活境遇中谈自己的观点。《至乐》篇中记载了庄子遭遇的一件事情，即庄子妻死，鼓盆而歌这个故事。庄子的妻子去世了，惠子作为朋友来看望他。惠子来到庄子家里，看见庄子那副德行就非常生气，只见庄子一屁股坐在地下，在古代就叫作箕踞，箕踞是一种非常不礼貌的坐姿。箕踞倒也罢了，后面还有鼓盆而歌，敲着破盆子唱歌。惠子看到这个场景，似乎忍无可忍了，就质问庄子，你看你的妻子和你生活了一辈子，为你生了孩子，现在老了，去世了，你不痛苦不流泪也就罢了，你为什么还在这里敲着盆子唱着歌，是不是太过分了？在我们看来，这好像是有点过分。这里的鼓盆而歌，有的民俗学家从民俗的角度来说，按照楚地的风俗，在送葬的时候就有鼓盆而歌或是击鼓歌舞这样的做法，这是按照风俗的理解，但是不符合这个故事的寓意。鼓盆而歌，庄子在他的妻子去世以后做出这样的举动，确实令人难以想象。庄子真的是这么冷酷无情、没有理性吗？如果是这个样子的话，那么庄子在我们心中的形象就大打折扣了。实际上，庄子不是这样的人。我们看下面，庄子对他的朋友惠子进行的质问做出了这样的解释，他说你理解错了，当我的妻子刚刚去世的时候，我非常的感慨，也非常痛苦，但是我想了想，人的生命是怎么来的。人的生命本来就是一团气，气有凝聚的时候，也有消散的时候，气消散了人的生命就终结了。生命逝去了以后，就相当于人在一个安静的大屋子里面安然地休息。一个人在大屋子里安然地休息，你在旁边号啕大哭，实际上并不是表达悲伤的恰当方式，在某种意义上，是干扰了人家的休息，所以我在这里做出这样一种令人难以置信的事。

　　庄子的这个故事，在明代小说家冯梦龙的《警世通言》中进一步演化，但是他所表达的主题和庄子的《至乐》篇完全不一样。冯梦龙的小说中表达的是晚明时期人们对物质利益的追求，回到《庄子》这个文本，庄子在这里表达的是他对生命的一种特殊的感悟：与其生活得如此痛苦，还不如离开这个世界。这在我们看来，是一种悲观的人生观。

3 庄子的主要思想（2）：人生观

庄子的人生观，从他理性的表述来说，是"以生为附赘县疣，以死为决疣溃痈"，所以庄子妻死，鼓盆而歌，而我们刚才谈到的《至乐》篇所讲的庄子与髑髅对话的故事，表明庄子确实持有一种人生苦痛的观点。人生苦痛的观点在我们看来，一般是消极的，庄子为什么会对人生抱有这样一种消极的态度呢？这背后隐藏着他的一种深沉的忧患意识。我们中国古代的思想家，特别是儒家代表人物孔子、孟子，甚至包括《周易》这部书，都包含着深沉的忧患意识。孟子就说过"生于忧患，死于安乐"。《周易·系辞》曾经就说过，"作《易》者，其有忧患乎"。《周易》这部书的创作，就是古人的一种深沉的忧患意识的表现。

庄子这种人生苦痛观点的背后就是他的忧患意识。《庄子·齐物论》中写道："一受其成形，不亡以待尽。与物相刃相靡，其行尽如驰而莫之能止，不亦悲乎？终身役役而不见其成功，苶然疲役而不知其所归，可不哀邪？人谓之不死，奚益？其形化，其心与之然，可不谓大哀乎？人之生也，固若是芒乎？其我独芒，而人亦有不芒者乎？"

在这一段当中，我们看到有这样三句话：不亦悲乎？可不哀邪？可不谓大哀乎？从情感的表达来说，是一层比一层深。不亦悲乎，是说庄子认为生活在世界之上，为了生存不得已要和别人竞争，在惨烈的竞争之中，人的生命就消逝了。时光匆匆，我们不能让时间的脚步停下来，你是不是觉得有点悲哀，这是第一层。庄子进一步说道，我们为生存，一辈子忙忙碌碌，但是忙忙碌碌了一辈子之后，仍然还是没有什么成就感，弄得疲惫不堪，你是不是觉得这是非常悲哀的一件事情呢？这是第二层。那至少我们人还有生命在，是活着的，但是庄子就质问了，像这样悲苦地活着，到底有什么用处？"奚益？"随着时光的流逝，我们一天天地老去。不仅我们的身体老了，心也老了，"其心与之然"。这是第三层。在庄子看来，随着形体的衰老，人的心理的衰老是最大的悲哀。这是庄子对人生所持的一种悲观的观点，所蕴含的是一种深沉的忧患意识。这种忧患意识我们前面提到过，不仅来自庄子个人的生存苦痛，更主要的是来自庄子对现实人生的一种深沉的观察。庄子在这里提出来一个说法，叫"与物相刃相靡"。那么"与物相刃相靡"是什么意思？是我们为了生存不得已与别人竞争，甚至相互搏杀产生的矛盾。

在《庄子》的《山木》篇中，有这样一个故事。这个故事演变成了一个众所周知的成语，就是"螳螂捕蝉，黄雀在后"。这个寓言故事原先展示的是，人生在世间的一种由竞争状态产生的痛苦的生活场景。我们先看看这个寓言。有一次庄子到雕陵这个地方去游玩。雕陵这个地方长着很多的栗子树，这时候，庄子突然看见从南方飞来一只大鸟。这个大鸟的翅膀有七尺长，眼睛也非常大，有一寸见方。这个大鸟你别看它的翅膀有那么长，眼睛瞪得那么大，但是它似乎看不见东西，飞着飞着一下子撞到了这个干瘦的、看似也不太高的庄子的脑袋，然后停在了栗子林上。被大鸟撞到脑袋后，庄子很生气，说这是什么鸟，翅膀长那么大却飞不高，眼睛瞪得那么大却看不清楚。庄子一转身，变成我们世间的凡人，因大鸟撞了他的脑袋就想报复它一下。于是蹑手蹑脚地把身上的弹弓拿了出来，准备用弹弓去射杀这只大鸟。正当庄子聚精会神准备用弹弓射杀这只大鸟的时候，他看到了树荫之下有一只蝉，在树荫之下非常忘我，不知道附近有一只螳螂，在举着它的前臂，准备用臂膀来搏杀这只蝉。蝉在树荫之下，只觉得非常凉快，自鸣得意，实际上这只螳螂已经准备在捕杀它了。而螳螂这时候聚精会神地准备捕杀这只蝉，但是它也忘我了，不知道天上还有大鸟准备来捕杀它。这个大鸟看到这个螳螂，也不知道旁边还站着一个人，这个人被它撞疼了以后，准备用弹弓来射杀它。庄子看到这个场景的时候，感到触目惊心。他说，"物固相累，二类相召"。世上的人与人之间，一般来说可以互相帮助。但在庄子看来，人与人之间，实际上很容易产生利益的冲突。所以物与物之间、人与人之间，是互相牵累的。庄子看到这个场景的时候，忽然觉悟了，把弹弓扔掉，快步跑走。栗子林是有人看守的，庄子在漫步的时候，看守的人也没觉得怎么样，但看守的人忽然发现有人在栗子林里狂奔，所以觉得有人在偷栗子了。于是这个虞人，就是看守栗子林的人，就跟在庄子的后面追，一边追一边还骂他。庄子这次非常郁闷，回到家里多日郁郁不乐。清代的语言学家王念孙认为，这里"三日不庭"的"庭"，就是不逞、不快的意思。这也解释得通。三日不庭就是多日内心郁郁不乐。在这里虽然出现了庄子的自我形象，但是这里的描写多半也是带有寓言色彩的。"与物相刃相靡"，或者用成语来说，叫作"螳螂捕蝉，黄雀在后"，这种现象,本来是一个自然现象,但是庄子把它看作社会生活中人与人之间也有的现象。也许正是因为这样,庄子对人生持一种悲观的、失望的态度,这是我们讲的庄子的人生观点。

那么庄子为什么会有这样的人生观?除了我们刚才讲的"与物相刃相靡"这样的现实之外,可能还有其他更重要的原因,我们再思考一下。

4 庄子的主要思想(3):社会观

庄子的人生观在我们看来,是比较悲观的。这种悲观的人生观,来源于庄子深沉的忧患意识。这种忧患意识,前人也指出来了,实际上是对我们人类社会的一种看法,我们可以进一步探讨下庄子的社会理想。

在《胠箧》篇中,庄子认为如果按照儒家那套治理天下的做法去治世,似乎也不能够拯救这个世界。在《胠箧》篇中,庄子给我们讲了这样一个故事,他说平常我们生活中辛辛苦苦挣得一些财物不容易,花钱的时候要节约一点,省下来的要好好保护。于是把我们挣来的财物放到箱子里面,放在箱子里面有时还觉得不太放心,外面再加一把锁,再捆上绳索,这下可能有点放心了,这是我们一般人认为的保护财物最好的方法,也是最明智的做法。但是在庄子看来,这只能防小偷,而不能防大盗。我们一般人为了保护财物的种种做法,比如说装箱、加锁,实际上也为大盗提供了方便。如果大盗来的话,他夹着你的箱子就走了,他怕的就是你刚才的箱子没关好,走到路上这个箱子就散掉了。我们说儒家治理国家的时候,像孔子提出了君君臣臣父父子子这样一些规则。但是这些规则要看为什么样的人所用。如果是为大盗所用的话,那么可能整个国家就会被他窃取了。所以庄子就提出了"圣人不死,大盗不止"。为什么会提出这样的说法呢?庄子进一步地指出:"彼窃钩者诛,窃国者为诸侯,诸侯之门而仁义存焉。"庄子生活的那个时代,即战国中晚期是一个非常动荡的时代。在那个时代,有些人为了维持生存,不得已而偷盗别人家的一些小小的财物,结果遭受到严刑峻法,被处以极刑。而那些窃取国家的人,却做了诸侯。所以儒家所提出的那个仁,在现实生活中可能不是一种抽象的存在。庄子就指出了"诸侯之门而仁义存焉"。诸侯是战国时期各国掌握最高权力的诸侯王,他们说一件事情该怎么做,那就应该怎么做。儒家的仁义,在这里实际上是被诸侯玩弄于股掌之上,为自己所用。所以庄子对现实世界持非常悲观的态度,那是不是要寻求一个更美好的未来世界呢?庄子认为不是这样的,他从老子那里得到了一种启示,他认为美好的世界不在现在,似乎也不在未来,而在遥远的过去。庄子在这里提出了遥远时代所谓至治的理想。那是一个理想的时代,"民结绳而用之,甘其食,美其服,乐其俗,安其居,邻国相望,鸡犬之音相闻,民至老死不相往来。若此之时,则至治已"。至治就是最美好的一个时代。

这个最美好的时代,实际上来源于老子小国寡民的社会理想,《老子》第八十章中就提出了这样一种理想。"小国寡民"就是说,国家不要那么大,人口不要那么多,在这样一个国家,我们不需要用那么多先进的工具,也不需要制造那些锋利的武器,快捷的交通工具。所以老子说,"使有什伯之器而不用",即使有各种各样的工具,我们也不去用它;"使民重死而不远徙",使老百姓安然地住在一个地方,不轻易迁徙到其他地方去。即使有船和车这些交通工具,也不去坐它;即使有锋利的兵器和坚固的铠甲,却连放这些兵器和铠甲的地方都没有,老百姓生活在那样一个"结绳而治"的时代。那个时代的人们,"甘其食,美其服,安其居,乐其俗。邻国相望,鸡犬之声相闻,民至老死不相往来"。这样的社会理想,是老子提出来的。

庄子在自己的《胠箧》篇中再一次演绎了这样一种社会理想,而这种"邻国相望,鸡犬之声相闻,民至老死不相往来"的社会,在后代文学家那里,往往就成为一种美好世界的代表,比如在陶渊明的诗《归园田居》中,他描写自己辞了彭泽令之后回家,他自家的场景就是那样的,"鸡鸣桑树颠,狗吠深巷中"。在《桃花源记》中陶渊明给我们描绘了一个理想的社会,也是"鸡犬之声相闻,民至老死不相往来"的一个理想社会。这样一种理想社会,在我们今天看来,当然是相对比较封闭的、保守的、落后的。庄子受到老子这样一种小国寡民思想的影响,不仅仅对生活状态做了一种相对比较保守的描述,还从老子的"使有什伯之器而不用……虽有舟舆,无所乘之;虽有甲兵,无所陈之"这些话语中进一步发展出下面的思想,就是《庄子·外篇·天地》中所说的"有机械者必有机事,有机事者必有机心"。这个观点是通过孔子和他的弟子子贡的故事表现出来的。子贡有一次到南方的楚国去游历,回到北方的晋国,经过汉水这个地方,看见一个老人在灌园。这个老人用瓦罐到河里去汲水,然后蹒跚地去灌园。子贡看到这个场景后,觉得老人灌园浇菜十分辛苦。于是就来到老人的身边,给他提了一条建议,说老人家你这样用一个瓦罐到河里去打水,然后步履蹒跚地去灌园,效率太低了。我告诉你有一个先进的工具,你想不想用? 这个工具实际上非常简单,但是效率很高。子贡非常耐心地跟这个老人讲,这个工具名字叫桔槔,实际上就是运用杠杆原理去做一个滑轮在井中打水。这个速度比刚才老人到河边用瓦罐去舀水,舀回去再灌园要快得多,这个老人听了子贡的话以后,表现得似乎非常反常,不仅没有高兴,反而很愤怒,"忿然作色而笑曰",不仅愤怒,对子贡还带有一种讥笑的态度。他说:"有机械者必有机事,有机事者必有机心。机心存于胸中,则纯白不备。纯白不备,则神生不定。神生不定者,道之所不载也。吾非不知,羞而不为也。"这个老人对子贡说了这样一段话,子贡听了以后,感到非常惭愧。用我们今天的观点来看,机械工具是人类进步的一个重要标志,我们人类向前发展的动力实际上在很大程度上来自先进工具的使用。我们从这一点可以看出,庄子似乎反对工具的进步。为什么呢? 他担心先进工具的使用,可能伴随着人心的沉沦,真理的坍塌。这个观点当然是保守和落后的。但是庄子通过这个话语还告诉我们,在人类进步的过程中,随着先进工具的发明和使用,人的心灵很可能会产生堕落的一面。这一点,恰恰对后人是有警示作用的。近代学者王先谦曾经因为这个事情有感而发。在《庄子集释序》之中,他曾经说过:"子贡为挈水之槔,而汉阴丈人笑之。今之机械机事倍于槔者相万也,使庄子见之奈何? 蛮触氏争地于蜗角,伏尸数万,逐北旬日。今之蛮触氏不知其几也,而庄子奈何?"我们从前一个"奈何"中可以看出来,王先谦讲的就是汉阴丈人"有机械者必有机事,有机事者必有机心"的这个观点。王先谦生活在近代社会,在近代,我们中国的科学技术相对比较落后,但是我们有洋务运动。洋务运动在科学技术上就是要赶超外国,所以王先谦说道,"今之机械机事倍于槔者相万也"。但是科学技术的进步在带来生产力解放、推动社会向前进步的同时,也可能带来人心的堕落。我们看到王先谦曾经的担忧,实际上这也正是庄子所担忧的,这是对人类精神发展趋势的探讨,对后人有警醒意义。

5 庄子的主要思想(4)：认识论

作为一个思想家,庄子在先秦诸子中是独特的。这个独特性表现在多个方面,一是他独特的人生观,二是他独特的社会理想,下面我们再看看庄子独特的认识论。

庄子用了两个词语来表示他独特的认识论:一个是心斋,一个是坐忘。心斋和坐忘的观点,是通过儒家学派的代表人物孔子和他的弟子颜回等人的对话展现出来的。颜回是孔子的一个得意门生,是受到孔子高度评价的一个弟子,是一个学习非常勤奋的弟子。有一次颜回非常高兴地向老师汇报说,最近我感到有些进步了。孔子就问他你说的进步表现在哪些方面呢? 颜回就说,老师,我把你教给我的仁义学说给忘掉了。仁义,本是孔子非常重要的思想,颜回把它忘掉了,老师还给予肯定的评价。孔子说可以,但是还有待于进一步提高。过了一段时间,颜回再次向老师来报告,说我又有进步了。那这一次的进步表现在什么地方呢? 颜回说,我把老师教给我的礼乐也忘掉了,老师很有耐心地说,是有进步了,但是还有拓展的空间。颜回只能再次回去努力学习,过了一段时间,又向老师汇报,老师,我这一次是真的有进步了。孔子问,你说一说你的进步表现在什么地方啊。颜回向老师汇报说,我这一次是坐忘了。坐忘是忘掉了什么呢? 孔子想进一步让颜回解释,他所说的坐忘是什么意思。颜回就向老师解释道:"堕肢体,黜聪明,离形去知,同于大通,此谓坐忘。"颜回的意思是说忘却身体,去除才智,形智皆弃,和大道混为一体的这种状态就是所谓的坐忘。坐忘,实际上就是庄子通过这个词,来表现他的奇特的认识论。这种认识论,我们可以称之为直觉认识论。直觉认识带有一种神秘色彩。我们再看一看下面一个观点——"心斋"。

心斋,是颜回向老师请教时提出来的一个观点。有一回颜回向老师请教什么叫心斋。孔子耐心地回答:"若一志,无听之以耳而听之以心,无听之以心而听之以气。听止于耳,心止于符。气也者,虚而待物者也。惟道集虚,虚者,心斋也。"刚才我们讲坐忘的时候,是说忘却身体,去除才智,形智皆弃,和大道混为一体的这种状态。心斋又进了一步,就是要把我们内心中的那些杂念通通排除掉,孔子说"若一志",就是让你聚精会神,不要用耳朵听,要用心听。用心听看起来好像是正确的,但也不全是这个意思。孔子进一步说,不是让你用心听,要用气来听。用气怎么去听? 孔子进一步说道,用耳朵听也只是听到耳朵里面了,要用心听,但心也是有偏见的,你听到与你内心相符合的东西,你愿意接受,和你内心不相符的东西,你往往是不会接受的。只有把你内心的私心杂念统统排除,以一种虚无的状态才能真正接收到这种外在世界的真实。这样一说,这个心斋看起来似乎是有道理的。实际上在我们平常的经验或体验中也有这样的感觉,我们凭借感觉,运用我们内心的机能,去获得对这个世界的感受。但是无论是我们的主观感觉,还是我们的内心世界都是有偏见的。所以庄子通过孔子和他的弟子颜回之间的对话,提出这种坐忘心斋认识论,是对我们一般的认识论的一种反思。当然心斋和坐忘这两种认识观点都是有偏见的。我们日常的认识观点可能也是有偏见的。我们把庄子提出的心斋、坐忘的思想当作是对我们平常的认识论的一种补充,是另外一种独特的认识论。我们刚才讲心斋和坐忘,似乎有点抽象。庄子是语言大师,他常常能够把我们平常看起来不大容易接受的观点,通过寓言故事变得让我们比较容易把握。关于心斋和坐忘的这种直觉认识论,庄子也给我们讲了一些寓言,通过寓言我们来体会一下心斋和坐忘是怎么一回事。

在《应帝王》之中,庄子描绘了一个儵、忽与浑沌的故事。儵、忽与浑沌,都是神话中的形象,儵是南海之神,忽是北海之神,而浑沌是中央之神。南海之神儵和北海之神忽的关系非常要好,经常互相往来。他们往来的途中,要经过中央之地——浑沌的地方。每次来到中央之地,浑沌对他们非常友好,招待他们,所以儵和忽两个神就在一起商量,怎么去报答浑沌对他们的招待之情。两个神在一起合计说,"人皆有七窍以视听食息,此独无有,尝试凿之"。就是说,人都有眼耳鼻舌五官七窍,来感知这个世界,来享受美食,来呼吸新鲜的空气,而浑沌似乎什么都没有,我们能不能给他做一个七窍呢? 两个神商量好了以后就开始动手了,一天做一窍,七窍做了七天。七天以后,七窍是做好了,浑沌却死了。我们刚才讲的心斋坐忘,说的是一种直觉认识论,这种直觉认识论在某种意义上,是一种混沌的意识。庄子通过这样的寓言故事告诉我们,处于浑沌状态的实际上不只有浑沌,还包括南海之帝儵和北海之帝忽。倏(儵)、忽和浑沌,实际上都是一种模糊的认识,恰恰可能是最能把握这个世界的一种方式。浑沌是这个世界的一种真实状态，我们通过各种各样理性的方式把这个世界分得非常清晰，但很可能这个世界并不像我们以为的那样清晰，清晰的背后仍然还是浑沌的状态。

我们再看下面一个寓言故事。在《天地》篇中，庄子或者是庄子的后学，又给我们描写了一个黄帝失玄珠的故事。黄帝在历史上是我们的人文始祖，在神话中也是一个至高无上的神。黄帝有一个宝物，这个宝物叫玄珠。有一次，黄帝到赤水这个地方游玩，登上了昆仑山，向南眺望。回去以后突然发现自己的宝物玄珠不见了，这个玄珠对黄帝非常重要，黄帝视之如命，于是黄帝就派身边的人去寻找。首先他想到了知这个人。知，从这个字来看实际上是有谐音双关意义的，知不仅指黄帝身边这个人的名字，同时也指他是一个非常有智慧的人。黄帝派他去找，结果没能找到。黄帝接着派离朱去找。离朱在我们的神话故事中，是一个千里眼，他的眼睛非常明亮，能够看得很远，但结果也没能够找到。黄帝再派能说会道的、看起来好像很有智慧的喫诟去找，结果也无功而返。黄帝不得已，就派那个平常在自己身边看起来没有用的一个神去找。从他的名字看，他是真的没用，叫象罔。象罔是什么？象罔就有点像浑沌，什么也不知道。象罔接受了黄帝的使命就去找，结果令人难以置信的是，这个平常表现得无能的象罔，竟然把黄帝的宝贝玄珠找回来了。黄帝也感到非常惊讶。象罔怎么能够找到玄珠呢？实际上和我们刚才所讲的儵、忽和浑沌的故事一样，"黄帝失玄珠"这一神话同样表现了这个世界真实的状态，就是混沌，所以只有浑沌或者象罔才能把握真实世界。这是庄子一种独特的认识论，这种认识论可以对我们日常所坚持的那种普通认识论是一种很好的补充。这是我们所讨论的庄子思想中的认识论。

6 庄子的文风

庄子在战国时代，不仅是一个独特的思想家，而且是一个语言大师。从某种意义上说，庄子是一个具有诗性智慧的哲学家，是个最具有哲理智慧的诗人。这主要表现在《庄子》这部书上，它具有一种强烈的诗性色彩，这种诗性色彩代表了《庄子》这部书独特的审美价值。鲁迅先生在《汉文学史纲要》

中做出过这样的评价,说"庄子名周……著书十万言,大抵寓言"。这也是联系了司马迁在《史记·老子韩非列传》中对庄子评价的那些话。后面再看一看,鲁迅说:"人物土地,皆空言无事实,而其文则汪洋辟阖,仪态万方,晚周诸子之作,莫能先也。"

从文学的角度来看,鲁迅受到司马迁的影响,对《庄子》这部书文学的风格所持的看法基本上是一样的,司马迁说"其言洸洋自恣以适己",鲁迅进一步评价说"汪洋辟阖,仪态万方"。什么是"汪洋辟阖"呢?汪洋辟阖实际上是说庄子常常用一些意境阔大的故事来表现他的独特思想。《庄子》一书不仅有阔大的意象和意境,还有多种多样的表达方式。这种多种多样的表达方式来源于庄子独特的语言运用方法。我们看《庄子》这部书的最后一篇《天下》,和古代的很多著作一样,最后一篇往往带有序言的色彩。《天下》篇概括了《庄子》这本书的语言特色,以及使用这样一套语言方式的原因。《天下》篇这样说道:"以谬悠之说,荒唐之言,无端崖之辞,时恣纵而不傥,不以觭见之也,以天下为沉浊,不可与庄语。以卮言为曼衍,以重言为真,以寓言为广。独与天地精神往来,而不敖倪于万物。不谴是非,以与世俗处。"

卮言、重言和寓言实际上就是《庄子》这部书中使用的三种重要的语言方式。那么这三种语言方式到底是怎么使用的呢?它的内涵是什么呢?在《庄子》的《杂篇·寓言》中,对此有过解释,这段文字较长,我们主要看有关寓言、重言、卮言这三个概念的内涵的一些片段。

《寓言》中说,《庄子》这部书,"寓言十九,重言十七,卮言日出,和以天倪。寓言十九,藉外论之"。第一,什么是寓言?寓言实际上就是自己不直接去说破,而是借助于他人之口去说。在《庄子》这部书中,所谓的寓言,就是用来寄托庄子奇特思想的神话传说,或者是虚构出来的故事。我们前面讲到的黄帝失玄珠,儵忽与浑沌的故事,和大家所熟悉的鲲化为鹏、河伯海若这些故事,都是带有神话意味的故事。而讲这些故事不仅仅是为了让大家了解这些故事的具体内容和里边涉及的神话形象,更重要的是,通过这些故事来了解庄子独特的认识论,或者是独特的人生观。第二是重言。所谓"重言十七,所以已言也",重言,实际上就是庄子引用的历史人物所说的话,这些历史人物往往是历史上有一定影响的。比如说我们前面讲到的为了说明心斋、坐忘的奇特思想的时候，庄子引用了孔子和他的弟子颜回之间的故事。庄子那个奇特的思想，"有机械者必有机事，有机事者必有机心"，是通过孔子的另外一个弟子子贡的故事展示出来的。孔子、颜回、子贡都是历史上真实存在过的人物，都有一定的影响。通过这些人物说出庄子口中要说的那个与众不同的思想，就有一定的影响，所以就叫重言。第三是卮言，"卮言"之"卮"，是指小的。庄子的"卮"在语义上和"支离"相近。支离之言是不成体系的、细小破碎的言论，这支离破碎的言论往往夹杂在重言和寓言中间，在文字上没有多大的联系，但有时候不经意之间就说出了庄子思想。所以卮言，也不能轻易地放过。寓言、重言、卮言看起来好像各不相同，但实际上，《庄子》这部书，在表达他独特思想的时候，这三种语言是交错使用的，有时候是很难分开的。寓言从表面上看是神话传说，但实际上表现了庄子的重要思想。重言是引用历史人物所说的话，但是从其他的文献之中，我们看到这些历史人物虽然是存在的，但是按照一般的理解，这些历史人物很难说出庄子那种独特思想。所以这些历史人物所说的话在某种意义上是庄子虚构的，所以重言里面实际上也就有了寓言。而穿插在重言和寓言之间的卮言，看起来好像细碎，但往往也可以直接表现庄子思想。这三套语言的交错使用，使得庄子的文章在语言艺术上，就呈现出"汪洋自恣，仪态万方"这样的特征。这些特征不是一般哲学作品的特征，而是文学艺术作品，尤其是精彩的文学作品中所追求的一种艺术效果。这是我们刚才所讲的三言的内涵。

《庄子》这部书在我国古代哲学史上，是一部重要的哲学著作；在我国的文学史上，也是一部重要的散文著作。庄子的后学总结出来，《庄子》这部书，用了寓言、重言、卮言这三种语言方式，而且这三种语言方式交错使用，使得《庄子》这部书在语言风格上呈现出一种汪洋辟阖、仪态万方的特点。这种特点的具体表现，我们可以从下面几个方面去探讨。

首先，就像"汪洋自恣"这个词语表达的意思一样，《庄子》这部书经常为我们展现一种阔大的境界，表现了庄子宏大的思想。在《庄子》的开篇《逍遥游》中，我们就看了这样的情景。《逍遥游》开篇给我们讲了一个鲲化为鹏的故事。"北冥有鱼，其名为鲲。鲲之大，不知其几千里也。……怒而飞，其翼

若垂天之云。是鸟也，海运则将徙于南冥。南冥者，天池也。《齐谐》者，志怪者也。《谐》之言曰：'鹏之徙于南冥也，水击三千里，抟扶摇而上者九万里，去以六月息者也。'野马也，尘埃也，生物之以息相吹也。天之苍苍，其正色邪？其远而无所至极邪？其视下也，亦若则已矣。"

鲲原来是北海的鱼，后来变成了大鹏鸟。这个大鹏鸟在天空中展翅飞翔的时候，可以飞到九万里的高空，可以飞到辽阔的南海。无论是北海、南海，还是九万里的高空，庄子在这里给我们展现的就是一个宏大的境界。这样一种摆脱一切拘束的、逍遥的境界，体现了庄子对精神自由的一种追求。

其次，我们可以看《外篇》中的《秋水》。《秋水》篇开头，给我们讲了一个河伯和海若的故事，书中是这样描写的："秋水时至，百川灌河。泾流之大，两涘渚崖之间，不辩牛马。于是焉，河伯欣然自喜，以天下之美为尽在己。顺流而东行，至于北海。东面而视，不见水端。于是焉，河伯始旋其面目，望洋向若而叹曰：'野语有之曰"闻道百，以为莫己若"者，我之谓也……吾非至于子之门，则殆矣，吾长见笑于大方之家。'"河伯，我们知道是黄河之神，海若，是中国神话中的北海之神。我们知道，黄河是中华文明的摇篮。每次到了秋天的时候大水上涨，黄河展现出一种无边无际的辽阔境界。作为黄河的主人，河伯感到非常的得意，认为天下的水没有比我黄河更大的了。他在不经意间来到了北海，向东眺望，这下子他傻眼了，没想到外面还有大海，大海的水比黄河还要辽阔。庄子通过这个故事告诉我们，世间的任何一个人，包括神，都有局限性。天外有天，山外有山，每个人都应该意识到自己的局限性。所以庄子在《秋水》篇的后面，又用了井底之蛙的故事告诉我们，常人实际上都是受到自己阅历的限制，他的意识、他的认识都是有局限性的，告诉我们要虚心地接待、对待外面的事物。这是《秋水》篇开篇。在《杂篇》之中，我们举《外物》篇的例子。《外物》篇给我们描写了一个任公子钓鱼的故事。任公子钓鱼，跟我们想象的柳宗元《江雪》中的"千山鸟飞绝，万径人踪灭。孤舟蓑笠翁，独钓寒江雪"有所不同。柳宗元在《江雪》中写的是一个渔翁在一个非常宁静的环境中垂钓，表现的是一种高洁的形象。那么任公子是怎么钓鱼的呢？首先，任公子的鱼钩和鱼线都不同寻常。他做了一个大钩子，用黑色的麻绳来做鱼线。他的鱼饵是什么呢？一般像我们都会拿小虫子做鱼饵，而任公子用的是五十头牛。这个任公子钓什么鱼,要用五十头牛来做诱饵?那么再看看任公子是怎么去钓这个鱼的。钓鱼一般都是到河边去钓,但是任公子待在山顶之上去钓鱼。他蹲在会稽山顶,把这个大鱼钩扔到东海去。任公子在这个会稽山上蹲了好长时间,似乎有一年整,什么也没钓到,若是我们一般人,就没有耐心了,收起鱼竿回家去了,但是任公子没有,仍然坚持在会稽山顶钓东海之鱼。有一天,大海上泛起了波浪,在一条大鱼吞噬掉五十头牛的诱饵的时候,任公子收了钩。任公子后来把这条大鱼做成腊鱼,供浙江以东、苍梧山以北这一个辽阔区域的人吃了整整一年的时间。那么庄子讲任公子钓鱼的故事,是为了告诉我们什么呢?世间的你和我,有那么一点收获,就沾沾自喜,但实际上,"饰小说以干县令,其于大达亦远矣",距离崇高境界,还很远啊。庄子进一步提出来,我们人啊,要有一种更高的精神追求,不能满足于目前已经得到的成就。庄子总是通过寓言来说明他的人生道理。这些寓言有一个共同的特点,就是通过带有神话意味或自己虚构的故事,展现一个宏大境界,并使之具有崇高美的特征。

庄子在这部书中,常常通过一些怪诞形象的描绘来表达他那种与众不同的思想。如果使用世间我们熟悉的普通形象,似乎不能表现庄子的那种独特思想。所以,在《庄子》一书中,我们看到了像髑髅、兀者王骀、兀者叔山无趾、支离疏这些怪异的形象。兀者是受了残忍刑罚的人。无趾就是没有脚趾。还有支离就是支离破碎的、不完整的畸形的人。在《人世间》中,就描写了这样一种形象,叫支离疏,支离疏这个形象描写得非常怪异,说"颐隐于脐,肩高于顶,会撮指天,五管在上,两髀为胁"。这个形象在我们世间恐怕是见不到的。支离疏的脸隐藏在肚脐之下,他的肩膀比头顶还高,他的发结是冲着天的,不像我们的头发是下垂的。他的五脏就在身体的上面,不像我们的五脏是在我们身体里面的。他的两条大腿和两边的肋骨是连在一块的,这是个残疾程度很重的人。这个看起来是畸形的人,平时靠缝衣和洗衣来维持生存,有时还给人占筮卜卦。就是通过这样一些谋生的手段,他养活了自己,甚至还能为家里解决一些问题。等到有一天,这个国家要开始征兵了,支离疏也非常积极,踊跃地去报名参军。人家看支离疏来报名,一看他这个样子,就没有录用他。正是因为支离疏是一个残缺不全的人，所以就免除了兵役可能给他带来的灾祸，终生能够自然而然地活着，尽享天年。而以支离疏为代表的这些所谓的畸人，就是庄子在《大宗师》中所说的"畸人者，畸于人而侔于天"的畸人，和我们平常人比较起来，畸人好像是残缺不全的，但是这种残缺不全，可能更符合大自然的样子，这个"天"就是自然。我们中国的哲学就是人法天，自然是我们人的最高境界。自然有它美好的一面，但实际上，也有和我们人的理想不一样的，很可能就是残缺的。这是庄子笔下的另外一种形象，这个形象比较怪诞和诡异，这种怪诞和诡异能够恰到好处地表达庄子与众不同的思想。但是庄子并不总是以这种怪诞的形象来吸引人，实际上在《庄子》一书中，也有很多用优美的语言描绘出来的美好形象。

比如在《逍遥游》中，庄子给我们描绘了这样一个形象——藐姑射之神。庄子是这样写的："藐姑射之山，有神人居焉。肌肤若冰雪，淖约若处子，不食五谷，吸风饮露，乘云气，御飞龙，而游乎四海之外。其神凝，使物不疵疠而年谷熟……之人也，物莫之伤，大浸稽天而不溺，大旱金石流，土山焦而不热。"这个藐姑射山的神人从他的形象来看，是非常美好的。他的皮肤就像冰雪那样洁白，他的身材就像处子那样曼妙，他平常的生活和我们凡人不同，他不食人间五谷，只要吸风饮露就能够维持生存了，他在天地之间自由地往来。即使发生洪水也不能够伤害他；即使是炎热的天气，太阳把土沙都晒化了，对他也没什么影响。从这里可以看出，这个藐姑射之神，不仅形象要眇，而且非常超绝，这种超绝的神人，是庄子理想的一种化身。我们看一下《秋水》篇中描写的那个鹓雏，在某种意义上，也是庄子形象的一种化身。前面我们提到，庄子是一个博学的人。在那个时代，像他这样的人是不多的，所以能和他谈道理的人也非常少，惠子是其中的一位。有一次，庄子到大梁去，惠子听到这个消息非常紧张，以为庄子这一来，自己的相位保不住了。于是惠子就派他手下的人到处去搜捕庄子，不让庄子在外面游荡。庄子听到这件事情以后，感到非常奇怪，你们到处搜捕我干什么，不会是以为我会取惠子的相位而代之吧。于是庄子主动来到惠子的身边，跟他讲了一个故事。这个故事当然也是个寓言，这个寓言是这样说的："南方有鸟，其名为鹓雏，子知之乎？夫鹓雏，发于南海而飞于北海，非梧桐不止，非练实不食，非醴泉不饮。于是鸱得腐鼠，鹓雏过之，仰而视之曰：'吓！'今子欲以子之梁国而吓我邪？"这个故事的主要形象就是鹓雏。鹓雏是什么？实际上是楚人所崇拜的凤凰。凤凰在楚国人心目中是一个非常崇高的形象，从这里的描述我们可以看到，这个鹓雏鸟从南海向北海飞的时候累了，如果不是梧桐树，绝对不会在上面休息，它对环境是非常挑剔的。为什么如此的挑剔？这个鹓雏鸟作为凤凰的一种，它有很高的精神追求，所以它"非梧桐不止，非练实不食"。练实是一种竹子的果实，这种果实在世间是很少的，鹓雏鸟饿了的时候不是随便挑一个食物就吃了，只有练实它才吃。渴了，非要到醴泉去才饮水。从这里的"非梧桐不止，非练实不食，非醴泉不饮"，我们看到鹓雏鸟是一个超绝的形象。有一次鸱鹰捕到了一只死老鼠，鹓雏鸟从它的头顶飞过，鸱鹰很紧张，以为鹓雏鸟要来和它抢这个死老鼠，抬起头来就大声呵斥鹓雏鸟，说你不要到我的身边来。我们刚才说了，鹓雏鸟饿了只吃练实，渴了只喝醴泉的水，怎么可能对一只死老鼠感兴趣呢？我们前面说过，庄子虽然生活比较贫穷，但是他对功名利禄非常鄙视，所以他来到大梁，根本不是来取惠子的相位而代之的，惠子完全误解了他。惠子作为庄子的朋友，还不太理解庄子的理想。从这里我们看出庄子在《秋水》中，又给我们描绘了一个高洁的形象，叫鹓雏。这个高洁的形象，庄子是通过瑰丽的语言来描写的，和前面讲的那个怪诞诡异的形象相比，又呈现出非常美好的一面。庄子对语言的运用，在某种意义上，已经达到了炉火纯青的地步。虽然有点怪，但考虑到庄子是在战国时代出现的一个文人，对汉语言的运用已达到这样的成就，是值得我们关注的。这是我们今天要讲的《庄子》这部书文学艺术上的一些主要的特征。

思考与练习

1. 以《庄子》一书为依据，试分析庄子的主要思想。
2. 举例说明《庄子》的文风特色。

参考文献

［1］任继愈.老子新译（修订本）[M].2版.上海：上海古籍出版社，1985.

［2］朱谦之.老子校释[M].北京：中华书局，1984.

［3］曹础基.庄子浅注（修订本）[M].2版.北京：中华书局，2000.

［4］陈鼓应.庄子今注今译[M].北京：中华书局，1983.

［5］郭象.南华真经注疏[M].成玄英,疏.曹础基,黄兰发,点校.北京:中华
书局,1998.

［6］郭庆藩.庄子集释[M].王孝鱼,点校.2版.北京:中华书局,2004.

大学语文导读

第四讲

惟楚有才 于斯为盛

——屈原与「楚辞」

今天，我跟大家讲屈原与"楚辞"。屈原是我们中国文学史上第一个伟大的诗人，他创造了楚辞体的诗歌。在这一讲，我们和大家讨论这样一些问题。第一，我们讨论一下"楚辞"一词的意思。第二，我们讨论一下，楚辞作为中国文学史上一种独具特色的诗歌形式是怎么形成的，屈原为什么能够成长为我们中国文学史上第一个伟大的诗人。第三，我们重点讨论作家屈原的社会身份。第四，我们以《离骚》《九歌》为例讨论屈原的代表作品，以及这些代表作品的思想内容及其美学价值。第五，我们讨论屈原创作的楚辞对后代文学创作的深远影响。

1 "楚辞"的含义

首先，我们跟大家讨论第一个问题。什么是楚辞？楚辞作为中国文学史上固有的专门的术语，在中国文学史上有多重含义。

楚辞，是中国文学史上一种鲜明的带有地域特色的新体诗歌。这个界定中有这么几点需要我们关注，首先楚辞是一种新体诗歌。新，是表明在屈原的楚辞之前，中国文学史上已经有了很多的诗歌创作。从体制上来说，屈原创作的以《离骚》为代表的楚辞，与前代以《诗经》为代表的诗歌相比，有很多新的特征，所以我们称它为新体诗歌。这种新有一个重要的表现，就是它鲜明的地域特色。这种地域特色表现在多个方面。我们看《隋书·经籍志》是从这个角度来谈论楚辞的地域特色的，它说："楚辞者，屈原之所作也。……弟子宋玉痛惜其师，伤而和之。……盖以原楚人也，谓之楚辞。"我们从这里可以看到，楚辞创作的主体主要是楚地的作家，这是楚辞鲜明的地域特征之一，就是它的创作主体，也就是它的作者以楚人为主。屈原以及屈原的后学宋玉、唐勒、景差都是楚人。同时，《隋书·经籍志》还提到了一个重要的特色，它说："隋时有释道骞，善读之，能为楚声。"隋代有一个高僧，他叫道骞，特别善于读楚辞。他的表现主要是能用一种特殊的楚声来吟诵楚辞，这里也指出了楚辞的一个鲜明的地域特色，就是楚声。以一种独具地域特色的楚调来吟诵楚辞，这是楚辞的第二个特征，这也一直被后人当作楚辞的一个重要标志。

宋代的学者黄伯思，曾经从这样几个角度对楚辞的地域特征进行概括，他说:"盖屈宋诸骚,皆书楚语,作楚声,纪楚地,名楚物,故谓之楚辞。"在这里提到了楚辞的四大特征。这四大特征都有鲜明的地域性。比如说书楚语,楚辞中的很多楚语,带有鲜明的方言特征。黄伯思就举了一些例子,像楚辞作品中的一些虚词"些""只""羌""谇""蹇""纷"等,他都认为是楚地的方言。何谓楚声? 他说是"悲壮顿挫,或韵或否"。实际上楚辞作为诗歌,它的代表作品像《离骚》《九歌》这些大多数是协韵的。有一些带有散文特征的,像《卜居》《渔父》当然是不协韵的。纪楚地比较容易理解,是说楚辞中写了很多的地名,大部分都是春秋战国时期的,比如沅水、湘水、江水、澧水,还有修门、夏首,这是楚地的山川自然及一些地名。还有楚辞中,那些用来寄托作者情思的自然的物象,都带有楚地的特征。这里列举的是兰、茝、荃、蕙、药等物象,也就是自然中的各种花草。他认为是楚物,这也是楚辞的一大特征。从这里可以看到,作者以楚人为主;楚辞所使用的语言是带有鲜明特色的楚方言;吟诵楚辞的音调是楚声;在楚辞作品中涉及的地名和物象,都带有鲜明的楚国的地域特征。在这里,楚辞主要是指一种带有鲜明地域特色的诗歌。

除此之外,《楚辞》在中国的文学中还是一部重要的诗歌总集。这部诗歌总集最早由谁编纂,由于资料所限不得而知。但是从我们今天流传下来的《楚辞》来看,西汉的大学者刘向厥功至伟。东汉时期的楚辞学家王逸,在自己的《楚辞章句》中对楚辞作出了这样一种界定。《楚辞》作为一个总集,不仅收集了屈原、宋玉等人的作品,还收集了汉代王逸等作家的作品。西汉之后很多的作家模仿屈原的写作风格,通行的楚辞选本就产生了,包括贾谊的《惜誓》、淮南小山的《招隐士》、东方朔的《七谏》等作品。在中国的文学史上,"楚辞"作为专有名词主要有这两种含义:一是指带有鲜明地域特色的新体诗歌;二是指汉代大学者刘向所编的,汇集了屈原、宋玉的作品以及汉代人模仿屈原、宋玉作品的一部诗歌总集。

② "楚辞"的渊源

我们今天讲的题目叫屈原与《楚辞》,屈原是中国文学史上第一个伟大的诗人,《楚辞》是收集屈原、宋玉的作品以及汉代人模仿屈原、宋玉作品的一部

诗歌总集，从时间的顺序来说，我们可以提出这样一个问题：到底是屈原在前，还是《楚辞》在前？屈原与《楚辞》，一个是作家，一个是作品，从时序的角度来说，应该是先有屈原然后才能够创作出《楚辞》。《楚辞》，从另外一个角度来看，是汉代学者所编的一部诗歌总集，收集了屈原、宋玉的作品以及汉代人模仿屈宋的作品，这也能推出屈原在前。只有屈原创作出以《离骚》为代表的作品，汉代的学者刘向、东汉的学者王逸才能够编辑。

我们又说《楚辞》是一部带有鲜明地域特色的诗歌总集，特别是作为一种新体诗歌，和《诗经》做比较，就可以进一步追问屈原是不是完全凭着一种天赋成为中国文学史上的第一个伟大的诗人。文学史上有一种现象，伟大的作家往往是在认真继承前代文化的基础之上成就自身的。屈原作为中国文学史上第一个伟大的诗人，似乎也不能超越这样一个基本的规律。所以，我们从这个角度来看，很有必要讨论一下是否先有鲜明地域特色的楚歌，在这种楚歌的影响之下，屈原才成长为一个伟大的作家的。由此我们提出这样一个问题，即楚辞是怎么来的。楚辞，我们一般认为是在战国中晚期屈原最先创作出来的。但实际上，在屈原之前南方的楚地，已经有了诗歌创作传统。这个诗歌创作传统，我们甚至可以追溯到《诗经》的作品集中，在《诗经》当中有十五国风。然而没有楚风，但是有一些诗歌特别是《诗经》的二南——《周南》和《召南》中的有些作品，我们如果用前面黄伯思所说的对于楚辞的一种最经典的界定去考察，它们可能就是在屈原之前出现的楚地的诗歌。《诗经·周南》之中有一篇诗歌《汉广》，在《诗经》当中也是一篇优秀的作品。这个作品的关键句是"汉有游女，不可求思"，看来也与《诗经》很多的诗歌一样，是一首爱情诗。《诗经》经过编者的改造，大多数诗歌变成了以四言为主的形式。《周南·汉广》是这样一种典型的诗体，但是我们再看一看诗歌的文本，每一章，特别是第一章，我们看到都带有一个"思"字。这个"思"字，特别是"不可求思"的"思"，很容易把它理解成一个实词。实际上，这个字在这里是一个虚词。这个虚词的结构和《楚辞》中的《九章》的句式非常的相似，我们看一下《楚辞》的《九章·橘颂》："后皇嘉树，橘徕服兮，受命不迁，生南国兮。深固难徙，更壹志兮。"这样我们可以比较一下两篇诗歌的句式，在《楚辞》中最典型的虚词当然是"兮"字。《汉广》虽然写的不是"兮"而是"思"字，但是从句式结构来看，它和《九章》的《橘颂》是基本相同的。所以，我们从这个角度来看它,仍然具有书楚语的特征。其次是纪楚地,在题目上就显示出来了。"汉广",这里的"汉"就是指汉水。在诗中不仅有汉水,而且出现了江水。江汉一带正是春秋战国时期楚地主要的地理空间所在的位置,所以纪楚地的特征我们也能看得出来。特别是诗的第二章、第三章出现了鲜明的楚地的物象。第二章的开篇说,"翘翘错薪,言刈其楚"。从国名来说,这个楚也可以叫荆,当然它的本意是一种不太高大的小型乔木,大概是楚地这种植物长得比较多。到第三章,又出现了一个物象叫作蒌。这个蒌,在宋代苏东坡给高僧惠崇写的那首诗《惠崇春江晚景》中出现过,"蒌蒿满地芦芽短,正是河豚欲上时"。这个蒌,大多生长在长江的中下游一带。直到今天,我们还可以见到。所以,诗中所涉及的楚和蒌这些词,我想也可以当作是楚物的一个典型例证。这首诗歌,我们可以从地名、汉水、江水,句子的结构,以及诗中的物象楚和蒌中,看出鲜明的楚地特征。所以,我们一般认为《诗经》中以《国风》为代表的作品,它们产生的时代,最晚也在春秋中期,比屈原生活的时代要早三百多年,也就是说在屈原之前,楚国在春秋时期实际上就已经有了诗歌,而且这些诗歌无论是在内容还是艺术形式上,都达到了很高的成就。

如果我们说《周南·汉广》是屈原之前楚地产生的诗歌的话,从《诗经》到屈原创作的三百多年间,是不是还有其他的一些楚歌留存下来了呢?《周南·汉广》和屈原时代之间有一些像《汉广》一样在内容和艺术上都非常成熟的作品。我们在其他的文献中还找到了一些与楚歌关系比较密切的作品,比如在司马迁的《史记》当中,我们看到了这样的记载:季札出使途经徐国,知道徐国国君对他的佩剑十分喜爱,只因要出访他国,未能相赠。季札返回途中至徐,徐君已死,他解下佩剑挂在徐君墓前的树上。为了表达对季札信守诺言的赞扬,徐人吟唱了一首短的歌谣。这首歌谣只有两句:"延陵季子兮不忘故,脱千金之剑兮带丘墓。"这是《徐人歌》,似乎跟楚人没什么关系。然而实际上,从春秋战国时期各个诸侯之间的关系和文化交往来看,徐人和楚人关系非常密切。如果从世系来看,楚人和徐人的关系更为亲近,这一点,姑置不论。这首《徐人歌》也是春秋晚期出现的诗歌,从它的艺术形式来看,也可以当作屈原出现前的一首重要楚歌。

我们再看《孟子》一书中记载的一首《孺子歌》。这首歌,根据它的文本,又可以称为《沧浪歌》。这首《沧浪歌》,与孔子有点关系。据说孔子曾经在周游列国的时候遇到很多的挫折,准备去南方大国楚国推行自己的政治理想。可是,他来到楚国边境的时候,听到了这样的一首歌谣:"沧浪之水清兮,可以濯我缨;沧浪之水浊兮,可以濯我足。"这首诗歌,实际上是奉劝孔子不要到处栖栖惶惶地奔波了,举世皆浊唯你独清,你也没有办法实现自己的理想。所以清者可以濯缨,浊者可以濯足嘛,劝孔子和光同尘,不要去推行那个政治理想。这首《孺子歌》是在楚国边境听到的,与楚地的关系自然密切。这是孔子生活的时代,是春秋晚期。孔子在周游列国的时候除了听过这首《孺子歌》,还听到了另外一首《楚狂接舆歌》。《论语》中记载过孔子在周游列国的时候碰到了一个楚国的狂人。这个楚国的狂人叫接舆,接舆一边唱着歌一边经过孔子的车子。歌词是这样的:"凤兮凤兮,何德之衰。往者不可谏,来者犹可追。已而已而。今日从政者殆而。"这首歌从内容上来看,我们很清楚也是奉劝孔子的,跟刚才提到的《沧浪歌》情感倾向非常相似,是劝孔子不要去到处奔波的。从诗歌的意象进行分析,开篇这个意象带有鲜明的楚地的特色,我们说凤在某种意义上可以说是楚地独特的文化形象。还有一首《越人歌》记载在刘向的《说苑·善说篇》中,它大约是说,春秋晚期楚国的一个王子子晳到外面去游历,不经意之间听到给他划船的一个越人唱的一首歌。但此歌是越人用古老的越语唱的,子晳听不懂,他很好奇,就想了解这个越人唱的是什么内容。好在当时子晳的随从能听懂《越人歌》的这个越语,马上把它翻译成我们今天还读得懂的楚歌。译文说:"今夕何夕兮,搴舟中流。今日何日兮,得与王子同舟。蒙羞被好兮,不訾诟耻,心几顽而不绝兮,得知王子。山有木兮木有枝,心说君兮君不知。"这首诗歌讲的是一个越国的女子在划船时看到了风流儒雅的楚国王子子晳,内心之中流露出对他的爱慕之情。所以她就唱着这样一首歌,同时内心又有点紧张。这个给王子划船的越国女子显然身份比较低微,所以她唱"山有木兮木有枝,心说(悦)君兮君不知"。

　　我们可以将《越人歌》与屈原的代表作品《九歌·湘夫人》中的句子做比较,"沅有芷兮澧有兰,思公子兮未敢言。荒忽兮远望,观流水兮潺湲"。《湘夫人》是我们要重点和大家解读的一篇,表现了湘君来到洞庭湖的北渚之上与湘夫人约会而未见到湘夫人时内心的一种怅惘之情。所以,《湘夫人》写道"沅有芷兮澧有兰,思公子兮未敢言"。而《越人歌》最后这两句"山有木兮木有枝,心说君兮君不知"表达的也是这种爱慕对方又难以启齿的矛盾情感。比较一下"山有木兮木有枝"与《湘夫人》中的"沅有芷兮澧有兰",可以发现,这两句诗的句子结构非常相像。所以可以说像《越人歌》这样的一些作品对《湘夫人》有直接的影响。而我们今天读到的《越人歌》虽然是一篇译文,但恰恰能够说明的是,楚地的诗歌在春秋晚期已经达到了相当成熟的水平。其中句式的营造等诗歌的艺术,对后代屈原的楚辞创作有直接的显性的影响。所以我们说正因为屈原传承了楚地悠久的诗歌传统,他才能成长为战国中晚期楚国的一代文学家。

屈原是战国中晚期楚国伟大的文学家,也是我们中国文学史上伟大的文学家的一个原因,就在于他善于吸收前代楚地的歌谣艺术。屈原不仅学习了前代的楚国歌谣艺术,而且汲取了更加悠远的楚地文化。我们要想读懂楚辞,不仅要了解楚国独特的诗歌传统,还需要了解楚地独特的文化传统。

楚国在春秋战国时期,尤其是屈原生活的那个时代,是南方地域非常大的诸侯国。《战国策·楚策》中曾经记载,纵横家苏秦到楚国的时候,曾经这样说过,"楚地西有黔中、巫郡,东有夏州、海阳,南有洞庭、苍梧,北有汾陉之塞、郇阳,地方五千里"。楚国在战国中期的时候,是一个有"地方五千里"的大国。但是,我们要追问的是,楚人是不是南方这个辽阔疆域原来的主人。这个问题当然跳得有点远,但是对我们理解楚辞中所包含的楚国独特的文化是有密切的关系的。我们知道楚人拥有一个古老的姓,叫作芈姓,而芈姓在我们的文献中是祝融之后。《国语·郑语》中记载,祝融氏的后代有八支,叫祝融八姓:己、董、彭、秃、妘、曹、斟、芈。在读《诗经》的时候,我们了解到有一些诸侯国与这里的姓是密切相关的。比如说这里出现的一个妘姓,十五国风中的郐国与这个姓息息相关。妘姓就是郐国在某种意义上的国姓。祝融氏,我们从上古的文献中可以看到,原来是生活在中原地区的。芈姓楚人,作为祝融氏的后代,有可能原来是中原地区的人。如果说楚人原来是生活在中原地区的,那么他们是什么时候来到我们所说的江汉地区的值得进一步探究。上古的文献中给我们留下了一些重要的线索，比如说《左传》之中记载过，楚国的右尹子革曾经这样说过："昔我先王熊绎，辟在荆山，筚路蓝缕，以处草莽，跋涉山林，以事天子。"这个右尹子革提到了他的先王熊绎，熊绎是生活在西周初年的楚人的一个祖先。大约是西周周成王在位的时候，如右尹子革所说，"辟在荆山"。这个"辟"名为偏僻，实为逃避，指避难来到荆山。右尹子革对这件事情耿耿于怀，这里的话实际上是表达对中原地区的天子和诸侯国的一种不满。

这就透露出楚人很可能就是在公元前11世纪左右，从中原地区来到南方的江汉一代的。这一点在东汉的大史学家班固的《汉书·地理志》中也有印证，《汉书·地理志》中讲到楚地的地理范围的时候，尤其讲到楚国建国的时候提到了楚人的祖先，他说："周成王时，封文、武先师鬻熊之曾孙熊绎于荆蛮，为楚子，居丹阳。"我们前面说熊绎生活在公元前11世纪，也就是周成王的时候。那时分封天下，将有功之臣的后代封到了各个地方去。而楚人的祖先就是鬻熊，鬻熊曾经为周王朝克商建立奇功，鬻熊的后代熊绎就被封到了荆蛮一代。从当时记载的爵位来看，楚君是相对比较低的子爵，住在丹阳地区，今天的湖北境内。我们从《左传》和班固的《汉书·地理志》中可以看出这个线索，楚人来到南方的时间，大约是公元前11世纪，也就是西周初期的时候。生活在中原地区的楚人来到了南方，当时楚国的地理条件是比较差的，所以右尹子革发牢骚的时候说，"筚路蓝缕，以处草莽"。但是时间过得很快，从西周到春秋时期，经过几百年的经营，楚国的疆域得到了拓展，一跃成为春秋时期的大国。尤其到了战国时期，各个诸侯国之间互相争霸，楚国的势力非常强大。在战国纵横家那里有这样一说，"纵合则楚王，横成则秦帝"，可见楚国到了战国时期，经过几百年的发展，一跃而成为当时各个诸侯国中实力比较强大的国家。

楚国的源头可以追溯到中原地区。商周之际的中原地区，尤其值得我们关注。这个时候楚人从中原地区来到了南方，这个时间点在中国的历史上发生了一些重大的事情。不仅发生了王朝更替，西周取代了殷商，更重要的是在文化上，中原地区发生了重大的变化。西周王朝建立前，中原地区在殷商人的统治之下，而《礼记·表记》中用了"尊神"这个词来界定殷商人的文化信仰。夏商时代中原地区的文化主要的倾向就是尊神文化。尊神，即对鬼神有一种崇拜。《礼记·表记》中记载周人取代殷商而统治中原地区之后,文化上发生了一个重大的变化。《表记》中说:"周人尊礼尚施,事鬼敬神而远之。"不能说周人已经完全没有对鬼神的崇拜了,但是尚礼的文化逐渐地取代了原来的尊神文化而成为主流的文化,这表明中原地区发生了一个重大的文化变革。

从早期的尊神文化,向西周后来的尚礼文化转型。随着时间的推移,越是到后来的春秋战国时期,中原地区礼乐文化越是占据主导的地位。楚人恰恰在中原地区发生文化变革的时候离开了中原地区,他们带走的实际上是中原地区原来的古老文化,这个古老的文化就是对鬼神的崇拜。班固在《汉书·地理志》中讨论楚国文化时,仍然用了这六个字概括楚国独特的文化,叫"信巫鬼,重淫祀"。这个文化变革是中国历史上一件重大的事情,对楚辞的影响是非常直接的。我们看《楚辞·九歌》,这是带有鲜明楚地特色的一种诗歌。王逸在《楚辞章句》之中就界定了楚地独特的文化。他说,楚国"南郢之邑,沅湘之间,其俗信鬼而好祀"。《汉书·郊祀志》甚至说,在屈原生活的那个时代,楚国的国王是楚怀王,楚怀王对祭祀非常重视,信奉鬼神。但是楚怀王信奉鬼神,举行隆重的祭祀,主要是为了获得神的庇佑来对付秦国强大的军队,结果当然归于失败。但是从这个角度我们可以看到,屈原生活的那个时代,上到庙堂下到民间,仍然有浓烈的崇尚鬼神的文化气息,这种文化气息对楚辞有非常大的影响。

要想解读楚辞,就要对楚国这种独特的地域文化有所了解,否则我们很难真正地读懂屈原的代表作品:《离骚》以及最典型地体现楚地地域特色的一组诗歌《九歌》。我们在探讨楚辞渊源的时候,不仅要知道在屈原之前楚地有悠远的诗歌传统,同时,还要知道楚地具有自己独特的文化传统,这是我们解读楚辞的一个前提条件。

3 "楚人多才":屈原的社会角色

南方悠久的历史传统及楚国独特的文化传统,是屈原成为一代文学家的重要条件。但这些条件再重要,也是客观条件。屈原能够成为一代文学家除了客观条件之外，还有他的主观条件，所以我们在解读楚辞的时候，要关心这样一个问题，就是屈原作为中国文学史上第一个伟大的诗人，他的社会角色是多重的。我们进一步和大家讨论第三个问题，就是屈原的社会角色。我们理解屈原成长为伟大的文学家不仅有客观外在条件，还有他自身的主体条件。正如刘勰在《文心雕龙·辨骚》中所说的，"不有屈原，岂见《离骚》"。如果没有屈原这样一个多才的文学家出现的话，我们很难看到中国文学史上能够出现鸿篇巨制《离骚》，《离骚》的出现就像《文心雕龙》所说的，是楚人多才的结果，楚人多才是我们今天这一讲的一个大题目。

"惟楚多材，于斯为盛。"这本来是岳麓书院的一副对联，它表现了岳麓书院的文化自信。但这个对联，我们可以用来评价屈原。《文心雕龙》就讲过"楚人多才"，在中国文学史上，屈原作为一个文学家确实具有多种才能。我们讨论这个问题还有一个重要意义，因为作为第一个伟大的诗人，屈原具有多重的社会身份，对后代的文学家具有一种示范作用，有深远的影响，所以我们探讨以屈原为代表的楚人多才这个话题，对理解后代中国文学家多重社会身份也有一定典型意义。我们来看看屈原的多才，也就是多重社会地位。首先，他是一个政治家。这一点在司马迁《史记·屈原贾生列传》开篇就指出来了。《史记·屈原贾生列传》说："屈原者，名平，楚之同姓也。为楚怀王左徒。博闻强志，明于治乱，娴于辞令。入则与王图议政事，以出号令；出则接遇宾客，应对诸侯。王甚任之。"屈原具有政治上的才能，这个才能表现为内政和外交两个方面。这里提到一个职官名词叫左徒，这个左徒到底是一个什么样的职官，可以进一步去考证。从职责范围来看，左徒应是一个地位比较高的官职。除了左徒之外，《楚辞·渔夫》中曾描写过屈原被怀王疏远到远方流浪，见到一个渔夫。渔夫见到他的时候就跟他打招呼："子非三闾大夫欤？"三闾大夫是屈原另一个比较重要的官职。《楚辞章句》中曾经讲到："三闾之职，掌王族三姓，曰昭、屈、景。屈原序其谱属，率其贤良，以厉国士。"从王逸的这个解释中，我们可以看到三闾大夫至少有两个重要的职能，一是给楚国最重要的贵族昭、屈、景三家序谱，保证这三家贵族血统的纯正性。二是培养这些贵族的年轻人，使他们成为国家的栋梁之材，所以叫"率其贤良，以厉国士"。从这里可以看到屈原政治上的理想就是为楚国效力，这样一种理想就贯穿在《离骚》当中。《离骚》是一篇带有鲜明个人传记色彩的诗歌，其中涉及屈原的一些生平事迹。在《离骚》的开篇，就提到屈原的身世。诗的开篇这样写道："帝高阳之苗裔兮，朕皇考曰伯庸。摄提贞于孟陬兮，惟庚寅吾以降。皇览揆余初度兮，肇锡余以嘉名。名余曰正则兮，字余曰灵均。纷吾既有此内美兮，又重之以修能。"是说屈原有很好的先天条件，这里的先天条件主要是他家族的条件。屈原对自己是传说中五帝颛顼的后代非常自豪，他的出生日期很不同寻常，他的父亲给他取的名字又非常特别，这些都表明屈原对他身份的自信。看来屈原也念念不忘自己贵族的出身，作为贵族的屈原当然要为国家效力。所以在后面写到了"不抚壮而弃秽兮，何不改乎此度？乘骐骥以驰骋兮，来吾道夫先路！"看来这个话是对楚怀王说的，他愿意为怀王引导开路，为楚国的政治指明方向，这就是他的政治理想。从这个角度来说屈原有政治上的才能，也是有政治理想的政治家。由此我们看出屈原的第一重身份是有抱负的政治家。

屈原不仅是一个政治家，而且是一个有思想的政治家。我们在中国的文学史上可以看到很多的文学家都有政治上的才能和政治上的理想，但屈原不同，屈原不仅有政治上的热情和理想，还有系统的政治思想。所以从这个角度来说，屈原也是一个思想家。

说屈原是一个思想家，在某种意义上，是和其代表作品《离骚》的解读结合起来的。我们在《离骚》《九章》这样的现实性较强作品之中，可以看出屈原的政治思想，尤其是《离骚》的最后，他写道："国无人莫我知兮，又何怀乎故都！既莫足与为美政兮，吾将从彭咸之所居。"这四句诗有个关键词叫"美政"。美政这个词用得非常好，可以提取出来作为屈原政治思想的核心。从字面意思来看美政就是理想政治的意思。这个美政思想具体又有哪些内容？我们来进一步看一下，在《离骚》中，屈原写道："举贤而授能兮，循绳墨而不颇。"我们知道，在政治上要推举那些贤能的人，把国家治理的任务交给那些有能力的人，所以我们在这里看出来，举贤授能或者选贤任能，是屈原美政的具体内涵之一。我们知道贤能的人虽然有天赋，但更重要的是后天的培养。屈原作为三闾大夫，他的一个重要职责就是培养贵族子弟，让他们成长为栋梁之材。在《离骚》之中，屈原写道："余既滋兰之九畹兮，又树蕙之百亩。畦留夷与揭车兮，杂杜衡与芳芷。冀枝叶之峻茂兮，愿俟时乎吾将刈。"屈原在这里用了《诗经》中常用的比兴手法,这种比兴手法带有鲜明的楚辞特征。兰、蕙、留夷、揭车、杜衡、芳芷,都是楚国独特的物产。屈原借助楚国的物产来指代楚国那些贵族子弟,所以这里滋兰树蕙就是培养这些贵族子弟。就像那些滋兰树蕙的园丁一样,要仔细地培养各种花草。这些兰蕙会成为芳香的花草,将来枝繁叶茂,比喻屈原培养这些贵族子弟成为楚国的栋梁之材。到那时候,贵族子弟就要为国家效力了。

但是屈原的理想在现实生活中却遇到了挫折,就像《卜居》中所写的一样:"世溷浊而不清,蝉翼为重,千钧为轻;黄钟毁弃,瓦釜雷鸣;谗人高张,贤士无名。"屈原对所生活的那个时代,用了"浑浊不清"这个词来形容。这个时代黑白不分,是非颠倒。能够演奏宏大音乐的黄钟被人砸毁了,而那些发出难听声音的瓦盆子,却发出雷鸣般的响声。这些是比喻那些小人一个个得到重用,占据了高位,而那些贤能的人却默默无闻,成为下僚。屈原举贤任能的理想,未能在楚国得到真正的实现。

在《九章》的《涉江》之中,同样也表现了这样一种情况。"鸾鸟凤凰,日以远兮。燕雀乌鹊,巢堂坛兮。露申辛夷,死林薄兮。腥臊并御,芳不得薄兮。阴阳易位,时不当兮。怀信侘傺,忽乎吾将行兮!"屈原一心想要为楚国培养一些贤能的人,结果这些贤能的人却不能够得到重用。屈原非常的懊恼,说我恐怕要离开楚国了。举贤任能的理想最后未能实现,屈原也非常伤感。这是我们刚才补充的,屈原的美政的第一个内涵——举贤授能。

在《离骚》《九章》之中,还有一种强烈的以民为本的情怀,像《离骚》中说的"长太息以掩涕兮,哀民生之多艰",在这里屈原表现了他对民生的一种特别关注,看到天下百姓生活的艰难,他发出一声无奈的叹息,伤心地流下了眼泪。其实对楚国的当政者楚怀王来说,他的各项政治措施应该以民为本,要了解民心。所以屈原写道"民生各有所乐兮,余独好修以为常""怨灵修之浩荡兮,终不察夫民心"。这里的灵修是指怀王。怀王是那样的昏庸、糊涂,不了解民心,治理国家的很多措施都是凭着自己的主观意志去做的。

再看《九章·哀郢》,《哀郢》实际上是屈原听说秦国的军队攻破楚国的都城郢都之后,在悲愤之中写的一首诗。开篇他首先关注的是老百姓在自己的故乡都被敌人攻占之后流离失所的那种情状。诗中写道,"民离散而相失兮,方仲春而东迁"。这里也体现了屈原强烈的以民为本的情怀。关注民生,我们可以把它理解为屈原美政理想的一种归宿。

生活在战国时代的文学家屈原已经受到了北方思想文化的影响。司马迁在《史记》中说屈原不仅具有政治能力,还具有强大的外交能力。屈原曾多次出使诸国,尤其是北方的齐国,了解到很多国家已经在政治上开始了改革,就是变法。中原魏国有个吴起,是战国时期重要的政治家也是改革家。他在魏国的时候,对魏武侯提出治国在德不在险,即治理国家主要看这个统治者的品格,"若君不修德,舟中之人尽为敌国也"。吴起后来被楚悼王请到了楚国,对楚国的政治进行改革。吴起毕竟是一个大政治家,他到了楚国以后,一看楚国政治上的问题所在,就提出了改革的总体方针,就是"明法审令,捐不急之官,废公族疏远者,以抚养战斗之士"。首先要强化法治意识,裁撤多余的官员。楚国那个时候还保留着血缘宗法制,贵族子弟无所事事而空享国家的俸禄。吴起建议楚国的政治改革要从减少贵族特权着手,把国家更多的资源用来培养战斗的士兵,增强国家的军事力量。吴起提出来的方针对楚国当时的现状是非常具有针对性的,可惜楚悼王去世之后,吴起受到了楚国贵族的迫害,最终被车裂。

楚怀王年轻的时候,也是一个励精图治的国王。他重用屈原,让屈原对楚国的政治进行改革。司马迁在《史记·屈原贾生列传》中曾记载过这个事情,"怀王使屈原造为宪令,屈原属草稿未定。上官大夫见而欲夺之,屈原不与"。我们可以看到怀王本来是要重用屈原改革楚国的政令法律的,可惜楚国的权贵上官大夫想要改变屈原在宪令中拟定的内容。屈原没有同意,这就得罪了上官大夫这些权贵。后来楚怀王就疏远了屈原,屈原想要改变楚国的法令,重振楚国的雄风,在政治上进行改革,但最终也没能够实现。所以,屈原在作品中对此表现了无限的伤感和失望。

在《九章·惜往日》中,屈原写道:"奉先功以照下兮,明法度之嫌疑。富国强而法立兮,属贞臣而日嬉。"我们从这里可以看到屈原非常清楚一个国家要想强大起来,必须制定法律,公正良好的法律在某种程度上是楚国强大的先决条件。可惜,楚国的当政者并没有采纳这样的措施,而是"背法度而心治兮",背离了法度,完全按照自己的主观意志为所欲为。楚国真正的当政人不能接纳屈原的改革理想,所以屈原非常失望,他甚至都不愿意再提出什么改革之类的措施了,诗中写道"不毕辞而赴渊兮,惜壅君之不识"。这是屈原政治思想中的一个有机内容,体现了一种明确的法律意识,即依法治国,是屈原美政思想的有机组成部分之一。

有时候我们称屈原为屈子,在某种意义上屈子和先秦的诸子一样,他不仅考虑政治现实层面的问题,其思想还可以上升到对整个世界的理解。对世界的理解是一个哲学问题,从这个意义上,我们可以说屈原是战国时期的一个哲学家。比如在《天问》这首奇特的诗中,屈原开篇就写道"曰:遂古之初,谁传道之?上下未形,何由考之?冥昭瞢暗,谁能极之?冯翼惟象,何以识之?明明暗暗,惟时何为?阴阳三合,何本何化?"《天问》之中虽然只问不答,但提出的这些问题和先秦时期老庄提出来的哲学若合符契,他们的思想是一致的。我们知道老子在《道德经》中曾经说过:"道生一,一生二,二生三,三生万物。"又说:"道之为物,惟恍惟惚。惚兮恍兮,其中有象。"在《天问》中,屈原就说了"冯翼惟象",其中"冯翼"就是恍惚的意思,冯翼的象,恰恰是这个世界最根本的东西,就是这个根本的东西在起作用。有了天地之分,有了白昼和夜晚之分,阴阳二气相互交错,然后逐步衍生出万事万物。由此可见,在《天问》开篇,屈原表现出和先秦时期老庄哲学所表现的本源论相似的一种思想,从这个角度看,屈原可以算一个哲学家。

《天问》是一首比较难读的诗歌,我们可以读一读当代学者郭沫若先生的译本,他有《屈原赋今译》。作为一个哲学家,屈原是继承了先秦老庄之道这一本体论观点的。同时,他对另一种传统的天道观天命论提出了怀疑和批判。传统的天命论认为君王的权力是天授予的,所以人间君王的权力是不用怀疑的。因为在上古时代,我们中国人对天神是非常崇拜的,而人间的天子就是君王,就是天之子,所谓君权神授。《尚书》中说"天惟时求民主",这里的"民"是指普通的百姓的,"主"当然是君王,这个君王是不是生来就是圣明的?屈原反过来对此进行思考。从历史上看,实际上很多君王都不是圣明的,屈原由此对这个天道观产生了怀疑。在屈原之前,在中国文化的政统中,我们已经拟定了很多圣王,实际上后代儒家学者韩愈在《原道》中就说所谓的道就是上古时候传下来的道,是一个道统,是尧、舜、禹、汤、文、武、周公之道。尧舜禹汤,是古时的圣王,但是在《天问》中屈原对这些圣王都提出了疑问。《天问》中就写道:"舜闵在家,父何以鳏?尧不姚告,二女何亲?"这里提到了舜和尧,舜是一个非常重孝道的君王,但是他整天忧心忡忡,他成年了,父亲还没有能够给他娶上妻子,他就有点责怪自己的父亲。从这里看出,舜的孝可能不是真正的孝。后来尧帝把自己的两个女儿嫁给了舜,但是尧并没有行后代儒家那个礼,即所谓的父母之命媒妁之言。尧没有和舜的父亲提起儿女的这桩婚事,直接就把两个女儿嫁过来,所以古代尧舜这样圣明的君王恐怕也不是像后来儒家所说的那样真正圣明。特别是通过对彭铿这一人物的质疑,直接对天帝提出了怀疑。"彭铿斟雉,帝何飨?"彭铿,就是我们所说的那个彭祖,活得很久,一直到八百岁,彭铿为什么能够活得久?实际上是因为天帝的偏爱。天帝为什么要偏爱他?就是因为他烧的菜味道特别好。看来天帝和我们人类有同样的品性,就是喜欢吃,喜欢美味。而彭铿就是善于烹调的大师,所以天帝给他延长寿命,让他活得久,为自己提供美味。我们从这里可以看出来天帝也不是公正的,他为什么不能够像对待彭铿一样,给我们平凡的人更长的生命,让我们享受这美好的人生?所以屈原在《天问》中对所谓的圣王圣贤提出了这样一个疑问,对他们所做的事情给予了强烈的讽刺,从而对传统的天道观提出了质疑。这应该也是屈原哲学思想的一个有机组成部分,所以我们刚才说屈原是一个政治家,也是一个思想家,同时在某种意义上他还是一个哲学家,具有这样多重的身份,屈原作品的思想也就非常丰富。但是我们讲这个课程应该回归到屈原最重要的那个角色,即伟大的文学家,这是我们下面要探讨的问题。

④ "奇文郁起":屈原的文学创作

在探讨屈原的社会角色的时候,我们说屈原是战国时期的政治家、思想家,甚至也可以说他是哲学家。但是屈原在中国文学史上重要的地位,是由他的文学创作奠定的。作为一个文学家,屈原给我们留下了众多文学作品。首先是《离骚》,这是中国文学史上少有的长篇抒情诗歌,还有在思想内容上和《离骚》比较接近的一组诗歌《九章》,以及一组奇丽的诗歌《九歌》,另外还有《天问》《卜居》《渔夫》《远游》《招魂》等作品。我们今天主要和大家讨论《离骚》和《九歌》这两篇作品。

《离骚》在中国文学史上的地位非常的重要。刘勰在《文心雕龙》中曾经

明代陈洪绶《屈子行吟图》

说过:"自风雅寝声,莫或抽绪,奇文郁起,其《离骚》哉。"这个"奇文",是刘勰对《离骚》的一种概括,仅仅用奇文来评价《离骚》还是比较虚的,还不够贴切。要想理解《离骚》这篇作品,我们可以从下面几个维度来看。

首先,我们来看一看《离骚》这篇作品题目的内涵,关于"离骚"这个题目,前人已经有了很多解释。较有影响的解释,首先是司马迁和班固这些史学家的解释。司马迁和班固对"离骚"这个词的解释大体是相近的。司马迁在《屈原贾生列传》中就说:"离骚者,犹离忧也。"班固在《离骚赞序》中说"离"就是遭,"骚"就是忧,"离骚",就是自己忧患时创作的作品。离骚这个题目实际上表现了文章的主要情感内涵,就是遭受忧患时所创作的带有忧愤情感的一篇作品。这是司马迁和班固对离骚的解释。其次是东汉的大学者王逸,他在《离骚经序》中对离骚做出这样精细的解释,把离骚这个词分开进行解释:"离,别也。骚,愁也。经,径也。言己放逐离别,中心愁思,犹依道径,以风谏君也。"王逸在东汉这个儒家经学盛行的时代,为了提升这篇作品的地位,在"离骚"后面加上了一个"经"字,这实际上是王逸为了抬高这篇作品的地位而加上去的,其实不符合这个作品的实际情况。我们来看一看"离骚"这两个字,他说是别愁,我们可以理解为在楚怀王和秦襄王时代屈原被疏远流放时的情感。当代著名楚辞学家游国恩先生在《楚辞概论》中对离骚又做出一种新解,说"离骚"是一个不能分开的联绵词,相当于《大招》中的"劳商",这两个词语声音相近,可以互相通转,就是假借。而《劳商》是楚国古代的歌谣,《离骚》大概也是楚地以前的歌谣。和《九歌》《九章》《九辩》这些乐歌的名字一样,游国恩认为"离骚"就是劳商的意思,就是屈原受到不公正待遇后发的牢骚。从这里我们看出,每家的解释都有一定的道理,但游国恩先生在这里把离骚解释为牢骚,在某种意义上似乎更能体现《离骚》这篇作品的思想。

《离骚》是一首抒情诗歌,我们看得出来这里的情感以牢骚为主。我们看一看《离骚》这个作品的创作时代,为了方便起见,我们直接用班固在《离骚赞序》中的提法,《离骚赞序》中说怀王怒而疏屈原,"屈原以忠信见疑,忧愁幽思而作《离骚》"。这里可以看出来屈原创作《离骚》是在楚怀王时期,屈原由于受到权贵或其他小人的谗毁,被楚怀王疏远以后,感于悲愤创作下这首诗歌。在了解了《离骚》的含义和创作时代之后,我们就可以和大家进一步讨论《离骚》的内容。首先从结构上看这首长篇诗歌,可以有多种分析方法,有三分法、多分法。为了简明起见,我们把这首长篇诗歌分为两个部分,第一部分就是从开头到"岂余心之可惩",这一部分主要描写屈原现实生活中的情形。开篇叙述自己的家世,认为自己出身高贵。所以在诗中他说,"纷吾既有此内美兮,又重之以修能"。我自己有这么多美好的品质,所以我作为楚国贵族的子弟,理应为楚国效力,坚持美政。但是在实施美政的过程中得罪了权贵,受到了小人馋毁,结果被楚怀王疏远。尽管这样,屈原也没有改变自己的理想,所以在诗的后面写道,"虽体解吾犹未变兮,岂余心之可惩"。即使被处以极刑我也不会改变自己的理想的。这是诗的第一部分。第二部分是从"女嬃之婵媛兮"一直到诗的最后,这一部分刚好和第一部分构成了对比。如果说第一部分偏于对现实的描写,第二部分则侧重于幻想。通过幻想性的描写,表现了屈原在天国之中周流上下浮游求女,寻找那些志同道合的人,但是最后也没能够找到,屈原非常伤感,他绝望了,最后准备离开自己的故都楚国的都城郢城。这是这首长篇诗歌的两部分,第一部分主要是写现实中屈原的理想以及他为这些理想矢志不渝地奋斗。第二部分是屈原在天国之中追寻,当然这是一种浪漫的夸张,但这也是人间的一种写照。下面一个维度就是在了解屈原《离骚》结构的基础上,进一步讨论这篇作品的主要内容。《离骚》是一首抒情诗歌,所以我们可以从诗歌的情感来看这首诗歌的内容。前面我们提到这首诗歌情感上首先表达了屈原对楚国黑暗腐朽政治的一种愤慨之情,屈原为了实现自己美好的理想得罪了权贵,那些权贵黑白颠倒、是非不分使屈原的政治理想不能够实现。其次,作品还表达了屈原对楚国的挚爱之情,想为之效力而最终不得的悲痛之情。最后,我们可以看到诗中表达了自己遭受不公正待遇的哀怨之情。就像作品题目所概括的那样,离骚是一种愤懑之情,一种伤感之情,有一种强烈的感伤主义的气息。

其次,我们可以看出这个作品的主要思想,《离骚》这个作品无论是对现实的描写还是对天国的描写都表达了对楚国君王的忠爱之情,对楚国的一种挚爱之情。司马迁在《屈原贾生列传》中就有一个概括,说屈原受到小人的馋毁被怀王疏远,甚至流放。但是即使这样,屈原仍表现出对楚国君王和楚国的热爱之情。司马迁说:"虽放流,睠顾楚国,系心怀王,不忘欲反。冀幸君之一悟,俗之一改也。其存君兴国而欲反复之,一篇之中三致志焉。""一篇之中三致志"就是不止一次表现了存君兴国的想法。存君兴国实际就是忠君爱国,这是《离骚》这个作品表达的一个主要思想。在《离骚》中有具体描写心系怀王的诗句。诗的第一部分写道:"惟草木之零落兮,恐美人之迟暮。……指九天以为正兮,夫唯灵修之故也。"这里的灵修暗指楚怀王。下面又写道:"初既与余成言兮,后悔遁而有他。"后代文学创作受到屈原的影响,常常运用男女爱情表达臣子对君王的爱戴之情。这些都表现了屈原的忠君爱国之情,同时也是《离骚》这个作品的主旨。

再次,这个作品在忠君爱国思想的前提下,还表现出屈原的政治理想。

我们在前面分析屈原的政治理想的时候，用了"美政"这个词来加以概括。"美政"这个词是《离骚》最后提出来的，这个具体内涵前面已经交代过了。

最后，《离骚》除了是一首抒情诗歌之外，还带有很强烈的自我色彩，特别是前半部分带有自传的色彩。在这个自传体的描写当中，屈原实际上塑造了一个高洁主人公的形象，这个高洁主人公的形象在某种意义上就是屈原的自我形象。在《离骚》之中屈原写道，"进不入以离尤兮，退将复修吾初服"，这里从字面意思看就是说屈原的这些政治理想提出来以后没有被君王接受反而遭到打击，屈原反思可能是自己说得不好，所以要进一步提高自己的修养，修饰自己的形象。所以"复修吾初服"，是从形象上来说的。这个"修吾初服"从外在形象来看是美好的。"制芰荷以为衣兮，集芙蓉以为裳。……高余冠之岌岌兮，长余佩之陆离。芳与泽其杂糅兮，唯昭质其犹未亏。"这里的芰荷、芙蓉、芳和泽都是美好的词语，芰荷为衣芙蓉为裳。这种美好的花卉——荷花，尤其是在宋代周敦颐的《爱莲说》中，是美好的象征，比喻文人士大夫高洁的品格。在屈原《离骚》之中也有这样两个层次的含义。以芙蓉等花卉来映衬屈原美好形象的同时，还暗含着他高洁的人格形象。这是屈原在《离骚》中表现的一个重要内容。

下面我们讨论一下《离骚》的艺术。《离骚》作为中国古代文学史上仅见的长篇抒情诗歌，除了要理解它的思想内容之外，还要对它的艺术特色有所理解。《离骚》对后来的浪漫主义文学创作有深远的影响。这体现在《离骚》这个作品本身具有的强烈的浪漫主义精神上，这个浪漫主义精神主要表现在以下几个方面。

首先，《离骚》在感情表达上热烈而奔放。我们在分析《离骚》这个作品思想内涵的时候，首先要理解其中表达的感情，这种感情以悲愤为主，这种悲愤情感的表达，不符合儒家一般的要求，根据儒家美学思想的要求，作品思想情感的表达要克制，所谓"发乎情，止乎礼义"者是也。屈原在《离骚》中思想感情的表达基本没有加以克制，感情的表达热烈而奔放。其次，屈原在《离骚》中表现了自己对"美政"理想的一种执着追求。我们都知道《离骚》中的名句："路漫漫其修远兮，吾将上下而求索。"每个人都有自己的理想，但有的人在现实中遇到考验和挫折后，就不再坚守了，而屈原对自己的理想能够做到矢志不渝,这是积极浪漫主义的一种表现。再次,屈原在《离骚》中塑造了鲜明的高洁的自我形象,对自我形象的塑造也是浪漫主义文学创作的一个特征。

其次,《离骚》是战国晚期出现的作品,此前,在我国文学史上,已经出现了一部诗歌总集《诗经》,收录了西周初期到春秋中叶产生的诗歌作品。在《诗经》的六义当中,赋比兴是重要的艺术表达手法,尤其是有艺术美的比兴手法在《诗经》中已经比较成熟了。屈原在自己的作品之中,尤其是《离骚》之中能够继承《诗经》中的比兴艺术,并且发展了这种比兴艺术,创造了中国文学史上新的比兴艺术传统,即"香草美人"的文学艺术传统。《离骚》中一个重要的比兴形象或比兴模式,就是"香草美人"。这种"美人香草"的比兴艺术,在东汉学者王逸的《楚辞章句·离骚经序》就被点出来了:

> 《离骚》之文,依《诗》取兴,引类譬谕,故善鸟香草,以配忠贞;恶禽臭物,以比谗佞;灵修美人,以媲于君;宓妃佚女,以譬贤臣;虬龙鸾凤,以托君子;飘风云霓,以为小人。其词温而雅,其义皎而朗。凡百君子,莫不慕其清高,嘉其文采,哀其不遇,而愍其志焉。

屈原在《离骚》中常用一些香草或美人来比喻他所追求的"美政"理想,这种比喻方式对后代诗歌创作,甚至戏曲小说等叙事文学创作的艺术手法产生了深远的影响。后代作家在戏曲小说创作中,常常用香草意象或美人形象表达自己对美好理想的追求。比如,在元代戏曲家王实甫的《西厢记》中,最能代表王实甫人生理想的人物形象不是张生,而是崔莺莺;在明代戏曲大师汤显祖的《牡丹亭》中,最能代表汤显祖美学思想的人物形象不是柳梦梅,而是杜丽娘;在清代文学大师曹雪芹的《红楼梦》中,最能代表他人生理想的应该是"金陵十二钗"。在《离骚》中,屈原在天国中追寻的人物有宓妃、娀之佚女、虞之二姚等女神,实际上就是屈原对"美政"理想的追求。这是《离骚》的第二个艺术特色——开创了中国文学中"香草美人"的比兴传统。

再次,《离骚》结构宏伟严密。作为一篇结构宏伟的长篇诗歌,在《离骚》中,作者打破现实世界和幻想世界的界限,将两重世界绵延为一个整体。在幻想世界中,突破作为常识时空的限制,创造一个宏大的艺术世界,在这个艺术世界中,诗人可以上天入地,自由驰骋。在这个宏大的艺术世界中融汇了众多的艺术要素,诗人屈原能够将之安排得错落有致,幻想与现实、叙述与议论、描写与抒情等多种艺术要求水乳交融,浑然一体,结构严密。

最后,《离骚》在形式和语言上具有新的特色,创造了一种新诗体。《离骚》典型地体现了楚辞在语言艺术上的重要特征。相对于《诗经》,屈原的作品在形式上也有新的特点。《诗经》的形式是整齐划一而典重的,而屈原的作品则是一种新鲜、生动、自由、长短不一的"骚体"。这种"骚体"艺术是屈原的创造,同时也是建立在对民间文学学习的基础之上的。屈原以前,楚地流行的民歌句式参差不齐,并且采用"兮"字放在句中或句尾,如《越人歌》(《说苑·善说》)。《离骚》借鉴了楚歌的形式特点,而与《离骚》有直接关系的则有《九歌》。

屈原作为战国时期楚国伟大的思想家,创作了《离骚》这样的鸿篇巨制,可以说《离骚》代表了屈原创作的至高成就。《九歌》这一组诗歌,从另一个角度体现了楚辞的鲜明特色。我们来看一看《九歌》这一奇特的作品,顺便说一下东汉楚辞学家王逸的《楚辞章句》。《楚辞章句》是现存研究《楚辞》的第一本著作,对后世研究《楚辞》的著作有重要的影响,所以在分析楚辞思想内容和艺术特色的时候,我们多次谈及这本著作中的说法。王逸在《楚辞章句》中说过《九歌》是如何产生的。他说:"《九歌》者,屈原之所作也。昔楚国南郢之邑,沅湘之间,其俗信鬼而好祠,其祠必作歌乐鼓舞,以乐诸神。屈原放逐,窜伏其域,怀忧苦毒,愁思沸郁,出见俗人祭祀之礼,歌舞之乐,其词鄙陋,因为作《九歌》之曲。"宋代学者朱熹的《楚辞集注》中有《楚辞辩正》一文,其中也有同样的观点。王逸在《楚辞章句》中对楚辞的解释有几点值得关注:第一,介绍了《九歌》创作的时代,大约是屈原被流放时所作的,即《九歌》创作的时间的界定。第二,屈原这个作品是在哪个地方创作的。王逸说是南郢之邑、沅湘之间,实际上是屈原被流放的地方。《九歌》在王逸看来,就是屈原流放时所作的一个作品。在这里,王逸对《九歌》这个作品的判断是否完全正确,是值得我们重新思考的。但是王逸在这里点到的一个观点是我们可以讨论的,就是《九歌》这个作品和楚地独特的地域文化息息相关。朱熹也说过楚地祭祀的习俗文化十分独特。屈原做过三闾大夫,其中一个主要职责是管贵族的家谱、培养年轻子弟。除此以外,他可能还有一种重要职责,相当于《周礼》中的大宗伯。大宗伯在《周礼》当中是干什么的?《周礼》是这样界定大宗伯的职责的:"大宗伯之职,掌建邦之天神、人鬼、地示(祇)之

礼。"大宗伯主要是掌管祭祀典礼的。屈原在《九歌》中讲到他做三闾大夫的时候，还兼有这样一个职责，就是掌管楚国的祭祀典礼。我们前面讨论过楚国独特的地域文化，主要是独特的巫文化传统。

《九歌》总共有 11 篇，按照我们今天的楚辞学家聂石樵的观点，《九歌》的排列顺序应该是这样的：首先是《东皇太一》，接着就应该是《东君》《云中君》，然后是《湘君》《湘夫人》，然后是《大司命》《少司命》，然后是《河伯》《山鬼》，然后是《国殇》，最后是《礼魂》。这种排列方式，实际上是有很多意味的。可以看出来《礼魂》作为组诗的最后一篇，用在祭祀典礼的最后一个场景，是送神之曲。其他十篇，开头的一篇是《东皇太一》，东皇太一高高在上，体现了他身份的独特。倒数第二篇是《国殇》，《国殇》描写的内容是楚国的阵亡将士，放在后面作为祭祀对象，显示它的独特性。中间的八篇是天神和地（祇），相互交错，而且两两相对。

东君、云中君是天神，湘君、湘夫人是地祇，湘是楚国境内的一条大河。再回到大司命、少司命，大司命、少司命是司命之神，实际又回到天神，但是到河伯、山鬼这两个词，可以看出来又是描写地神。从这八首诗歌的排列顺序中我们可以看出两两相对，上下交错，《九歌》这 11 篇诗歌内在的关系非常严整。我们再看一下北方的大宗伯所掌管的职责，可以进一步把《九歌》分为三个层次：一是天神，二是地祇，三是人鬼。在这个顺序中有天神五曲、地祇四曲、人鬼一曲。人鬼一曲是我们比较熟悉的《国殇》，清代的学者戴震曾经说过，"殇"指未成年而死或者在外而死。在这里主要是指为国捐躯的那些将士，所以《国殇》是为祭祀楚国阵亡的英灵而写的。诗歌充满了强烈的悲剧色彩，和楚国当时的现实息息相关。楚国原来也是一个强大的国家，但是面对后起之秀秦国，却节节败退。所以这里描写的是一次失败的战争，是要引起楚国人的警醒。从祭祀的角度来看，也是对为国捐躯的将士的一种纪念。最后是《礼魂》。《礼魂》在 11 篇作品的最后，它实际上是祭祀典礼的一个有机组成部分，就是送神之曲。送神是祭祀时的一个必需的环节，《礼魂》文辞浅易，篇幅也短小些，实际上就告诉我们，整个祭祀活动即将进入尾声，表达了人们对祭祀的一种希望，希望天神地祇给我们带来福祉。所以文中写道："成礼兮会鼓，传芭兮代舞。姱女倡兮容与。春兰兮秋菊，长无绝兮终古。"就是希望通过这样一些祭祀活动，给人间带来永远的幸福，这是《九歌·礼魂》表达的诗人的一种美好愿望。

　　我们以《湘夫人》为例，来看《九歌》这组诗歌的独特的思想情感和它的艺术特色。《湘夫人》在某种程度上可以说是《九歌》中最优秀的作品，无论是这篇作品中所描绘的人物形象，还是语言的运用和艺术手法的创造，都具有一定的典型意义。《湘夫人》这篇诗歌篇幅比较适中，它可以分为六个部分。我们可以看出来在整个《九歌》之中它与《湘君》是一组诗歌，相当于我们后代诗歌中的姊妹篇。《九歌》中的《湘君》实际上是写湘夫人的，《湘夫人》主要写湘君追寻湘夫人，是以湘君为主。开篇就描写了湘君和湘夫人约好在洞庭湖北渚约会，当湘君如约而至的时候，没有见到湘夫人的身影，他内心非常怅惘懊恼。然后产生了幻觉，在幻觉中，湘夫人和湘君又一次见面了。但是当他醒了之后，回到现实之中没有见到湘夫人，湘君只能自我安慰。这是这首诗歌大体描写的内容。

　　诗的文本我们可以读一下：

　　　　　帝子降兮北渚，目眇眇兮愁予。
　　　　　嫋嫋兮秋风，洞庭波兮木叶下。

　　　　　登白薠兮骋望，与佳期兮夕张。
　　　　　鸟何萃兮蘋中？罾何为兮木上？

　　　　　沅有茝兮澧有兰，思公子兮未敢言。
　　　　　荒忽兮远望，观流水兮潺湲。

　　　　　麋何食兮庭中？蛟何为兮水裔？
　　　　　朝驰余马兮江皋，夕济兮西澨。
　　　　　闻佳人兮召予，将腾驾兮偕逝。

　　　　　筑室兮水中，葺之兮荷盖。
　　　　　荪壁兮紫坛，匊芳椒兮成堂。
　　　　　桂栋兮兰橑，辛夷楣兮药房。
　　　　　罔薜荔兮为帷，擗蕙櫋兮既张。
　　　　　白玉兮为镇，疏石兰兮为芳。

芷葺兮荷屋，缭之兮杜衡。

合百草兮实庭，建芳馨兮庑门。

九嶷缤兮并迎，灵之来兮如云。

捐余袂兮江中，遗余褋兮澧浦。

搴汀洲兮杜若，将以遗兮远者。

时不可兮骤得，聊逍遥兮容与。

　　这首诗我们把它分成六个章节，开头写湘君刚刚来到他们约会的地方北渚，可惜没有见到湘夫人，内心忧伤。"帝子降兮北渚，目眇眇兮愁予"，一个"愁"字点题。第二章写湘君盼望见到湘夫人，但是没有等到时的失望。接着湘君就追忆自己以前见湘夫人时就对她产生爱慕之情，可惜没能当面向她表白。接着湘君在懊恼之中心神变得恍惚。他在朦胧之中，好像听见湘夫人在某个地方唤他。恍惚之中似乎产生了幻觉，然后，湘君听从湘夫人的召唤去追随她，似乎在幻想之中见到了湘夫人。湘君和湘夫人都是水神，他们在水中营造了自己美好的居室，美好的居室象征着湘君和湘夫人在水中一起过着美好的生活。但是幻觉毕竟是幻觉，湘君从梦中醒来后根本就没有见到湘夫人。只能自我安慰，最后写道"时不可兮骤得，聊逍遥兮容与"。这是诗人对湘君的宽慰之情。

　　我们再来分析一下这首诗的艺术特色。就整首诗歌来看，这首诗歌描写了现实景物，也描写了假想的景物和幻想情境，将这三种景物交错起来融为一体，具有强烈的感染力。尤其是诗的开头一段值得我们反复吟味："帝子降兮北渚，目眇眇兮愁予。嫋嫋兮秋风，洞庭波兮木叶下。"开篇给我们创造了一个情景交融的境界，为后代的很多学者所赞许，得到了很高的评价。明代的学者胡应麟就说过："千古言秋之祖。六代唐人诗赋，靡不自此出者。"这首诗歌开篇一段对后来的秋兴之类的作品影响至为深远。我们来仔细分析开头的四句诗，首先是用了我们中国古典诗歌之中最典型的表现手法之一——移情点染法，借秋景渲染愁情，"目眇眇兮愁予"的"愁"字，实际上就点出了这章诗，也是这首诗的情感基调，也就是忧伤的基调。然后借用秋天的景物来渲染升华这种情感。在具体点染的时候，我们可以看到用来渲染这种愁情的，是最具有典型意义的秋天的景物。这些景物在中国的文化氛围之中，是

大学语文导读

118

能够触动我们一般人的那种悲伤情怀的。我们把诗中的"秋风""洞庭波""木叶下"这三个意象组合起来，实际上就是后代中国诗歌最为典型的一幅悲秋图。这首诗歌开篇在景物的描写和情感的抒发上，为我们后来的文学作品尤其是诗歌作品树立了一个典范。其次这首诗歌在结构上以感情为线索。以湘君赴约未见到湘夫人内心产生的各种不同的情感为线索，来结构全篇，使得整首诗歌组合成一个完整的整体。诗中具体的情感内涵，我们已经给大家做了分析，由忧愁、懊恼、追悔，再到恍惚，由恍惚再到幻想，由幻想又重新回到了现实。所以，这个作品以情感贯穿整个诗章，使整个诗章融为一体。再次，这首诗歌也体现了屈原诗歌强烈的浪漫主义色彩，因为湘君、湘夫人取材于楚国人由来已久的神话传说。写神与神的爱情表现了屈原的一种理想主义色彩，而且在景物描写上除了现实的景物之外还有很多假想的景物，甚至是幻想的景物，从而使这首诗歌充满烂漫的色彩。最后，这首诗歌在语言上体现了"书楚语"的典型特征。这首诗歌的语言形式和《离骚》是不同的，《离骚》中的"兮"字放在句子的结尾，而《九歌》是楚歌中一首最典型的作品，它的"兮"字放在句子的中间，《九歌》的诗句和《离骚》相比相对较短一些，"兮"字放短句子中间，而放在长句子后面。比如，"帝高阳之苗裔兮，朕皇考曰伯庸"，这个"兮"字放在长句子后面起停顿作用，而"嫋嫋兮秋风"中的"兮"放在短句子中间，起着一种延缓音节的作用，使诗歌在吟诵的时候音节婉转多姿。同时这个"兮"字还起到一定的语法功能，承担着虚词"于""以""之""而"等的作用。汉语的表意在语法上一个重要的表现就是用虚词。这是我们讲的《九歌》之中的代表作品《湘夫人》的艺术特色。

5 "灵均余影"：屈原之后的楚辞创作

　　屈原创作的以《离骚》《九歌》等作品为代表的楚辞体作品，在中国的文学史上树立了一个典范，对后代的中国文学产生了深远的影响。楚辞的最典型代表作家当然就是屈原，以及屈原的后学宋玉、唐勒以及景差。值得一提的是宋玉的代表作品《九辩》，这个作品在某种意义上是模仿屈原最重要的代表作品《离骚》而创作的。因为是模仿，所以它的创造性不够，但是在一些内容的描写上也独具特色。比如说《九辩》的开篇表现了一种悲伤的情怀。诗的开篇是这样写的：“悲哉秋之为气也，萧瑟兮草木摇落而变衰。憭慄兮若在远行，登山临水兮送将归。”“悲”是一种情感的直接抒发，但是仅仅抒发这样的情感还不能构成形象俱佳的诗歌，所以宋玉在这里用秋天的气息来烘托渲染这种情怀，重现秋天最典型的这个景象。我们读《湘夫人》的时候说“嫋嫋兮秋风，洞庭波兮木叶下”非常精彩。木叶凋零应该是秋天最为典型的一种自然景象。在这里宋玉也是选择了这个典型意象来表达悲伤的情怀，即“草木摇落而变衰”。宋玉的这首诗歌对后代的文学家如杜甫产生了直接的影响。

杜甫在《咏怀古迹五首》中的第二首高度评价宋玉诗歌的成就，以及对自己的影响。他说：“摇落深知宋玉悲，风流儒雅亦吾师。怅望千秋一洒泪，萧条异代不同时。江山故宅空文藻，云雨荒台岂梦思。最是楚宫俱泯灭，舟人指点到今疑。”在“摇落深知宋玉悲，风流儒雅亦吾师”两句中，杜甫承认自己的作品直接受到了宋玉的影响。影响在哪？杜甫是一个非常诚实的诗人，他说影响就在《九辩》的“草木摇落而变衰”之中，当我们讲到这个意象的时候，马上就会想到杜甫生平最有代表性的那首七言《登高》。《登高》的第二联就是“无边落木萧萧下，不尽长江滚滚来”，在某种意义上就是化用了宋玉的《九辩》的开篇，当然我们也可以说是受到《湘夫人》开篇的影响。但是杜甫在这里写的是直接受到宋玉的影响，这是宋玉这首《九辩》对后代诗歌的影响。我们刚才讲到《湘夫人》的开篇，明代的学者胡应麟也是这样说的：“‘嫋嫋兮秋风，洞庭波兮木叶下’，形容秋景入画；‘悲哉秋之为气也’‘憭慄兮若远行，登山临水兮送将归’，模写秋意入神，皆千古言秋之祖。六代、唐人诗赋，靡不自此出者。”

从这里我们也可以看到宋玉的《九辩》可以说是受屈原的直接影响，在中国的文学史上也占有一席之地。但是楚国到了屈原、宋玉那时候就已经快要灭亡了，又换了另一个时代。后来秦统一了中国，但时间非常短。辗转到了汉代，汉代很多诗歌作品在某种意义上受到了楚辞的影响。甚至有一些不以文学而著称的人，他们随手写出来的和随口吟唱出来的作品都可以看到楚辞的明显影响，比如说项羽的《垓下歌》。《垓下歌》中写道：“力拔山兮气盖世，时不利兮骓不逝。骓不逝兮可奈何，虞兮虞兮奈若何！”在语言句式上和楚歌是完全相符合的。项羽是楚国大将项燕的后代，从这里我们可以看到项羽受到了楚文化影响，虽然他不读书，但是他随口吟诵出来的诗句带着明显的楚辞的痕迹。刘邦的《大风歌》《鸿鹄歌》等诗歌也是如此。《大风歌》只有三句：“大风起兮云飞扬,威加海内兮归故乡,安得猛士兮守四方。”体现了汉高祖统一天下以后不可一世的那种气势,这首诗在语言形式和结构上明显受到楚辞的影响。到了汉武帝的《秋风辞》,这里我们可以看到楚辞更明显的影响。《秋风辞》是否为汉武帝所作还需进一步考察,但是《秋风辞》这个作品是汉人所写是可以确认的。我们再看一下汉代女诗人刘细君。刘细君是江东王刘建之女,因为汉家实行和亲政策被远嫁到乌孙国去了。刘细君对故都十分怀念,在《悲愁歌》中表达了对故土浓烈的思念之情。“吾家嫁我兮天一方,远托异国兮乌孙王。穹庐为室兮旃为墙,以肉为食兮酪为浆。居常土思兮心内伤,愿为黄鹄兮归故乡。”后面两句的“居常土思”“归故乡”表现了远嫁异国的刘细君对故都的浓烈的思念之情,从这首诗的语言形式上,我们仍然可以看到鲜明的楚辞的特色。所以我们可以看到在屈原之后,楚辞对汉代的诗歌创作有非常大的影响,实际上,不仅是汉代,魏晋南北朝、隋唐元明清,甚至一直到现代,中国的文学都直接或间接地受到屈原作品的影响,这是我们理解中国文学史的一条重要线索。

思考与练习

1. 以《离骚》《史记·屈原贾生列传》等文献为依据,试分析屈原的社会角色。

2. 试分析屈原《九歌·湘夫人》一诗的艺术特色。

参考文献

［1］洪兴祖.楚辞补注［M］.白化文,许德楠,李如鸾,等,点校.北京:中华书局,1983.

［2］朱熹.楚辞集注［M］.蒋立甫,校点.上海:上海古籍出版社,2001.

［3］汪瑗.楚辞集解［M］.董洪利,点校.北京:北京古籍出版社,1994.

［4］蒋骥.山带阁注楚辞［M］.于淑娟,点校.上海:上海古籍出版社,2019.

［5］汤炳正,李大明,李诚,等.楚辞今注［M］.2版.上海:上海古籍出版社,2012.

［6］金开诚,董洪利,高路明.屈原集校注［M］.北京:中华书局,1996.

第四讲　惟楚有才　于斯为盛

［7］黄灵庚.楚辞集校［M］.上海:上海古籍出版社,2009.

［8］黄灵庚.楚辞章句疏证［M］.增订本.上海:上海古籍出版社,2018.

［9］周勋初.九歌新考［M］.南京:凤凰出版社,2021.

大学语文导读

第五讲

史家之绝唱，无韵之《离骚》

—— 以司马迁《史记》为中心

同学们，今天我们讲司马迁与《史记》。在中国的文化之中，历史典籍是承载中国传统文化的重要组成部分。在语文课程之中，我们要努力使文学、历史、中国传统哲学和艺术几个人文学科融为一体，所以这一讲我们以司马迁的《史记》为中心来谈一谈中国史官文化。

在司马迁与《史记》这个题目下面，我们主要给大家讲这几个问题：首先是中国的史官文化传统和先秦历史要籍简介。其次我们讨论的中心问题就是司马迁和《史记》。在这个话题下面，我们主要谈两个问题：一是司马迁的生平遭遇，以及他的生平遭遇对我们后人的启示；二是《史记》这部伟大的著作的史学价值和文学价值。

① 史官文化

首先我们给大家介绍一下中国的史官文化传统。在我们谈史官文化传统的时候，首先我们可以讨论一下"史"字的含义。我们首先从文字学的角度来看一看"史"的本义，汉代的学者许慎在《说文解字》中对"史"做出这样的解释，他说："史，记事者也。从又持中。中，正也。"在这里，许慎对"史"字的解释，就是说"史"是记事的人，从它的文字结构来看，是由"又"和"中"两个部分构成的。"中"显示了"史"的价值内涵，即史官在记事的时候，要秉持一种中正的心态。实际上，许慎主要是根据"史"字篆字的字形，来对"史"字做出解释。我们可以再仔细地分析，"史"字由三个部分组成：第一个就是"口"，第二个就是"｜"，第三个是"又"。这三个部分，都有自己的含义。"口"，实际上是上古时候记录文字的那个简册，相当于木简和竹简；而这"｜"，实际上是用来记事的笔，相当于刀笔；而这"又"，是指右手，我们做事情、写字的时候用右手偏多，这里从"又"就是指右手。"史"字最初的本义，是我们手拿着笔在简册上书写文字，所以"史"最初的意思是执笔记事的人。而许慎呢，对"史"字的含义做出了别样的解释，就是我们中国古代史学传统中对史学家的品格的要求，要秉持中正实录的精神来记录先代的历史。

史官在中国的文化上具有很重要的地位，最初的时候，史官是和巫官密切地联系起来的。我们看司马迁在《报任少卿书》中追述自己家世的时候，就说道:"仆之先人,非有剖符丹书之功,文史星历,近乎卜祝之间,固主上所戏弄,倡优畜之,流俗之所轻也。"这里面有一句重要的话"文史星历,近乎卜祝之间",实际上就交代了史官的来历。最初的时候,史官和祭祀的、掌管天文历法的人是非常相关的,他的职责和占卜、祭祀的官员非常相近。从司马迁对自己家世的追述当中,我们再根据其他的上古的一些文献,大体上可以对中国的史官演变进行一个梳理。在上古时期,中国的史官文化大抵经历了四个重要的阶段:第一个阶段是上古早期也就是夏商时代,特别是商代,殷商以前的上古时期,史官和巫官是不分的。史是巫祝的一个部分,所以司马迁说"文史星历,近乎卜祝之间",所以史官同时也担任祭祀、星历、卜筮、记事等职务。这些职能,虽然在后来有所变化,但是到司马迁的父亲司马谈和他做汉代的太史令的时候,从他们具体从事的工作中我们可以看出汉代的太史令在某种意义上仍然还保留了上古时候史官的多重职能,比如说祭祀、星历等职责。早期呢,史官和巫官是不分的,到了殷商时期,史官逐渐从巫祝之类中分离出来,成为一个相对专门的职事,但是职掌分工相对比较粗略,天官兼掌史事注记,史官也同时掌管天文历法,所以天官和史官是合在一起的,这是史官在上古时期发展的第二个阶段。第三个阶段是西周时期,西周时期在我们中国的文化史上占有重要的地位。中国文化的很多东西,我们可以追溯到西周时期,包括史官职能的分化。西周建立以后,不久周武王就去世了,年幼的成王继位,周公辅佐年幼的成王来执掌天下。周公辅佐成王的时候,在政治文化上做了很多重要的事情,对后代的中国政治和文化产生了深远的影响。其中"制礼作乐"是周公辅佐成王时做的一件重要事情,在周公"制礼作乐"过程之中,史官在周代的政治中扮演重要的文化角色,且史官的职能随着政治的需要不断地细化和扩大,我们看到《周礼》当中记载,在西周时期史官的分工非常的细密。第四个阶段是春秋战国时期,诸侯国的势力纷纷崛起,诸侯国于是自立史官,使用自己的纪年来记载历史,彰显自己独尊的地位。在春秋时期,孔子在教育的过程中也开始修史,比如流传到今天的《春秋》,传统的学术界一直认为是由孔子主持编纂的,所以在某种意义上,孔子开创了中国古代私家修史的先例,将史官从巫官之中进一步地分离出来,并且史学也有了相对独立的地位。这是史官及史官文化在上古时期经历的几个重要的阶段。

下面我们从文献上来补充史官文化发展的过程。汉代的大学者班固在《汉书·艺文志》中曾经说道："古之王者世有史官。君举必书，所以慎言行，昭法式也。左史记言，右史记事，事为《春秋》，言为《尚书》，帝王靡不同之。"我们从这里可以看到，史官具有悠久的历史，还可以看到史官主要的职责，在记录君王的言行的同时，某种意义上对古代君王的言行也有一种间接的作用。所以班固在这里也说到了"慎言行，昭法式也"。我们再看《礼记》，《礼记》的《玉藻》篇中记载："玄端而居。动则左史书之，言则右史书之。"跟刚才班固在《汉书·艺文志》中所说的情形看起来是不太一样的。但从这两个不同的资料中，我们比较"左史记言，右史记事"和"动则左史书之，言则右史书之"，左右史职能的划分，实际上是相对的。我们从汉语本身的表达来看，这可能是一个互文见义，并非说左史只是记言，右史只能记事，左史可以记言也可以记事，右史同样如此。我们刚才说史官到了西周时期出现了一个重要的变化，即他的分工更加的细密，这一点我们从《周礼》的《春官宗伯》部分看得出来。《周礼·春官宗伯》中列举了大史、小史、内史、外史、御史等不同的职官，这些不同的职官都名为"史官"。从这里也可以看出，史官不像我们早期记载的，或者"史"字本义所说的只是记言记事的人，他实际上是执掌国家政治活动的各级官员。比如说："大史掌建邦之六典……小史掌邦国之治……内史掌王之八柄之法，以诏王治……外史掌书外令，掌四方之志……御史掌邦国都鄙万民之治令，以赞冢宰。"我们从后来的中国古代职官的分化之中，可以看到秦始皇统一中国以后，御史大夫成了中央政府掌握重要权力的一个职官，它和太尉、丞相是秦始皇统一中国以后执掌国家行政权力的最高官员。从《周礼·春官宗伯》中我们可以看到，史官在西周时期的分化进一步地细密。这里的史官，我们可以看出来他不仅仅是纯粹的记录历史事件的那些人，他还执掌着国家重要的权力。

到春秋战国时期，诸侯国的势力进一步崛起，诸侯国也自立了史官。《孟子·离娄》中记载："晋之《乘》，楚之《梼杌》，鲁之《春秋》，一也。"晋国有自己的史书，它的名字叫《乘》，楚国也有自己的史书，叫《梼杌》，和鲁国的《春秋》是一回事情。从这里可以看到，春秋时期，各个诸侯国，特别是势力比较强大的一些诸侯国，都有记载自己国家历史的重要文献。《左传》中记载，楚灵王时期，楚国有一个左史叫倚相，楚灵王曾经称赞左史倚相："是良史也，子善视之，是能读三坟五典八索九丘。"三坟、五典、八索、九丘，有各种不同的解释，按照汉代的大学者孔安国在《尚书序》中的解释，所谓三坟，就是传说中的伏羲、神农、黄帝之书，即记载三皇之书。五典，是少昊帝、颛顼帝、高辛氏、唐尧、虞舜这五个早期的帝王的书籍。八索，孔安国说就是八卦之说，也就是流传到今天的相当于《周易》这一类的书。还有九丘，孔安国说九丘是九州之志。传说中大禹治理洪水以后，将当时的天下分为九个州，九丘就是记载九州的书籍。我们从这里可以看到，如果按照孔安国的这种解释，三坟、五典、八索、九丘是楚国的史书，就是早期的历史书籍。这些历史书籍代代相承，对后代产生了影响。春秋以后，一些诸侯国势力崛起以后也有了自己的史官。史官的发展进入了一个新的历史时期，这是我们对早期的史官文化做的简明梳理，为我们介绍下面的先秦时期的重要的历史典籍做了铺垫。

② 先秦历史要籍简介

中国是一个具有悠久史官文化传统的国家，司马迁也是在继承了先代史官文化传统的基础上成为一个伟大的史学家的。我们要给大家介绍一下先秦时期的历史重要典籍，这些典籍也是上古时期中国的史官文化发达的一个重要的表征，对后来中国的历史产生了深远影响。我们要给大家介绍这样几部书：第一就是《尚书》，第二就是《春秋》及其"三传"，第三是《国语》《战国策》，还要稍微了解一下《春秋事语》和《战国纵横家书》。

在这里我们首先看一看《尚书》，《尚书》原来叫《书》，《尚书》的名称是在汉代的时候出现的。所谓"尚"，通"上下"的"上"，它的意思就是上古。尚书，也就是上古之书，它主要记录了先秦时期以夏商周这三代为主的历史。《尚书》这本书原来有很多篇，传说孔子用《尚书》来教育他的众多弟子，但是经过了秦焚书坑儒之后，《尚书》大量地散佚。到汉代初年，有一个叫伏生的人凭借着自己的记忆口授，晁错用汉代通行的字体隶定了《尚书》，这个版本称为《今文尚书》。《尚书》流传下来的篇目不多，只有 28 篇，在这 28 篇之中，《虞书》有两篇，主要是介绍传说之中的尧和舜在位时的一些历史事件。《夏书》有两篇，《商书》有五篇，《周书》是十九篇。我们从这里可以看出来《尚书》之中最主要的部分就是《周书》，也就是西周之书。《尚书》历史典籍比较特别，它实际上是上古时期的一些重要的政令的汇编,我们从文体上看得出来《尚书》中保留的这些文件,有以典、谟、誓、训、诰、命这些政令形式为主的命令文种,直到今天我们在公文之中还保留着,是我们今天的公文中的一种重要文种。虽然有一些文种的具体名称在我们今天的行政公文之中看不见了,但是在中国古代社会之中,这些文种都是重要的政令性文件。从这个角度出发,我们可以看出所谓的《尚书》,在某种意义上就相当于我们今天的有关中央政治的、有关国家管理的一些文件的汇编。这是《尚书》这种文献的主要内容、历史分界以及它的一些文体特征。《尚书》的语言比较深奥,唐代的时候韩愈就说过"周诰殷盘,佶屈聱牙",所以从语言文字训诂等方面来说,是比较繁难的一本书,但是它毕竟是我们中国历史上流传下来的最早的历史文献,这是我们要所了解的《尚书》。

第二是《春秋》,《春秋》是我们中国古代流传下来的最早的一部编年体史书。它的内容以春秋时期的鲁国的史实为主。孟子在《孟子·离娄》中也说过,《春秋》是"鲁之《春秋》"。《春秋》从名称上来看也不是鲁国所独有的,在春秋时期有所谓百国春秋,但我们现存的《春秋》,是以鲁国的历史为主的。传说由孔子编订的这部《春秋》,所记载的历史阶段是从鲁隐公元年到鲁哀公十四年,以今天的公元纪元法来说就是公元前 722 年到公元前 481 年,时间跨度 242 年。鲁国的诸侯实际上就是鲁国的十二公:隐公、桓公、庄公、闵公、僖公、文公、宣公、成公、襄公、昭公、定公、哀公,《春秋》就是以春秋时的鲁国的十二个国王的先后顺序为依据,来编纂鲁国的历史。我们虽然说有百国春秋,但是其他的春秋诸侯国的书籍没能够流传下来,所以今天我们了解春秋时期的历史主要是依据这一部史书。这部史书从它的体例来说是以时间先后为序的,所以我们把它称为编年体史书。这种编年体史书对我们后代史书的编纂体例起着一种示范的作用,同时我们也看到这部编年体史书有几个方面的特征值得我们去关注。这部史书喜欢记载一些奇闻逸事,带有一种传奇性特征。比如说庄公七年也就是公元前 687 年,记载"星陨如雨",在我们今天看来所谓"星陨如雨"实际上就是天上掉下了陨石,这是一个重要的天象。再看僖公十六年即公元前 644 年,"春,王正月,戊申朔,陨石于宋五",也记载了那一年的春天有五块陨石落在了宋都附近,这与刚才庄公七年所记载的"星陨如雨"大体相似。下面还有条记载,"是月,六鹢退飞过宋都",鹢是水鸟,就是说有六只水鸟倒退着飞过了宋国的都城,这一现象比较奇特,古代汉语为什么采用这样的表达方式记载事情是值得我们研究的。我们再看文公十四年即公元前 613 年,这一年《春秋》中记载:"秋七月,有星孛入于北斗",星孛就是指光芒四射的彗星,这条记录非常重要,它是世界天文学史上对哈雷彗星最早的记录,从科技史上来说这一条记录也非常重要。从文献的角度来说,记载"星陨如雨""六鹢退飞过宋都""星孛入于北斗"这些事情使得《春秋》这部史书带有一种传奇性的特征,这种传奇性也就是史书中所具有的一种文学性。从遣词造句来看,春秋时期诸侯争霸,国与国之间战争比较频繁,所以《春秋》记载的关于战争的事情特别多,而且《春秋》在记载国与国之间的交往以及与战争相关的历史事件的时候,所选用的词语特别讲究。比如说记录国与国之间的关系的时候,它选择了"盟""会""遇"等词;表示不同身份的人去世一事,它分别用了"卒""薨""崩"这样的词语以示区别。还有打败了诸侯以后,用"奔""逊"等不同的词语表现了诸侯或者是失败的将军的境遇和结果,还有"杀""弑"这些我们比较熟悉的词语,杀不同身份的人所采用的动词所指的意思是不太一样的。有关战争的词语特别的丰富,比如说表示征伐侵入的就有"伐""侵""袭""入"等不同的词语;表示取胜程度的就有"克""平""灭""取"等不同的词语;表示战事状态的有"战""围""歼""次""救""还""追";以及表示战争结果的有"降""获""执""败""败绩"等词语。我们从这里也可以看到,《春秋》这部书在遣词造句上对后代的文学也有很大的影响。这是《春秋》这部书值得我们关注的两个方面。

　　《春秋》这部史书用我们今天的眼光来看,实际上相当于大事记,所以要想了解《春秋》中所记载的那些历史事件的原委及其过程,单看《春秋》就显得不够了,后人就想办法对它的历史事件和一些词语的用法进行解释,于是就出现了《春秋》三传,"传"在这里实际上是阐释说明的意思。这三传就是我们大家熟悉的《左传》《公羊传》和《谷梁传》,它们对《春秋》的解释各有千秋。宋代学者王应麟在《困学纪闻》中曾经记载过宋代学者胡安国对这三传的不同特征的简单概括,他说"事莫备于《左氏》,例莫明于《公羊》,义莫精于《谷梁》",而《公羊传》主要是阐释《春秋》语言文字中的微言大义,《左氏传》和《公羊传》特点尤为鲜明,对后世的影响也比较大。

我们刚才说过宋代的学者胡安国说《左氏传》有个特点叫"事莫备于《左氏》"，从这里可以看出来《左氏传》的重要特点是对《春秋》的史实进行补充解释。我们以鲁隐公元年即公元前722年5月的一件事情为例，来看看《左氏传》的这个重要特点。《春秋》用六个字记载了隐公元年5月的一件历史事件，叫"郑伯克段于鄢"，翻译成今天的白话就是郑庄公在鄢这个地方打败了自己的弟弟共叔段。郑庄公为什么要对自己的弟弟共叔段发动战事？战事的经过是怎样的？最后还产生了什么样的影响？单单看《春秋》这一句话我们无法详细地了解。但是《左氏传》对这一句话进行了详细的解释，说郑庄公和他的弟弟发生了矛盾，而他的母亲姜氏又特别偏爱自己的弟弟共叔段，使得共叔段野心逐步地膨胀，后来要和兄长郑庄公夺取郑国王权，这样就发生了激烈的矛盾，结果郑庄公在一忍再忍忍无可忍的情况之下决定讨伐自己的弟弟共叔段，在鄢这个地方最终把共叔段打败了。我们可以看到《左氏传》补充了这件历史事件的前因、经过及其结果，甚至还包括它的影响，所以《左氏传》在补充史实这方面特点是非常鲜明的。

　　而《公羊传》主要是阐释《春秋》语言文字中的微言大义，我们再以《春秋·隐公元年》的第一句话为例，这句话仅仅是一个编年记录："元年春，王正月。"用我们今天的观点来看也就是公元前722年春天夏历一月份，《春秋公羊传》对这一句话的解释，从语言文字的表达上来看我们可能会觉得太烦琐了。看《公羊传》是这样解释的："元年者何？君之始年也。春者何？岁之始也。王者孰谓？谓文王也。"这几句话前面我们觉得比较啰唆，但是解释"王"字的时候我们要注意，"王"是一个特指，指周文王。《春秋》作为鲁国的历史为什么要记上周文王作为重要的标志？下面就追问了："曷为先言'王'而后言'正月'？王正月也。"这里有一个意思，就是当时各个诸侯国虽然有了相对独立的政治权利，但是在历法上面仍然是保持统一的，用的是周天子的历法，所以在月份的前面加上一个"王"，这里指周天子尤其是文王。文王在周人以及诸侯国的心目中具有崇高的地位。表明各个诸侯国仍然使用的是统一的历法，这是其一。公羊高先生不以此为满足，更进一步地追问"何言乎王正月"。他的解释，就显示出非常重要的意思出来，就是"大一统"。我们在这里看到"王正月"，不仅仅表明春秋时期的诸侯国虽然有相对独立的政治地位，在历法上却遵循周天子统一的历法，更重要的是彰显出一种大一统的观念，所以这里我们可以看到诸侯虽然有自己相对独立的地位,但是实际上对周天子来说,他们仍然只是诸侯而已,是王的臣民。大一统是公羊高先生的《公羊传》在解释《春秋》时阐释的一个观点,对后代的中国的国家观念产生了深远的影响,后代中国每每发生分裂动荡的时候,大一统的观念在读书人的心目之中,在士大夫的心目之中就得到了进一步的强化,所以《公羊传》在某种意义上尤其是政治意义上对后世产生了深远的影响。

上古时期的历史书不仅保存了重要的历史事件,同时在历史著作的编纂方法上面也为后世树立了典范。比如说我们前面讨论的《春秋》,《春秋》是一部编年史,是按照时间的先后顺序来编纂历史的,为后来的编年史树立了一个典范。比如说我们讲到编年史的时候,大家容易想到宋代的司马光的那部通史,它也遵循了编年体这个体例。除此之外,由于中国是一个疆域非常辽阔的国家,在不同的时代它可以分化出权力相对独立的一些小的国家,于是就出现了分国来记事的史书,我们可以把它称为国别史。

在春秋战国时期有两部国别体史书值得我们注意,一是《国语》,一是《战国策》。《国语》是汇集西周到春秋时期各国史料的一部国别体著作,主要记录的是周、鲁、齐、晋、郑、楚、吴、越等八国的历史事件。在中国古代的学术当中,有人认为《国语》中有很多部分特别是有关春秋部分的历史事件和《左传》大体相当,所以《国语》也是左丘明所作。《春秋左氏传》被称为《春秋内传》,《国语》被称为《春秋外传》,这是《国语》这部书大体的情况。在《国语》和《战国策》这两部国别体史书中,我们要重点介绍《战国策》。

《战国策》是记录战国纵横家言行的一部史料集,这部书中不仅记录了战国时期的各个诸侯国的重要政治事件,还显示了它独有的特征,其中有两个方面值得我们关注。首先,它的一个鲜明特征就是纵横家在当时的政治舞台上日益显示出重要作用。《孟子·滕文公下》中曾经引用景春的评价:"公孙衍、张仪岂不诚大丈夫哉?"张仪是我们比较熟悉的一个纵横家,公孙衍也是战国时期的纵横家,景春是一个主张合纵连横的学者,所以他说:"公孙衍、张仪岂不诚大丈夫哉?一怒而诸侯惧,安居而天下熄。"从这里我们可以看到纵横家在当时的政治舞台上可以说是纵横捭阖,他们发怒的时候连诸侯都感到害怕,而他们安居时天下就比较稳定,由此可见纵横家在当时政治舞台上的重要作用,这是《战国策》这部书显示出来的一个重要特征。

其次,我们可以看到战国时期各个诸侯国在争雄,争雄主要靠的是什么?靠的是士,也就是人才。《战国策》这部书中透露出一个强烈的倾向就是贵士的倾向,《战国策·齐策》中记载过这么一件事情,有一次齐宣王见到了颜斶,就喊:"颜斶你到我的前面来。"没想到这个颜斶对着齐宣王喊道:"大王你到我的前面来。"颜斶说了这样的话以后齐宣王很不高兴,颜斶的同僚就对他说:"我们的大王是国君,而你颜斶是臣子。"看看颜斶是怎么回答同僚的,他说:"夫斶前为慕势,王前为趋士,与使斶为慕势,不如使王为趋士。"这里有两个词,一个是"慕势",一个是"趋士"。如果大王喊我颜斶到他的面前,我去了,那么我颜斶实际上有一种趋炎附势的心态。如果我颜斶喊大王,你往前走,就体现了我们大王的一种重士的态度。颜斶叫齐宣王到自己的身边来,当时齐宣王是不能接受的,脸色很不好看,颜斶很明确地对齐宣王说:"士贵耳,王者不贵。"从颜斶身上我们可以看到《战国策》显示出了一种鲜明而强烈的贵士的倾向。这种贵士的倾向为什么会形成?战国时期诸侯国要争雄称霸主要依靠的是这些士,谁的国家有这些士谁就有可能争雄天下。《战国策》之中有几个场景:一个是燕昭王求士,燕昭王被齐国打败了以后,听从郭隗的建议用重金厚币求取天下的贤士,郭隗建议燕昭王先从自己身上做起,接着他给燕昭王讲了千金市骨的故事,后来就有了筑黄金台一事,各个国家的贤士就纷纷到燕国来,为燕昭王复兴燕国。求士是燕国能够复兴的一个重要条件。《战国策》中还有一组鲜明的形象就是所谓的战国四公子,赵国的平原君赵胜、齐国的孟尝君田文、魏国的信陵君魏无忌和楚国的春申君黄歇。战国四公子成为《战国策》之中一组鲜明的形象,主要就是因为他们尊贤养士。这四公子往往养士三千,平时看起来这些食客无事可做,但他们所在的国家遇到了危难之所以能够逢凶化吉,多得益于这些客卿的帮助。从这些历史事件中可以看出,《战国策》这部史书中另外一个非常重要的特点就是贵士的倾向,这种贵士的精神对后来的历史和我们重士的文化传统产生了重要影响。

司马迁的生平遭遇及其启示

在司马迁之前，中国已经有了悠久的史官文化传统，先秦时期的史官在记录历史事件的同时也创造、传播了文化，对后来的历史产生了深远的影响。司马迁正是在继承了先秦史官文化传统的基础之上，成长为一个伟大的史学家。当然司马迁成长为一个伟大的史学家除了因为继承先代的史官文化传统之外，还与他家庭的影响以及他个人的努力有关，所以我们现在跟大家讲一讲司马迁的生平遭遇。

司马迁生活在西汉中期，也就是大约公元前 145 年到公元前 87 年，他出生在今天的陕西韩城市，就是西汉时候的左冯翊夏阳。他的父亲司马谈在文帝景帝时期是太史令，太史令在西汉时期除了记录历史事件之外，还有其他的一些职责，我们从司马谈所做的一些事情可以看出来。司马迁在《太史公自序》中曾记录自己的父亲"太史公学天官于唐都，受《易》于杨何，习道论于黄子"。天官是中国古代的天文学，中国古代的天文学比较发达，它包含了科

浮雕司马迁写史

学的因素,但是和今天的现代科学基础之上的天文学不尽相同。司马迁的父亲司马谈在世的时候曾经跟西汉的大天文学家唐都学习过天官之学,也跟大学者杨何学习《周易》,跟黄子学习道论,成为一个思想家。他有一篇文章叫《论六家要旨》,在这篇《论六家要旨》中,司马谈重论先秦时期的诸子,有阴阳家、儒家、墨家、名家、法家、道德家,司马谈对前面的五家学说既有肯定也有批判,唯一对道德家推崇备至。在西汉早期,特别是文景时期,社会上的主导思想是道家思想,司马谈在《论六家要旨》中体现出来的思想和当时的社会主导思想是一致的。

在《太史公自序》中,司马迁用了一段文字来描述他年轻时候的一些重要活动。"迁生龙门,耕牧河山之阳。年十岁则诵古文。二十而南游江、淮,上会稽,探禹穴,窥九疑,浮于沅、湘,北涉汶、泗,讲业齐、鲁之都,观孔子之遗风,乡射邹、峄,厄困鄱、薛、彭城,过梁、楚以归。于是迁仕为郎中,奉使西征巴、蜀以南,南略邛、笮、昆明,还报命。"从这段文字中我们可以看出司马迁出生在龙门,在汉代的左冯翊夏阳,也就是今天的陕西韩城市。"耕牧河山之阳",可以看出司马迁年少的时候实际上就是在家乡生活的,这是第一个阶段;第二个阶段我们看到"年十岁则诵古文",诵古文是需要一定的环境的,大概这时司马迁已经跟随他的父亲来到了长安。这里的古文是相对于当时汉代通行的今文而言的,是用上古文字书写的那些书籍。"诵古文"就是诵读用上古文字书写的那些书籍,从史料中我们可以看出司马迁在长安的时候,在他父亲的帮助之下,拜当时的经学大师孔安国为师研习古文《尚书》,《尚书》是我们中国最早的一部史书。同时跟随当时的经学大师董仲舒研究春秋公羊学,董仲舒是西汉时期春秋公羊学的一个大师级人物,系统地研习古文经学和今文经学。下面一个重要的阶段是他二十岁以后开始壮游天下。从他的记录中可以看出他的足迹非常广泛,他说:"南游江、淮,上会稽,探禹穴,窥九疑,浮于沅、湘,北涉汶、泗,讲业齐、鲁之都,观孔子之遗风,乡射邹、峄,厄困鄱、薛、彭城,过梁、楚以归。"司马迁在二十岁以后到过江南地区游历:到今天的浙江会稽、湖南的九嶷山和沅湘一带。在北方他曾经到过今天的山东曲阜一带,在那里看到了曲阜仍然保有孔子之遗风,他还在今天的徐州和山东南部一带遭受过挫折,然后经过今天的开封回到了长安。回到长安以后他就开始进入仕途,做了一个郎中官,做郎中官的时候曾经奉命西征巴、蜀,到遥远的巴蜀一带去游历,最远到了今天的四川南部和云南北部一带,回来以后他的官位进一步提升。我们通过《太史公自序》以及其他的一些文献大略梳理一下司马迁一生的经历：在十岁以前司马迁耕牧河山之阳，应该是在家乡生活的；"年十岁则诵古文"表明了司马迁在十岁以后到二十岁以前在长安读书，主要是跟董仲舒学习公羊学，跟孔安国研习古文《尚书》；二十岁以后壮游天下，回来以后做郎中官；在做郎中官以后大约到三十五岁的时候曾经奉命西征巴、蜀，也就是今天的西南一带，回来以后他的父亲生病去世了。在他父亲去世之后，司马迁继承了父亲的职位做了太史令，在做太史令的过程之中司马迁做了一些重要的事情。比如说在四十二岁的那一年，在其他天文学家的帮助之下修订了一部《太初历》。这部《太初历》非常重要，乃至当时的皇帝汉武帝为了纪念这部历法的诞生，把自己的年号改为太初。在编订《太初历》的过程之中，司马迁也研习了当时的天官之学，天官之学对一个史学家来说是比较重要的，在《史记》编纂中对一些历史事件时间的确定尤为重要，天文学或者是历法学的一些知识是确定时间的一个重要基础。

　　在天汉二年（公元前99年），作为太史令的司马迁遇到一件重要的事情，就是史书上记录的李陵之祸。当时的李陵去和北方的匈奴人作战，结果李陵由于寡不敌众投降了匈奴。李陵投降匈奴这件事在当时的朝野引起了震动，汉武帝将这件事交于群臣去讨论，大部分臣子认为罪在李陵，而司马迁凭着自己的理解，认为李陵这次投降匈奴是权宜之计，他心中并没有忘怀当时的汉家，结果得罪了汉武帝，司马迁被下蚕室，遭受了残忍的腐刑。在遭受了残忍的腐刑之后，司马迁出狱后任中书令，比太史令的职位要高，从职位上可以说是升官了，但实际上中书令在西汉的时候权力不大。当中书令后他可以出入宫禁，但残忍的刑罚在当时的司马迁心目中留下了阴影，对他写《史记》这本书也有明显的影响。通过其他的一些史料我们可以大体判断，《史记》这本书大约是在司马迁五十五岁的时候完成的，这是司马迁一生的主要经历。

　　司马迁的一生之中有两件事情值得我们关注。其中一件是他年轻时两次壮游天下，对后人学习有重要的启示。我们可以用明代学者董其昌的话来进行概括，就是"读万卷书，行万里路"。司马迁十岁的时候，就在他父亲的帮助之下来到了长安读书，学习古文《尚书》和今文《春秋》；到了二十岁的时候，他觉得仅仅学习书本上的知识是不够的，于是决定

壮游天下。他的足迹遍布了当时汉家天下的大部分地区,南到会稽、九疑和沅、湘,北到汶、泗,讲业齐、鲁之都。这样将读书和壮游结合起来,既是中国古代读书人的传统,同时也对史学家或者是文学家编纂史料或进行文学创作有很大的影响。

宋代的学者和文学家苏辙在十九岁的时候写过一篇《上枢密韩太尉书》,就提到壮游天下对《史记》这本书风格的形成有重要的影响。苏辙在《上枢密韩太尉书》中提到了两个人,一个是儒家大师级人物孟子,另外一个就是史学家司马迁。他说:"辙生好为文,思之至深。以为文者,气之所形,然文不可以学而能,气可以养而致。孟子曰:'我善养吾浩然之气。'今观其文章,宽厚宏博,充乎天地之间,称其气之小大。太史公行天下,周览四海名山大川,与燕赵间豪俊交游,故其文疏荡,颇有奇气。"从这里我们可以看到太史公这本书,也就是《史记》这本书和前代的史书相比较,文风疏荡,有一种奇气,而这种奇气是怎么来的?光靠读书恐怕还不行。在苏辙看来主要是太史公司马迁壮游天下,培养了一种宏大之气,这种宏大的胸襟对《史记》这本书有直接的影响。司马迁在燕赵间壮游的时候,与一些豪杰之士交友,养成了一种豪放之气,这种豪放之气在《史记》这本书中也有明显的体现。明代的学者凌稚隆曾经在《史记评林》中转引宋代学者马存的一段话,值得我们关注。这段话详细地描述了司马迁壮游天下的不同经历对文风的不同影响,我们可以先看一下这一段文字。马存在《赠盖邦式序》这篇文章之中说道:"子长生平喜游,方少年自负之时,足迹不肯一日休,非直为景物役也,将以尽天下大观以助吾气,然后吐而为书。今于其书观之,则其生平所尝游者皆在焉。南浮长淮、溯大江,见狂澜惊波,阴风怒号,逆走而横击,故其文奔放而浩漫。望云梦洞庭之波,彭蠡之渚,涵混太虚,呼吸万壑而不见介量,故其文停蓄而渊深。见九疑之芊绵,巫山之嵯峨,阳台朝云,苍梧暮烟,态度无定,靡蔓绰约,春装如浓,秋饰如薄,故其文妍媚而蔚纡。泛沅渡湘,吊大夫之魂,悼妃子之恨,竹上犹斑斑,而不知鱼腹之骨尚无恙者乎?故其文感愤而伤激。北过大梁之墟,观楚汉之战场,想见项羽之暗呜、高帝之谩骂。龙跳虎跃,千兵万马,大弓长戟,交集而齐呼,故其文雄勇猛健,使人心悸而胆栗。世家龙门,念神禹之大功,西使巴蜀,跨剑阁之鸟道,上有摩云之崖,不见斧凿之痕,故其文斩绝峻拔而不可攀跻。讲业齐鲁之都,睹夫子遗风,乡射邹峄,彷徨乎汶阳洙泗之上,故其文典重温雅,有似乎正人君子之容貌。"司马迁壮游天下、考察不同地方的文化民风,从而形成了《史记》这部书中多样的文风,这些文风合起来可以用苏辙的《上枢密韩太尉书》中的一个词来进行概括,就是"奇气"。而这种奇气的形成主要得益于司马迁的壮游天下,这一点对我们后人具有重要的启示,就是要将读书和壮游结合起来,如果再进一步引申就是知和行要结合起来。

另一件事是司马迁在天汉二年为李陵投降匈奴申辩,结果得罪了权贵和皇帝,被下蚕室,受腐刑,司马迁在当时内心充满了矛盾,是接受死刑还是接受腐刑?经过痛苦的思考,为了完成父亲司马谈未竟的事业司马迁决定忍辱负重,完成《太史公书》,也就是《史记》的编纂工作。在《太史公自序》和《报任少卿书》中,司马迁多次表现他内心的痛苦和挣扎,他记录父亲临死之前交代自己说:"我死之后,你一定要继承我的职官做太史令,做太史令的时候,不要忘记我想要编纂一部贯通古今的历史著作。"司马迁念念不忘父亲临终交代的这件事情。《报任少卿书》中记载,面对接受死刑还是腐刑抉择的时候,他说:"人固有一死,或重于泰山,或轻于鸿毛,用之所趋异也。"在死刑和腐刑的矛盾冲突之中,他决定接受腐刑,而接受腐刑在当时是不为人所看得起的,是一件令人羞耻的事情。但是为了完成父亲交代的名山事业,他宁愿隐忍苟活。在《报任少卿书》中,他总结过先秦时代以来流传后世的那些重要的典籍,它们的作者大多数都遭受过屈辱,有这样一段精彩的文字我们可以再看一次。他说:"古之富贵而名摩灭,不可胜记,唯倜傥非常之人称焉。盖文王拘而演《周易》;仲尼厄而作《春秋》;屈原放逐,乃赋《离骚》;左丘失明,厥有《国语》;孙子膑脚,《兵法》修列;不韦迁蜀,世传《吕览》;韩非囚秦,《说难》《孤愤》;《诗》三百篇,大抵圣贤发愤之所为作也。"我们看到前人给我们留下了很多重要的典籍,比如说《周易》《春秋》《离骚》《国语》《孙子兵法》《吕氏春秋》《说难》《孤愤》《诗经》,涉及的有周易之学,有以《春秋》为代表的史学,有以《离骚》和《诗经》为代表的文学,还有以《孙膑兵法》为代表的兵家著作。在司马迁看来,这些流传后世的著作,它们的作者都曾经历过曲折,所以最后用一句话来表达叫"大抵圣贤发愤之所为作也"。

司马迁在这里实际上是告诉我们,在中国的文化史上有一个重要的现象就是所谓的"发愤著书",而"发愤著书"在后代的文学创作之中也成了一种带有某种规律的现象,我们在后代的文论中可以看得比较清楚。比如说南朝时期的文论家刘勰在《文心雕龙》的《情采》篇中就曾经申述过:"风雅之兴,志思蓄愤,而吟咏性情,以讽其上,此为情而造文也。"这实际上和司马迁的观点是一致的。司马迁说:"《诗》三百篇,大抵圣贤发愤之所为作也。"《诗》三百也就是《诗经》,《诗经》包括风、雅、颂三个部分,在刘勰看来,《诗经》中的风雅这些作品,它们的作者也是内心当中郁积了很多愤懑的情感,所以要把它表达出来,讽谏那些在上位的人,这是刘勰《文心雕龙》中所谓的"志思蓄愤说"。到了中唐时期,古文家韩愈在《送孟东野序》中提出"不平则鸣说":"大凡物不得其平则鸣⋯⋯人之于言也亦然,有不得已者而后言,其歌也有思,其哭也有怀,凡出乎口而为声者,其皆有弗平者乎!"我们把它总结出来就是"不平则鸣"。实际上那些重要的作品或者是优秀的作品,它们的作者就是遭受到了不公正的待遇,所以他们要通过自己的诗文把这些不平表达出来,这是唐代的古文家韩愈在《送孟东野序》中提出来的一个重要观点"不平则鸣说"。我们再看北宋诗文革新运动中的领袖欧阳修在《梅圣俞诗集序》中提出的"诗穷而后工"的观点,"诗穷而后工"的观点也说明了很多优秀的作品,它们的作者遭受到了很多的曲折,这些曲折郁积在内心当中,要把它们表达出来,用欧阳修的话来说,这些作者"内有忧思感愤之郁积,其兴于怨刺,以道羁臣寡妇之所叹,而写人情之难言,盖愈穷则愈工。然则非诗之能穷人,殆穷者而后工也"。那些遭受过曲折的诗人,他们写出来的作品往往能够获得成功。到明代晚期,思想家李贽在《杂说》之中也提出了这样的观点,叫"蓄极积久,势不能遏",同样也表明了很多文人士大夫在现实生活当中遭受不公正待遇,内心郁积愤懑,要把蓄积在自己内心中的忧愤的情感表达出来,从而能够写出感人的作品。这是司马迁"发愤著书之说"在后代产生的深远影响,在某种意义上也揭示了文学史上的一个重要现象,即"发愤著书"。

④ 《史记》的史学价值

　　司马迁在中国文化史上的重要地位,是由他伟大的代表作品《史记》所确立的。下面我们和大家讨论一下《史记》这部著作在中国文化史上的重要价值。鲁迅先生曾经在《汉文学史纲要》中评价道:"发愤著书,意旨自激,其与任安书有云：'仆之先人，非有剖符丹书之功，文史星历，近乎卜祝之间，固主上所戏弄，倡优畜之，流俗之所轻也。假令仆伏法受诛，若九牛亡一毛，与蝼蚁何异。'恨为弄臣，寄心楮墨，感身世之戮辱，传畸人于千秋，虽背《春秋》之义，固不失为史家之绝唱，无韵之《离骚》矣。"鲁迅在《汉文学史纲要》中的这段话，对司马迁的《史记》在中国文化史上的重要价值做了非常精粹的评价，就是我们非常熟悉的判断语："史家之绝唱，无韵之《离骚》"。其中鲁迅先生讲到了《史记》这本书"背《春秋》之义"，这个观点值得我们继续商榷，但是"史家之绝唱，无韵之《离骚》"一语成为今天我们评价司马迁《史记》绕不过去的观点。

　　下面我们分别谈一谈《史记》这本书的两重价值：一重就是鲁迅先生所说的"史家之绝唱"。"史家之绝唱"在某种意义上就显示出了《史记》这本书的固有价值，因为《史记》首先是一部历史著作，"史家之绝唱"一语显示了《史记》在史学著作中的超绝地位；其次是"无韵之《离骚》"，司马迁笔下的《史记》不仅是一部史学著作，和屈原的《离骚》一样也是一部伟大的文学作品，所以"无韵之《离骚》"揭示了《史记》的文学价值。

　　我们先来看看《史记》史学方面的价值，我们可以从这几个方面来进行分析。首先，《史记》是一本集先秦汉初之大成的史学著作。其次，《史记》在编纂方法上表现出了一种严谨的结构和完整的体制，为后代的史书树立了新典范。最后，《史记》体现了司马迁秉笔直书的"实录"精神。从某种意义上来说，司马迁这部史书为我们后代的中国史书确立了一个正统的标准。

　　《史记》是集先秦汉初之大成的历史著作，分量之大、卷帙之多、内容之丰富，是前所未有的。司马迁在《报任少卿书》或者叫《报任安书》中也有相近的表达。在这篇文章之中，司马迁对自己这本书的体例和主要内容进行了这样的概括："上计轩辕，下至于兹，为十表，本纪十二，书八章，世家三十，列传七十，凡百三十篇。亦欲以究天人之际，通古今之变，成一家之言。"首先，《史记》是一部记录从黄帝以来一直到司马迁所生活时代的通史，所以叫"上计轩辕，下至于兹"，"轩辕"是指黄帝，"兹"也就是司马迁自己生活的时代，司马迁这部史书有一个明确的目的就是"究天人之际，通古今之变"。司马迁在这里将这部史书分为五个部分，也就是表、本纪、书、世家、列传，合起来总共有130篇，内容非常丰富。我们前面在介绍先秦历史典籍的时候，曾经提到过国别体的史书代表作品《国语》和《战国策》，同时也提到过编年体的史书《春秋》，但是无论是以《国语》《战国策》为代表的国别体史书，还是以《春秋左氏传》为代表的编年体史书，它们记述的历史都是以某一国为中心，像《国语》《战国策》也是分别记述各国的历史片段。而司马迁在《国语》《战国策》等国别体史书以及《春秋左氏传》等编年体史书的基础之上，将《史记》这部历史著作扩大为全中国的历史，包括时间之全，也包括空间之全。时间之全刚才我们提到就是"上计轩辕，下至于兹"，这是因为《史记》是中国最早的一部纪传体通史，通史在某种意义上也是我们考虑历史的一个基点。五帝就是黄帝、颛顼、帝喾、尧、舜，从黄帝时代一直到司马迁自己所生活的时代，这表现了时间的全。然后是空间之全，即当时的汉家的天下成了司马迁记述历史的主要对象，所以这部史书可以说是一部当时的全国历史，以天子为中心，改变了春秋战国时期分裂割据的历史观念，建立了历史统一的观念，这是司马迁《史记》这本书的第一个特点。

在编纂体例上我们可以看出这部史书结构严密、体制完整。这一点清代学者赵翼在《廿二史札记》中也有自己的概括，他说："司马迁参酌古今，发凡起例，创为全史。本纪以叙帝王，世家以记侯国，十表以系时事，八书以详制度，列传以志人物，然后一代君臣政事，贤否得失，总汇于一编之中。自此例一定，历代作史者遂不能出其范围，信史家之极则也。"赵翼是清代的学者，他纵观了清代以前的历史著作，从"史家之极则也"可以看出司马迁创造的这种编纂体例，成了后代史学家最高的准则。从后来的所谓"二十四史"的名目中看得出来，这二十四史是清代乾隆时期之前修订的二十四部史书。这二十四部史书的名目和作者我们可以课后去详细了解一下，因为这是记载、传播中国文化的重要历史文献，作为一般的常识我们是要了解的，在课上就不一一地去分述了。这二十四部史书被称为"正史"，正史之首就是司马迁的《史记》。把司马迁的《史记》排在第一，不仅仅是因为它在时间上最早，更重要的是以后的二十三史在编纂体例上都是以它为依据的。司马迁在《太史公自序》中进一步把这种体例表述为本纪、表、书、世家和列传。司马迁这部史书的编纂体例，后人喜欢用一个词语概括，就是所谓的纪传体，这是符合司马迁这部书的编辑方法也就是编纂体例的，但是仅仅讲纪传体还不完整，还要了解其他部分的重要意义。我们从这里可以看到，被《太史公自序》列为第一部分的,就是十二本纪,最后是七十列传,所以纪传体是一个方便的称呼,就是将司马迁的本纪以及其他的部分合成起来,称之为纪传体,是以人物传记为主的一种体例。除此之外司马迁也继承了先秦时期的其他史书的编纂体例,比如说编年体,还有国别体。十二本纪实际上是以黄帝为起点,按照历代帝王的顺序来记述各个王朝的兴衰。从这里我们大略可以看出来在司马迁之前中国历史发展的总体情况,从五帝时代一直到司马迁生活的汉武帝时代,是本纪部分的内容。我们再来看一看十表,表实际上是按时间顺序来排列帝王侯国间大事的表,在某种意义上是对先代的编年史的一种继承,但是也有自己的创造,就是司马迁用更加详细的表格的形式来呈现先代的重要历史事件,这是十表。"八书"是司马迁的创造,分别是礼、乐、律、历、天官、封禅、河渠、平准,司马迁在这里分述的八书实际上为后代史书的一种重要的编纂体例,即典志体树立了典范。讲到典志体史书大家自然会想到唐代杜佑的《通典》、宋代郑樵的《通志》和元代马端临的《文献通考》,典志体的史书在中国的史书中具有很重要的地位,它的源头可以追溯到司马迁的《史记》"八书"。"世家"在某种意义上是对先秦时期国别体的一种传承,从《吴太伯世家》一直到《田敬仲完世家》,可以看出春秋时期、战国时期诸侯国的演变历史,这是对《国语》《战国策》这些史书的编纂体例的一种继承,当然也对其中的一些重要的史料进行了一些改编。所以司马迁的史书的编纂体例,一方面为了简明起见,我们可以把它称为纪传体,但同时不要忘记了司马迁这部史书在编纂体例上是综合性的,既有以人物为主的传记体,同时也包含了编年体、典志体,甚至国别体等不同的编纂体例,用赵翼的话来说就是所谓的"史家之极则也"。后来的很多史书也能在《史记》当中能找到它们的影子,也就是《史记》对不同编纂体例的史书都产生了深远的影响。这是《史记》的第二个重要特点。

　　《史记》的史学价值还表现在它强烈的秉笔直书的实录精神上,实录是先秦时期中国史学的一个优秀传统,也为司马迁所继承。东汉的史学家班固曾经在《司马迁传》当中这样评价司马迁:"是非颇谬于圣人,论大道则先黄老而后六经,序游侠则退处士而进奸雄,述货殖则崇势力而羞贫贱,此其所蔽也。"班固认为司马迁的《史记》中显示出来的主导思想,和汉代特别是汉武帝以后汉家的主导思想是不一致的,因为汉武帝接受

了董仲舒的《天人三策》中的建议，开始"罢黜百家，独尊儒术"。而在班固看来，《史记》这本书显示出的主要思想是黄老，也就是道家的思想。在《史记》这本书中，游侠和刺客有很高的地位，而对那些处士司马迁给予了比较低的评价。司马迁还特别推崇那些能够经商的，也就是能够使财富增值的那些商人，表现出了崇势力而羞贫贱的观点。这些评价在班固看来是《史记》这本书的弊病所在，实际上班固为自己的视野所限制，有的评价是完全不符合实际的。比如说"论大道则先黄老而后六经"，司马迁在《史记》这部书中非常推崇儒家的经典和儒家学派，比如说我们大家熟悉的孔子，儒家学派的创始人，司马迁给予孔子一个"世家"的崇高地位，和当时的诸侯王相当，足见司马迁对孔子的高度崇敬，同时还在《仲尼弟子列传》当中记述了孔子很多重要的弟子们的一些行事，这都表现了司马迁对儒家的重视。所谓"先黄老"，是他父亲司马谈的思想，班固的评价显示出他没有准确地把握《史记》的主要思想。但是这正是司马迁思想的先进之所在。司马迁对能够使财富增值的商人非常推崇，这对谨守儒家的君子固穷观点的一些学者来说，恐怕是不符合正统思想的，但是恰恰这方面也表现了司马迁的进步性。我们再看班固对《史记》的评价，他说："自刘向、扬雄博极群书，皆称迁有良史之材，服其善序事理，辨而不华，质而不俚，其文直，其事核，不虚美，不隐恶，故谓之实录。"应该说班固对司马迁《史记》以"实录"一词进行评价，是比较符合《史记》这部书的事实的，这个观点应该是可以接受的。

《史记》这部书编成了以后，在汉家的遭遇实际上是不像我们后代这样积极地推崇的。在清代乾隆时期，《史记》是二十四史之首，也就是正史之首，而司马迁这部史书在当时编纂完成以后，没能够广泛流传，在他去世之后也遭受了不公正的待遇。我们看两个例子：一个是司马迁在世的时候，汉武帝听说司马迁正在编纂这部《史记》，就让人把《史记》拿来给自己看，汉武帝看了其中的汉文帝、汉景帝以及自己的本纪的部分后非常生气，把它扔到地下，让人把这本书销毁，可见司马迁在《今上本纪》中肯定是记录了很多不利于汉武帝的事情，所以引得汉武帝勃然大怒，"削而投之"。一直到东汉的明帝的时候，汉明帝曾经下诏书，在诏书中说"司马迁著书，成一家之言，扬名后世。至以身陷刑之故，反微文刺讥，贬损当世，非谊士也"。汉明帝诏书中说《史记》有一些贬损当世的内容，而这些贬损当世的内容表明司马迁不是一个合格的史学家,不是一个合格的史料的编纂者,所谓"非谊士也"。我们从《史记》引得武帝勃然大怒以及汉明帝诏书中所谓"贬损当世"的评价,看出了司马迁《史记》的进步性,也就是司马迁的实录精神。

实录精神主要体现在对汉武帝事情的记述当中。司马迁生活的汉武帝时期,是汉家经过了六七十年的积淀发展比较强盛的时期,司马迁在《史记·平准书》中也客观地记述了汉武帝时期国家的兴盛和社会的安定。《平准书》中记载:"至今上即位数岁,汉兴七十余年之间,国家无事,非遇水旱之灾,民则人给家足,都鄙廪庾皆满,而府库余货财。京师之钱累巨万,贯朽而不可校。太仓之粟,陈陈相因,充溢露积于外,至腐败不可食。"所谓"今上"指的就是汉武帝。中国古代社会的繁荣主要看粮食的收成,我们看到汉家的仓库里堆积了很多的粮食,陈陈相因,有的仓库还放不下,放在外面,都烂掉了,吃不完。可见汉武帝时期国家强盛,社会也非常的安定。

司马迁在《史记·平准书》当中,记述了汉武帝时期是一个富裕安定的时代。司马迁在记述繁荣的一面的同时,也没有抛却汉武帝本人的一些缺陷。比如说在《封禅书》中,司马迁就淋漓尽致地揭露了汉武帝对鬼神方术的迷信,"今天子初即位,尤敬鬼神之祀"。书中就举了一个例子,当时有个方术之士李少君,汉武帝对他特别迷信,相信这些方术之士是不会死的,可是李少君后来还是死掉了,汉武帝想这样的方术之士怎么会死掉,认为他可能变成仙人了。实际上李少君根本不是所谓的仙人,他是一个骗子。在《封禅书》其他的部分,司马迁还揭露了汉武帝心甘情愿接受方术之士对他的欺骗,除了李少君之外,还有一些方士,像齐少翁、栾大这些人,所以在某种意义上《封禅书》可以说是汉武帝迷信方术的一个实录。在《史记·酷吏列传》之中,司马迁记录了汉武帝时期的酷吏张汤和王温舒这些人。王温舒在做河内太守的时候,大肆捕杀平民百姓,牢中关满了所谓的犯罪之人,要对他们处以死刑,有时候因为犯罪而被处以极刑的人非常多,连坐千余家,流血十余里。按照中国古代刑法的惯例,一般来说立春以后是不能用刑的,但是王温舒杀人成性,眼看着冬天还来不及把犯了死罪的人处以极刑,他非常着急,顿足叹息道:"嗟乎!令冬月益展一月,足吾事矣。"那意思就是说,哎呀!如果冬天再长一个月的话,我就能将这些犯了死罪的人处以极刑了。所以司马迁非常愤慨地批评王温舒"其好杀伐行威不爱人如此",但是汉武帝对王温舒这些人是非常看重的,"天子闻之,以为能,迁为中尉"。我们从《酷吏列传》中还可以看出,汉武帝当时表面上推行儒家仁爱之道,但实际上使用的是秦始皇时代所使用的严刑峻法来对待天下的百姓,正是因为司马迁《史记》传承了这样的实录精神,我们看到了一方面汉武帝的时代社会的财富非常丰富,有安定的一面,但另一方面汉武帝本人是一个迷信之徒,他还重用那些杀人不眨眼的刽子手张汤、王温舒,所以汉代繁荣的背后也有残酷的一面,这是司马迁《史记》的第三个重要的特点,也就是实录精神。

《史记》作为中国历史上第一部纪传体通史,在历史观念上还为后代的史书树立了正统史的观念,正统史的观念是司马迁精心建构的。首先在《史记》的开篇,司马迁以五帝三王为统一的国家,为秦汉以后的大一统提供历史依据。我们翻开《史记》这本书,开篇就是《五帝本纪》,后面接着就是"三王本纪",五帝是指黄帝、颛顼、帝喾、尧、舜,"三王本纪"记录的是夏、商、周三代帝王的历史。好像在遥远的上古时代,中国也是一个统一的国家。到了三王时期,中国仍然沿袭的是一个统一的国家,如果按照今天的考古资料来验证的话,这一点未必符合中国上古时期的事实。但是司马迁编纂上古历史之后,对后代的中国产生了深远的影响,这是受到他的老师董仲舒的影响。董仲舒是一个春秋公羊学的大师,而"春秋公羊学",我们前面和《左氏传》做过比较,《左氏传》在某种意义上主要是补充《春秋》这部史书的历史事实,而《公羊传》主要是彰显历史中所显示出来的重要的政治观念,特别在开篇的时候,《公羊传》就提出了大一统的观念,对司马迁编纂《史记》有直接的影响。我们前面提到鲁迅先生在《汉文学史纲要》中说《史记》这本书背离了《春秋》之旨,这不完全符合《史记》这本书的事实,至少在史学观念上《史记》是受《公羊传》大一统思想的影响的,而这一点对中国人的国家观念也有深远的影响,这种影响在某种意义上是正面的、积极的。所以自《公羊传》提出这种大一统的观念以后,大一统就成为我们民族持久而深入的国家观念,并在《史记》的开篇就彰显出来。

司马迁延续了《公羊传》这样的历史观念。比如说,五帝,在司马迁的《史记》之中是指黄帝、颛顼、帝喾、尧、舜,但是在不同的文献中,五帝的记载是不一样的,如《礼记》《周易》《战国策》以及《资治通鉴·外纪》,这些文献对五帝有不同的记载,其中太昊、炎帝、黄帝、少昊、颛顼这一说是最有影响力的。为什么这一说最为流行?这是因为受中国的五行观念影响,所以在这里我们可以稍作一个补充。司马迁一开篇的时候为什么是《五帝本纪》?为什么不多不少正好五个?实际上是受五行观念的影响。五行观念是中国文化中的一个庞大系统,五行就是金、木、水、火、土,世界的其他要素都可以归纳到金、木、水、火、土当中。不仅自然是这样,人类的历史也是这样,所以在中国人举行重大的祭祀活动的时候,有所谓的五帝。五帝有青帝、赤帝、黄帝、白帝和黑帝,这五帝和五行相配,在某种意义上可能是司马迁在最初写《五帝本纪》的一个重要的思想渊源。司马迁在某种意义上可能是受了五行观念的影响,所以写了不多不少五个帝王作为开篇。

在五帝、三王之后司马迁又进一步体现出对秦的一种尊崇。秦统一六国这是历史事实,但是在历史的观念之上,关于是否给秦一个三王之后的大一统的国家的地位的问题,司马迁与同时代的学者不一样。《史记·六国年表》之中就说过:"秦取天下多暴,然世异变,成功大……学者牵于所闻,见秦在帝位日浅,不察其终始,因举而笑之,不敢道,此与以耳食无异。"在这里,司马迁就记述了同时代的学者不承认秦的地位,也就是说秦不是五帝三王之后能够继承大一统的一个王朝,这是当时许多学者的观点。但是我们看到司马迁与他们的观点不同,司马迁指出这些"举而笑之"的学者,实际上是"耳食之徒"。但是司马迁在《史记》当中给予秦以很高的地位,在十二本纪之中给了秦两个本纪的位置,除了《秦本纪》之外,还有个《始皇本纪》,足见司马迁对秦的尊崇,这是尊秦观念的表现。

此外我们还看到尊楚。司马迁的尊楚观念主要是通过对陈涉和项羽这两个人的推崇表现出来的。我们一般历史书中说陈涉是一个农民起义的领袖,但是在司马迁看来,陈涉实际上是为楚国的复兴而起兵的。所以在《陈涉世家》之中,一方面我们看到司马迁给陈涉一个很高的地位,与当时的诸侯王的地位相当。在《陈涉世家》之中,我们看到陈涉起义以后建立的国家名叫"大楚"或者"张楚",这一点是非常鲜明的。在《项羽本纪》之中,司马迁也有明显的尊楚的痕迹。在《项羽本纪》的最后,司马迁高度评价项羽其人,他说:"夫秦失其政,陈涉首难,豪杰蜂起,相与并争,不可胜数。然羽非有尺寸,乘势起陇亩之中,三年,遂将五诸侯灭秦,分裂天下而封王侯,政由羽出,号为霸王,位虽不终,近古以来未尝有也。"司马迁为什么给项羽这么高的评价？我们可以看出来实际上尊项最终是为了尊楚。所以在《项羽本纪》之中,司马迁引用了阴阳学家楚南公的一个预言:"楚虽三户,亡秦必楚。"在某种意义上司马迁非常希望能够实现这个预言,通过陈涉还不够,还要通过项羽。项羽的祖父就是项燕,而项燕是楚国的大将,被秦国的大将王翦所杀,在书中,司马迁念念不忘项羽楚国人的背景。《项羽本纪》中还记述了另外一个起义领袖叫陈婴,陈婴当时也很有影响。陈婴对自己的军吏说:"项氏世世将家,有名于楚。今欲举大事,将非其人,不可。我倚名族,亡秦必矣。"所以陈婴起兵的时候还要打着项家的旗号,为什么要打项家的旗号？因为项家是楚国的望族。司马迁还给了项羽一个神圣的出身,在"太史公曰"中他评价项羽说:"'舜目盖重瞳子',又闻项羽亦重瞳子。羽岂其苗裔邪？何兴之暴也。"这里司马迁从项羽生理的特征上,推断项羽可能是五帝时候的那个舜帝的后代。舜的眼睛里有两个瞳仁,项羽的一个眼睛里也是两个瞳仁,所以从遗传的角度来说,项羽可能是大舜的后代,不然他怎么能够在年轻的时候没有多少资历就一下子兴盛起来呢？司马迁给项羽以奇特的出身,同时也赋予了他一定的仁王情怀,我们今天从《项羽本纪》的鸿门宴当中看到,项羽心胸比较狭窄,而且目光比较短浅,但是在楚汉对垒的时候,我们看到司马迁评价项羽具有仁王的情怀。在楚汉对阵的时候,项羽曾经对汉王刘邦说过这样一句话:"天下匈匈数岁者,徒以吾两人耳,愿与汉王挑战决雌雄,毋徒苦天下之民父子为也。"这里的"毋徒苦天下之民父子",就是说我们不要让天下的百姓再受苦了,从这句话中我们可以看到项羽的身上还有一点仁王的情怀。

在司马迁的正统史观中,我们看到先是有《五帝本纪》和"三王本纪",确立了中国正统史的基础,从历史发展的顺序来说,它进一步将秦和楚在某种意义上作为继承正统的两个朝代。《秦本纪》和《始皇本纪》表现了司马迁和当时学者的观点不同,这是我们要特别注意的。其次尊陈、尊项在某种意义上是为了尊楚,如果说在历史上秦统一了六国,尊秦还是可以理解的,但楚实际上最后没能真正统一天下,那司马迁为什么也要给楚国这样高的地位,难道仅仅是为了让楚南公那个所谓的"楚虽三户,亡秦必楚"的预言实现吗？恐怕还不是这么简单,司马迁在尊秦和尊楚的背后可能暗含着贬汉的思想和情感,这是我们要注意的一个问题。

⑤　《史记》的文学价值

"史家之绝唱，无韵之《离骚》。"鲁迅先生在《汉文学史纲要》中用这两句话来评价《史记》，显示了《史记》这部伟大的著作不仅具有史学价值，同时也具有文学价值。从文学的角度来看，《史记》这本书具备了以下几个方面的特点。第一，《史记》这本书塑造了各阶层各类型的人物形象，这些形象大多数非常生动，且性格鲜明，具有后代叙事文学之中人物形象的典型特点。司马迁在塑造众多的人物形象的时候，以时间为序、以类相从。有的时候以单一的人物为主，比如说《李将军列传》就是以一个人物为主；有的时候以两个人物为主，把他们编在一个列传当中，如我们熟悉的《屈原贾生列传》，这是两个人物的合传；还有一类人物的传记，比如说有《游侠列传》《刺客列传》《酷吏列传》《循吏列传》《货殖列传》，这些都是人物类传。这些人物涉及古代的帝王、贵族，还有文武将相、游侠、循吏、商人、医卜等不同的阶层。书中还写到了司马穰苴、孙武、伍子胥、吴起等军事学家，苏秦、张仪等战国时期的纵横家，以及专诸、豫让、荆轲这些刺客。

这里值得一提的是《货殖列传》，《货殖列传》是人物类传，比较特别。它不仅是商人的一个类传，同时也记叙了汉家初年的经济发展状态，在某种意义上也体现了司马迁的经济思想以及对待物质利益的观念。班固曾经批评司马迁"崇尚势利"，而《货殖列传》中恰恰表现了司马迁比较进步的经济思想。所谓货殖，就是谋求"滋生资货财利"以致富，利用财物进行生产和交换，进行商业活动，从中谋得财富的增值，在当时虽然不能得到像班固这些人的肯定，但却是符合历史发展的规律的，所以《货殖列传》在后代的史学家眼中显得不同寻常。钱锺书先生曾经评价道："当世法国史家深非史之为'大事记'体者，专载朝政军事，而忽诸民生日用；马迁传《游侠》已属破格，然尚以传人为主，此篇则全非'大事记''人物志'，于新史学不啻乎辟鸿濛矣。"钱锺书先生在《管锥编》中高度评价《货殖列传》，说在史学上是开辟鸿蒙的作品，开辟了一个新的体例，体现了司马迁进步的思想。清代的学者李景星也评价《货殖列传》说："举生财之法，图利之人，无贵无贱，无大无小，无远无近，无男

147

无女,都纳之一篇之中,使上下数百年之贩夫竖子,伧父财奴,皆赖以传,几令人莫名其用意所在。"李景星不知道司马迁为什么要写这篇作品,但正是这篇作品体现了司马迁大力发展经济的进步观念。当代学者潘吟阁对《货殖列传》的评价尤为特别,他说:"读中国书而未读《史记》,可算未曾读书。"这一点我们还是可以理解的,而"读《史记》而未读《货殖传》,可算未读《史记》。美哉《货殖传》"这一评价将《货殖列传》推到极致。在今天这样一个经济发展、文化昌明的时代,我们读《货殖列传》,就能发现它显示了司马迁的进步思想和对时代的超越。这是《史记》的文学价值的第一个方面:塑造了各阶层各类型的人物形象,而且这些人物形象性格鲜明,具有典型意义。

第二,司马迁在塑造人物形象的时候融注了浓烈的情感,这也是司马迁这部史书具有文学性的一个重要原因。明代学者茅坤曾经评价《史记》道:"读游侠传即欲轻生,读屈原、贾谊传即欲流涕,读庄周、鲁仲连传即欲遗世,读李广传即欲立斗,读石建传即欲俯躬,读信陵、平原君传即欲养士。"明代的学者孙月峰评价:"史迁一腔抑郁,发之《史记》。"所谓一腔抑郁,就是司马迁在李陵之祸中遭受到的不公正的待遇,内心集聚了极度的悲愤,而这种悲愤之情就表现在《史记》当中,我们可以通过一些人物的传记看到。比如说《项羽本纪》当中的项羽,推行变法的吴起、商鞅这些遭受不公正待遇的改革家,还有汉初著名的政治家贾谊,飞将军李广,以及管仲、晏婴这些政治家。我们再看一看司马迁的《屈原贾生列传》,《屈原贾生列传》为我们塑造了战国时期楚国伟大的文学家屈原和汉代初年年轻有为的文学家贾生,也就是贾谊,这是一个人物的合传。在"太史公曰"当中,我们看到司马迁对传主的深切同情,他说:"余读《离骚》《天问》《招魂》《哀郢》,悲其志。适长沙,观屈原所自沉渊,未尝不垂涕。"从这里"未尝不垂涕"一语可以看出司马迁对屈原的无限同情。再看《管晏列传》,在"太史公曰"部分有对晏子的评价,我们发现司马迁把自己的情感明显灌注在传主身上,他说:"方晏子伏庄公尸哭之,成礼然后去,岂所谓'见义不为无勇'者邪?至其谏说,犯君之颜,此所谓'进思尽忠,退思补过'者哉!假令晏子而在,余虽为之执鞭,所忻慕焉。"在《管晏列传》之中我们看到晏子作为齐国的丞相,起用给他赶车的马车夫,甚至起用已经关在牢里的越石父,他认为越石父虽然关在牢中,但他是一个贤人,所以把他放出来予以重用。司马迁在这里说"假令晏子而在,余虽为之执鞭,所忻慕焉"，实际上在写晏子的时候，司马迁把自己也放在其中了，带有强烈的无奈之情。这是《史记》这本书成为文学巨作的一个重要原因，也就是说司马迁在塑造人物形象的时候，把自己浓烈的情感灌注在他所描写的人物身上，这就相当于我们后来的文学作品写人物，作家通过这些人物形象寄予自己的情感。司马迁在列传之中同样也寄予了自己的情感，从而使得《史记》这部史学著作具有鲜明的文学特征。

第三，《史记》在塑造人物形象的同时，也显示了强大的叙事能力。我们可以概括为用典型事件来塑造人物性格，叙事详略得当，同时还注意细节的描写。特别是在塑造人物形象的时候，司马迁用最为典型的人物事件来塑造人物性格。比如说在《项羽本纪》当中，项羽的一生虽然比较短，但是作为叱咤风云的英雄人物，项羽这一辈子有很多可歌可泣的事情。司马迁抓住了巨鹿之战、鸿门宴、垓下之围这三个最为典型的事情来记述项羽的一生。有时候在大的事情中同时运用相对较小的典型事情来组合，比如说垓下之围之中，司马迁重点叙述了三个场景，一是通过四面楚歌场景体现了项羽这个英雄多情的一面；二是在东城快战之中表现了项羽勇猛刚强的一面；三是自刎乌江，表现了项羽知耻重义的一面。司马迁在记述人物的时候，就是通过这样一些最典型的事情来体现人物的主要性格特征，且在叙述这些事情的时候能够注意详略得当。有的部分也注意到细节的描写，比如说《李将军列传》之中，李广跟匈奴人打了几十年的仗，一生所遭遇的事情就更多了，但是司马迁只选择了四次战斗来体现李广的性格特征。一是上郡遭遇战，李广带着几个人到前线去观察，结果被匈奴人包围，但是李广非常从容镇定，临危不惧；二是在雁门出击战中，李广被匈奴人俘虏了，最后寻机逃脱，匈奴人称他为"飞将军"；三是在右北平之战中，李广带着部队与匈奴人进行了殊死的战斗，战斗力消耗非常之大，最后被匈奴人重重包围，但李广仍然沉着机智，最后突破了匈奴人的包围圈；最后一次是跟随大将军卫青出击匈奴，这一次李广是最有机会赢取功名的，结果由于卫青的偏见，李广无功而返，最后悲愤自尽。《李将军列传》就是通过这样一些最为典型的事情，来体现"飞将军"李广的主要性格特征，这是《史记》这部书在叙事方面的重要特点。

第四，《史记》这部书在叙事上创造性地使用了互见法。司马迁在《史记》的人物塑造上，为了突出人物的个性，避免重复，创造了这样一种互见的方法。互见法是《史记》选择、安排材料以反映历史，表现人物的一种方法，可以分为有无互见和详略互见。互见法用得成功的例子就是《项羽本纪》和《高祖本纪》。《高祖本纪》凸显了高祖最后在楚汉战争之中赢得胜利，建立汉家王朝的丰功伟绩的一面。与《项羽本纪》当中的汉高祖形象，形成了鲜明的对照，《项羽本纪》凸显了高祖刘邦在建立汉家王朝之前的无赖的一面，可以看出司马迁在塑造人物的时候，为了体现人物性格的不同特征，创造性地使用了互见法，同时也是最经济和节约的一种叙事方法，体现了司马迁在叙述剪裁方面的一个重要的能力。

第五，我们可以看一下《史记》这本书在语言艺术上的特征。《史记》很多的内容援引自先秦时期的《左传》《国语》《战国策》，甚至包括《尚书》中的一些史料。但是司马迁将《尚书》这样佶屈聱牙的古文用汉代通行的书面语来写，虽然离今天已经有两千多年，但是比起佶屈聱牙的《尚书》来说，《史记》这本书语言相对平易。同时我们还看到，司马迁这部史书在人物形象塑造和事情的叙述上也引用了一些口语、谚语，使得《史记》的语言生动鲜活。比如说《陈涉世家》之中，陈涉后来带兵打仗，地位得到了提升，当年和他一起种田的老乡来看他，见到陈涉一下子变成了这样一个地位显赫的人物，非常惊讶，不由自主地说了一句话："夥颐！涉之为王沉沉者。"其中的"夥颐"，就恰到好处地表现了老乡见到地位提高后的陈涉的惊讶之情。像《李将军列传》中"太史公曰"部分所引用的"桃李不言，下自成蹊"，实际上是当时通行的成语，这种成语的使用，使人物形象塑造显得简洁而富有表现力。从汉语言角度来说，司马迁的《史记》是我们研究汉代语言最宝贵的文献之一，是汉语发展史上一个里程碑式的作品。

思考与练习

1. 试分析《史记》的史学价值。
2. 试分析《史记》的文学价值。

参考文献

[1] 顾颉刚. 中国史学入门［M］. 2 版. 何启君，整理. 北京：北京出版社，2009.

［2］杨伯峻.春秋左传注（修订本）[M].北京：中华书局，2016.

［3］王伯祥.史记选[M].2版.北京：人民文学出版社，1982.

［4］韩兆琦.史记通论[M].桂林：广西师范大学出版社，1996.

［5］韩兆琦.史记选注集说[M].南昌：江西人民出版社，1982.

［6］张大可.史记研究[M].北京：商务印书馆，2011.

［7］张大可，凌朝栋，曹强.史记学概要[M].北京：商务印书馆，2015.

［8］司马迁.史记[M].裴骃，集解.司马贞，索引.张守节，正义.赵生群，修订.北京：中华书局，2014.

［9］司马迁.史记会注考证[M].泷川资言，考证.杨海峥，整理.上海：上海古籍出版社，2015.

第六讲

六朝烟水　魏晋风流

——文学自觉与人的自觉

今天我们跟大家讲魏晋南北朝文学。我们拟定这样一个题目,叫《六朝烟水 魏晋风流——文学自觉与人的自觉》。

首先我们讲一个在中国文学史和文化史上令后人瞩目的现象,就是所谓的魏晋风流。晚唐时期著名诗人杜牧在一首题名为《润州》的诗歌中,表达了对魏晋风流的推崇,他说:"大抵南朝皆旷达,可怜东晋最风流。"小杜在诗中表达的这个观点,后来为日本的汉语诗人大沼枕山所吸取,大沼枕山在自己的诗歌之中也表达了同样的一种情怀,他说:"一种风流吾最爱,南朝人物晚唐诗。"魏晋时期的人物以及他们的文学艺术创作,对后来的中国文学产生了深远的影响。当代著名的美学家宗白华先生在《论〈世说新语〉和晋人的美》这篇文章中表达了这样的观点:"汉末魏晋六朝是中国政治上最混乱、社会上最苦痛的时代,然而却是精神上极自由、极解放、最富于智慧、最浓于热情的一个时代,因此也就是最富有艺术精神的一个时代。"宗先生在这里列举了魏晋南北朝时期文人士大夫留下的优秀的文学作品和艺术作品。他举例道:"王羲之父子的字,顾恺之和陆探微的画,戴逵和戴颙的雕塑,嵇康的广陵散,曹植、阮籍、陶潜、谢灵运、鲍照、谢朓的诗,郦道元、杨衒之的写景文,云岗、龙门壮伟的造像,洛阳和南朝的闳丽的寺院,无不是光芒万丈、前无古人,奠定了后代文学艺术的根基与趋向。"

在这篇文章之中,宗先生所说的话有两点值得我们关注:一个是魏晋南北朝在中国的历史上是一个比较特殊的时代。我们前面在讨论司马迁《史记》的时候说,《史记》中有大一统的历史观。这个大一统的历史观对我们后来人产生了深远的影响,在悠久的中国历史中,大一统是中国总的发展方向。但是在魏晋南北朝时期,从汉末的建安时期算起,中国就进入了动荡和分裂的时代,一直到公元581年,实际上应该说到公元589年,隋文帝杨坚派大军平定江南,重新建立了大一统的隋朝,这中间经历了393年。在这近400年的时间里,正如宗白华先生所说,"是中国政治上最混乱、社会上最苦痛的时代"。但正是在这样一个混乱和动荡的时代,我们中国人却在文学艺术上创造了辉煌的成就,宗先生用诗一般的语言描述这个时代在文学艺术上创造的成就,他说这个时代"是精神上极自由、极解放、最富于智慧、最浓于热情的一个时代,因此也就是最富有艺术精神的一个时代"。宗先生所说的,实际上就是我们今天要讲的魏晋风流的主要内容。

所谓的魏晋风流,实际上就是指魏晋的文人士大夫们的人格美,或者换句话说,实际上就是魏晋文人们的艺术化的人生。魏晋的文人士大夫在这样一个动乱黑暗的时代,凭借着他们特有的言语行为,以及文学艺术的创作,使得他们的生活本身具有一种艺术气质。魏晋的文人士大夫为什么会具有这样一种艺术化的人生? 当代著名哲学家冯友兰先生曾经有一篇专论叫《论风流》,这里的《论风流》实际上就是论魏晋风流。在文章中,冯先生说要想成为一个真正的、风流的名士,必须具备四个条件,这四个条件是:玄心;洞见;妙赏;深情。第一是玄心,所谓的玄心可以说是超越之心,超越之心也就是对现实的功名利禄的超越,达到一种比较自由的精神境界,这是构成风流的第一条件;第二个就是所谓的洞见,洞见就是不凭着由感性认识上升到理性认识这样一个过程,而是凭着一种直觉体悟的方式,获得对这个世界的一种深刻的认识,也就是直觉体悟,而直觉体悟是我们中国人擅长的,或者说是比较推崇的一种独特的思维方式;第三就是妙赏,妙赏是一种审美的欣赏,而这种审美的欣赏,一般是脱离功利关系的欣赏;第四就是一往深情。

魏晋的文人士大夫正是在一个动荡的时代具备了这四大要素——玄心、洞见、妙赏、深情,使得他们的生活呈现出一种艺术化的气质,从而为后代人所追慕,这就是我们要讲的魏晋风流。

② 六朝烟水:金陵怀古(上)

魏晋风流在中国文学史和文化史上是后人永远追慕的对象,在中国的文学创作中有一种题材引起了我们的关注,就是金陵怀古。

金陵怀古,实际上就是隋唐以后,历代文人通过对金陵的歌咏,表达对六朝时文人士大夫的那种精神的追忆。金陵怀古题材,可以说从魏晋南北朝终结之后不久,就在中国的文学史上出现了。真正开启中国文学史上金陵怀古题材的人物,我们首先要提到盛唐时期的大诗人——李白。

李白是中国文学史上一个奇特的人物。他出生在什么地方,他最后是怎样离开人间的,直到今天也是学术界比较关心和仍在讨论的话题。但是在李白留下来的诸多诗作之中,我们发现了这样一个令人瞩目的现象,就是他对金陵有一种特别的情结。在李白众多的诗篇之中,甚至从诗歌的题目中,就可以看出李白对金陵特别钟情。我们在这里首先看一下《金陵三首》当中的第二首作品,这首诗是这样写的:"地拥金陵势,城回江水流。当时百万户,夹道起朱楼。亡国生春草,王宫没古丘。空余后湖月,波上对瀛洲。"在这篇金陵诗中,李白首先点出了金陵所在的地理位置。金陵也就是今天的江苏南京,它至今仍然保留着李白笔下的那种地理形势。金陵城的最高峰,就是南京人所说的金陵山或者是紫金山,在南京的地方文化之中一般有这样的说法,叫作"钟山龙蟠、石头虎踞"。李白诗中的"地拥金陵势",首先点出了一座如龙蟠的紫金山。紫金山巍巍地矗立在金陵城的东北边,浩浩的长江从金陵城的西北绕城而过,这就是金陵城的地理位置和地理形势。"当时百万户,夹道起朱楼",李白在这里追忆的是六朝时候金陵城的繁华。李白的诗歌有些夸张,说当时的金陵城有百万户人家,大街上的高楼鳞次栉比。但是这一切都成为过去了,当李白来到金陵城的时候,六朝已经消失。原来繁华的都城,到处长满了杂草,原来辉煌的皇宫已经变成了土丘,只有玄武湖上的一轮明月,映照在空空荡荡的非常寂寥的金陵城上。这里透露出李白对六朝的一种追忆和咏叹。我们可以这样来理解,六朝是中国历史上的一个时代,李白在这里描写金陵城市,实际上就是将时间置换为空间,将六朝置换为金陵,所以金陵怀古实际上是写诗人对六朝的追忆,具体来讲就是对六朝时期魏晋风流精神的一种追忆。

这种追忆,似乎成为李白诗歌创作的一个重要的旋律,在《登金陵凤凰台》这首诗中,李白同样通过对金陵山水自然的描写,表达了对六朝风流、六朝文化的一种追忆。在诗中,李白写道:"凤凰台上凤凰游,凤去台空江自流。吴宫花草埋幽径,晋代衣冠成古丘。三山半落青天外,二水中分白鹭洲。总为浮云能蔽日,长安不见使人愁。"关于李白这首诗歌,在中国的文学史上有一个传说,李白写这首诗歌在某种意义上是为了与崔颢的《黄鹤楼》相抗衡。李白到黄鹤楼,诗兴大发,准备好好地为黄鹤楼写一首诗歌。但是当他登上黄鹤楼,看到崔颢的那篇"气势雄大"的《黄鹤楼》的时候,只能感叹道:"眼前有景道不得,崔颢题诗在上头。"崔颢的《黄鹤楼》成了唐代七言律诗的压轴之作,但李白是不甘心的。顺江东下来到了南京,他仍然没有忘怀这件事情,于是就写下了这首《登金陵凤凰台》。李白的这首诗歌,通过对金陵山水的描写,又一次表达了对东吴、东晋的追忆。诗中的"吴宫花草埋幽径,晋代衣冠成古丘"表达了对六朝逝去的感叹之情。

我们再看李白的另外一首诗歌《金陵城西楼月下吟》。这首诗歌我们读了以后,就能够进一步了解为什么李白总是歌咏金陵,歌咏金陵的意义是什么。在诗中,李白写道:"金陵夜寂凉风发,独上高楼望吴越。白云映水摇空城,白露垂珠滴秋月。月下沉吟久不归,古来相接眼中稀。解道澄江净如练,令人长忆谢玄晖。"在这里我们特别要关注最后两句诗,所谓"解道澄江净如练,令人长忆谢玄晖"。理解这两句诗,我们就能明白为什么李白在诗歌之中对金陵流露出了特有的一种感情。他在这里提到南朝时期一个著名的诗人,谢朓,字玄晖。谢朓在文学史上推动了山水诗创作走向成熟。他的代表作品是《晚登三山还望京邑》,这首诗歌中最有名的句子就是"余霞散成绮,澄江静如练"。当你理解了这两句诗的妙处时,你一定不会忘记它的作者谢朓谢玄晖。清代神韵派代表人物王士禛,曾经在自己的论诗绝句中写道:"青莲才笔九州横,六代淫哇总废声。白纻青山魂魄在,一生低首谢宣城。"李白在《梦游天姥吟留别》中写道:"安能摧眉折腰事权贵,使我不得开心颜。"像李白这样恃才傲物的人,他也有崇慕的对象,在王士禛看来,他一生最为崇拜的就是南朝的山水诗人谢朓谢玄晖。他曾经做过宣城太守,所以又称谢宣城。我们从这首诗中,就能够明白李白为什么在自己的诗歌中反复地歌咏金陵,实际上就是歌咏金陵在魏晋南北朝历史上的文化创造。李白作为一个诗人,特别推崇山水诗歌,李白自己也留下了众多精彩的山水诗篇。山水诗从源头来说,要追溯到东晋乌衣巷中的谢家人物,从谢混的"景昃鸣禽集,水木湛清华",到谢灵运的"池塘生春草,园柳变鸣禽",再到谢朓的"余霞散成绮,澄江静如练",在某种意义上是谢家创造了中国的山水诗,又将中国的山水诗推向了成熟。而李白一生沉浸于美好的山川自然的游历,他在《庐山谣寄卢侍御虚舟》中写道:"五岳寻仙不辞远,一生好入名山游。"所以从上述角度,我们看到李白对金陵的歌咏,实际上就是对六朝时期山水诗的一种推崇。

我们再看李白的另外一首金陵诗歌《金陵酒肆留别》,诗中写道:"风吹柳花满店香,吴姬压酒唤客尝。金陵子弟来相送,欲行不行各尽觞。请君试问东流水,别意与之谁短长。"这首诗歌表现了李白对金陵钟情的另外一种情感内涵。从"吴姬压酒唤客尝"可以看出金陵城里普通市民淳朴的人情,尤其是下句可以看到李白对金陵的青年子弟,也就是他的朋友的那种醇厚的友情,所以当李白准备离开金陵的时候,金陵城里的一批年轻子弟在小酒店中准备给李白送行,但酒欢过后,大家最终还是要分手,李白写道:"请君试问东流水,别意与之谁短长。"诗中流露出李白和金陵城里的年轻朋友的淳朴的、深厚的友情。《金陵酒肆留别》这首诗又透露出李白对金陵钟情的另外一种情怀,就是他对金陵城的普通市民的淳朴情感的赞美之情。从李白的这几首金陵诗中,我们可以看出他对金陵的咏叹,实际上主要就是对六朝文化,也就是魏晋风流的一种追忆。

在某种意义上,金陵怀古题材是中国文学史上诸多怀古题材中一个令人瞩目的现象,这个题材的基本情感就是由李白的一系列金陵怀古诗歌奠定下来的,后代的诗人在此基础上进一步演绎,表达了对魏晋风流的追忆之情。

与李白同时代的另外一位大诗人杜甫,在自己的诗歌之中也表达了对金陵的向往和留恋之情。但在有些诗歌中,这种情感往往不为我们所注意,比如说杜甫的代表作品《绝句》之一。这首《绝句》广为流传,人们耳熟能详,学者一般是从写景以及时空跨越的艺术上来评赏这首诗歌。诗中写道:"两个黄鹂鸣翠柳,一行白鹭上青天。窗含西岭千秋雪,门泊东吴万里船。"这是杜甫流落蜀中时写的一首绝句,通篇对仗(超越一般绝句诗的要求),在这微小的篇幅里,却包含了宏大的空间和悠远的时间,可以说这首诗歌具有一种咫尺千里之势。我们今天要注意的是这首诗歌的最后一句,"门泊东吴万里船"。仅仅从对仗来理解这首诗歌恐怕还不够,杜甫为什么在这首绝句中写到东吴?实际上是因为杜甫在自己的内心之中,早就埋下了对东吴以及南朝的深远的追忆。

我们再看下面这首诗,可能会渐渐明白一些。在《解闷》这首诗中,杜甫写道:"商胡离别下扬州,忆上西陵故驿楼。为问淮南米贵贱,老夫乘兴欲东游。"杜甫诗中写到的扬州、淮南在魏晋南北朝的时候,在某种意义上和今天大家所熟知的扬州不完全是一回事。在南朝的时候,扬州的州治是今天的南京,也就是金陵,所以诗中写"老夫乘兴欲东游",实际上表达的是杜甫希望有一天要回到他年轻时候曾经去过的金陵,重新游历,重温年轻时候在金陵的美好时光。

我们通过杜甫的诗歌来看一下杜甫年轻时在南京留下的美好记忆。有这样一首诗歌,题目非常长,但非常清楚地交代了杜甫年轻时曾经到过江宁游历,江宁给他留下了深刻的印象。诗的题目好像日记一样,是这样写的——《送许八拾遗归江宁觐省,甫昔时尝客游此县,于许生处乞瓦棺寺维摩图样,志诸篇末》。这首诗的题目实际上是讲杜甫送一个江宁的姓许的朋友,这个朋友在长安做官,后来略有成就,要回江宁去探亲。杜甫在年轻的时候曾经客游江宁,对许家印象深刻。杜甫不仅是一个大诗人,我们从他的诗歌创作中可以看出他对绘画艺术也特别地钟爱。讲到绘画,他自然就想到了东晋大画家顾恺之的绘画作品。在东晋时期,顾恺之曾经在秦淮河边的瓦棺寺中画过一个维摩诘的肖像,这个维摩诘肖像在中国的绘画史上曾经流传过一段佳话。据说顾恺之在画了这幅画之后,点上了维摩诘的眼睛,维摩诘的眼睛里放出了光芒,使得整个瓦棺寺一下子通明了起来。杜甫作为一个绘画爱好者,特别想到金陵瓦棺寺去看看顾恺之留下来的维摩诘肖像的遗迹,所以诗中写道,"看画曾饥渴,追踪恨森茫。虎头金粟影,神妙独难忘"。我们从这里可以看出来,杜甫如饥似渴地想看到顾恺之在瓦棺寺中画的维摩诘的图样。但是当杜甫来到金陵瓦棺寺的时候,由于经过几百年时间的洗礼,顾恺之画的维摩诘肖像已经杳无踪迹了,所以杜甫非常的失望。他到金陵城里去寻访,好在金陵城里有一些人家曾经留下过维摩诘肖像的一些摹本,其中书生许八郎家就留有维摩诘肖像的摹本。杜甫在许家看到了这个摹本,虽不是顾恺之的真迹,但也令他终生难忘,所以诗中写道,"虎头金粟影,神妙独难忘"。虎头,是顾恺之的小名;金粟,就是指维摩诘;影,就是指维摩诘的肖像。虎头金粟影实际上是许家留下来的顾恺之维摩诘肖像的摹本,杜甫看到了以后终生难忘,所以诗中写"神妙独难忘"。

顾恺之的绘画是魏晋文人士大夫在艺术创作上的一个代表,实际上整个魏晋文人士大夫群体在文学艺术上的创作,对杜甫都有深刻的影响,所以杜甫一直念念不忘年轻的时候在金陵留下的美好时光,因而在《解闷》中写道"老夫乘兴欲东游",在《绝句》中写道"门泊东吴万里船"。"门泊东吴万里船"实际上暗含着杜甫想重新游历金陵这样一个意愿。

③ 六朝烟水:金陵怀古(下)

  李白和杜甫都在自己的诗篇之中歌咏了金陵,表达了对魏晋风流的钟爱之情。由于李白和杜甫在中国诗歌史上的深远影响,金陵怀古题材在李杜之后的唐代诗坛也成为一个令人瞩目的现象。我们要看李杜之后金陵怀古题材在唐代诗歌创作中的具体表现,就不得不提中唐时期的刘禹锡。

  刘禹锡在自己的诗篇之中多次表达了对金陵的一种特有的兴趣,其中最有代表性的是《金陵五题》中的《石头城》和《乌衣巷》。《石头城》这首诗写道:"山围故国周遭在,潮打空城寂寞回。淮水东边旧时月,夜深还过女墙来。"石头城在南京是和钟山齐名的,前面我们提到南京城的地理位置、地理形势时有这样的说法,叫"钟山龙蟠、石头虎踞"。刘禹锡这首诗中的石头城像一只老虎一样蹲在城市的西边。这个城市在过去的几百年间所创造的文化上的成就,已经变成历史的陈迹,所以刘禹锡在这首诗中非常含蓄地透露出了对六朝成为历史陈迹的一种感叹。在《乌衣巷》这首诗中,情感表达就比较明显。他写道:"朱雀桥边野草花,乌衣巷口夕阳斜。旧时王谢堂前燕,飞入寻常百姓家。"王、谢、桓、庾是魏晋南北朝,尤其是东晋时期的政治上的代表,同时也是文学艺术上的代表,他们在中国的文学艺术上创造了辉煌的成就。王家,以王羲之、王献之父子的书法为代表,谢家我们前面提到过,从谢混、谢灵运到谢惠连、谢朓,在中国的诗歌史上,尤其是山水诗的创作上取得了辉煌的成就。我们看刘禹锡在这首《乌衣巷》中也透露出一种感伤之情。"旧时王谢堂前燕,飞入寻常百姓家。"表面上是写燕子栖息地的变迁,实际上写的是过去那种以王谢为代表的魏晋风流,也归入历史的陈迹。特别值得注意的是刘禹锡在《乌衣巷》中所写的"王谢堂前燕",构成了后代中国金陵怀古诗的典型意象,尤其对宋代以后的金陵怀古题材诗歌产生了深刻的影响。

  我们再看晚唐诗人杜牧。杜牧在自己的诗篇之中多次写到金陵的山川自然之美,同时也表达了对金陵在魏晋南北朝时期所创造的文化归于历史陈迹的一种感伤之情。如《江南春》《泊秦淮》这两首绝句,《江南春》表现了杜牧对以金陵为中心的江南山水的一种赞美之情:"千里莺啼绿映红,水村山郭酒旗风。南朝四百八十寺,多少楼台烟雨中。"前面两句"千里莺啼绿映红,水村山郭酒旗风"主要凸显了以金陵为中心的山川自然之美,后面"南朝四百八十寺"写出了南朝时期金陵的佛教和佛学的辉煌。在《泊秦淮》这首诗中,他表现的是对南朝消失的一种感伤之情:"烟笼寒水月笼沙,夜泊秦淮近酒家。商女不知亡国恨,隔江犹唱《后庭花》。""隔江犹唱《后庭花》"是对自己这个时代的一种反思,杜牧所生活的时代,似乎和南朝晚期陈后主在位的时候非常相像,在位的人不理朝政而沉湎于声色犬马之中,不去治理国家、不管百姓的死活。诗的开篇"烟笼寒水月笼沙"是对秦淮河畔自然环境的一种典型的描绘,和我们今天所讲的题目中的六朝烟水已经非常接近了。

杜牧写的金陵怀古题材诗歌最值得我们一看的应该是《润州》。在前面我们引用了它的第三联,不妨完整地看一下这首诗歌。"句吴亭东千里秋,放歌曾作昔年游。青苔寺里无马迹,绿水桥边多酒楼。大抵南朝皆旷达,可怜东晋最风流。月明更想桓伊在,一笛闻吹出塞愁。"前面我们讲到李白对金陵的推崇,主要是对南朝时谢家的山水诗的推崇;杜甫对金陵的留恋,主要是因为他少年时代看到了顾恺之维摩诘肖像的摹本,令他终生难忘;在杜牧的《润州》中,我们看到了杜牧推崇的另外一个魏晋风流的典型代表,就是诗的最后一联中所写到的"桓伊"。桓伊,字子野,做过很高的官职,他特别喜欢音乐,相传在中国的音乐史上桓伊给我们留下了一首名曲——《梅花三弄》,所以杜牧在这首诗中提到的"月明更想桓伊在,一笛闻吹出塞愁"再次表现了魏晋时期的艺术创作对他的深远影响,也就是桓伊的音乐创作,给他留下了深刻的印象。这是杜牧在自己的诗歌之中对金陵的歌咏。

晚唐时候还有一位诗人韦庄,他的《台城》诗和《菩萨蛮》小令也是金陵怀古题材诗歌之中值得我们关注的两篇作品。《台城》诗写道:"江雨霏霏江草齐,六朝如梦鸟空啼。无情最是台城柳,依旧烟笼十里堤。""江雨霏霏"这样一个烟雨朦胧的意象,似乎最能够表达后人对魏晋风流消失的感伤之情。诗中直接提到六朝,主要就是对六朝的一种追忆。最后诗中写"无情最是台城柳，依旧烟笼十里堤"，前面的"江雨霏霏"，后面的"烟笼十里堤"这两个意象非常的相似，都是表达韦庄对六朝消失的一种怅惘之情。《菩萨蛮》这首小令的色彩就要明亮一些："人人尽说江南好，游人只合江南老。春水碧于天，画舫听雨眠。垆边人似月，皓腕凝霜雪。未老莫还乡，还乡须断肠。"这首小令虽然不是怀古题材，写的是诗人眼中所见到的江南的自然山水和人物之美，但是这里的山水和人物实际上也可以归结为金陵怀古题材情感的一个重要组成部分。

　　我们在李杜之后又梳理了唐代几个代表性的诗人，他们在自己的诗篇之中表达了对金陵的一种特有的情感，也就是对六朝的追忆。比如说刘禹锡的代表作品《金陵五题》中的《乌衣巷》，杜牧的《润州》和韦庄的《台城》，这些作品都是唐代诗歌之中金陵怀古题材的优秀作品。

　　唐代以后的宋代、元代、明代、清代，乃至一直到现当代，在中国的文学创作中，还不断有金陵怀古题材作品出现，而且有很多优秀的作品。比如说宋代著名的政治家、文学家王安石，他的一首词可以说是宋代金陵怀古词的压轴之作。

　　王安石的这首金陵怀古词，词牌叫《桂枝香》，分为上下两阕。从词的具体内容可以看出来，上阕主要是对金陵的地理形势和自然山水的描绘，下阕又回到了金陵怀古这样一个老的题材。词中写道："念往昔，繁华竞逐。叹门外楼头，悲恨相续。千古凭高，对此谩嗟荣辱。六朝旧事随流水，但寒烟芳草凝绿。至今商女，时时犹唱，后庭遗曲。"词的下阕从语言上来看，主要是引用了杜牧的诗歌《泊秦淮》和《台城曲》中的文字。从词所表达的情感来看，和唐代的诗人基本上没有多大的区别，仍然是对六朝的一种追忆。

　　王安石如此，我们再看南宋著名词人姜夔的自度曲《杏花天影》。《杏花天影》这首词是写姜夔在大年初二乘着小船，从今天的汉口顺江东下，来到了金陵附近。他没有到金陵城去，只是停在金陵城附近的江边之上，他在小船之上，想到了六朝时金陵城里的风流故事。词中提到"想桃叶当时唤渡"，"桃叶唤渡"，这是东晋王献之的爱情故事。郭茂倩的《乐府诗集》记录了王献之和秦淮河边桃叶、桃根姊妹二人的爱情故事。这个爱情故事，引起了姜夔的关注。姜夔《杏花天影》这首词的主题，实际上与爱情也是息息相关的。词中他引用了王献之和桃叶姊妹二人的爱情典故，同样是写东晋那些文人士大夫的故事。

到了元代，少数民族作家萨都剌也写过"金陵怀古"词作。一首词牌叫《满江红》，题名就是"金陵怀古"，还有一首《石头城》，也是写金陵怀古的。我们在这里看一看《满江红》。这一首词同样也是化用了刘禹锡的《乌衣巷》中的诗句，"王谢堂前双燕子，乌衣巷口曾相识"，我们从这两句就可以看到，萨都剌在《满江红》这首词中同样表达的是对六朝的一种追忆。这种追忆之情不断地生发影响，影响了后代人关乎金陵的创作。

到了清代，我们前面提到的王士禛，是清代前中期神韵派的代表人物。他曾经也来到过金陵，写过一组诗歌《秦淮杂咏》，本来是二十首，留下来十六首。我们看其中的两首，第一首："年来肠断秣陵舟，梦绕秦淮水上楼。十日雨丝风片里，浓春烟景似残秋。"这一首诗歌主要是写秦淮河畔的那种令人非常感伤的风情。诗中用了这样的意象，"十日雨丝风片里，浓春烟景似残秋"，本来春天是非常美好的，但是在王士禛的眼中，这里的美好春光像凋零的秋天。实际上这首诗的开篇就透露出了诗人王士禛来到金陵城的感伤之情。在诗中我们没有看出他在现实生活之中因为什么而感伤，但是在这组诗的第六首当中我们看到了他的这种感伤之情的由来。诗中这样写道："青溪水木最清华，王谢乌衣六代夸。不奈更寻江总宅，寒烟已失段侯家。""青溪水木最清华"，"水木清华"是南朝东晋时期谢家的诗人谢混笔下的名句，谢混在《游西池》中写道"景昃鸣禽集，水木湛清华"，所以王士禛来到秦淮河边，写"水木清华"既是对东晋谢混诗句的引用，同时也是对金陵自然山水的描写，可以说是比较恰当的。第二句"王谢乌衣六代夸"再次写到东晋时的乌衣巷中的王谢两家，诗的最后写道"不奈更寻江总宅，寒烟已失段侯家"，以王谢为代表的魏晋的名士都归为历史的陈迹了，更不要说南朝时的江总，江总是梁陈时期的一个文人。作为清代初年的著名诗人，王士禛对秦淮河边的这样一些与文学有关的历史人物，都是非常关注的，但是在诗中他却写到他没有心思，也没有耐心去寻访梁陈时期的文学家江总的遗迹，更不要说宋代以后的段约之的家了。诗中的段侯段约之是与王安石同时代的人物。在这首诗中，王士禛透露出了一种无奈。这种无奈就是对逝去的魏晋风流的感伤之情。

从唐到清,历代文人在金陵怀古中所表达的这样一种感伤之情,可以用清代初年朱彝尊的小令《卖花声》来做一个小结。朱彝尊在词中写道:"衰柳白门湾,潮打潮还。小长干接大长干。歌板酒旗零落尽,剩有渔竿。秋草六朝寒,花雨空坛。更无人处一凭栏。燕子斜阳来又去,如此江山。"作为清代初年的诗人,朱彝尊在《卖花声》这首词中,以雨花台为代表来写金陵。它有两重意思:一是指这首小令当中写到的"歌板酒旗零落尽,剩有渔竿",大明王朝的消亡再次给南京的文化带来了重创,但是想到南京的文化底子是六朝,所以在小令的下阕明确提到了这一点,说:"秋草六朝寒,花雨空坛。更无人处一凭栏。"一个人独自站在长干桥上,在这里看到了什么? 看到的是刘禹锡笔下的那个情景:"旧时王谢堂前燕,飞入寻常百姓家。"由此可见,历代文人金陵怀古题材感怀的主要是金陵的文化底蕴魏晋风流。

除了前面的那些诗人,还有晚唐的李商隐、许浑,以及清代的吴伟业、郑板桥等,历代诗人对金陵的歌咏汇成了一条若隐若现的文脉。这条文脉我们可以把它称为"六朝烟雨",或者叫"六朝烟水气"。用"六朝烟水气"可能更恰当一些,因为"六朝烟水气"是清代著名的文学家吴敬梓在《儒林外史》中通过他笔下的一个名士说出来的。这个名士叫杜慎卿,在《儒林外史》中是这样写的:杜慎卿有一次和朋友们到金陵的城南雨花台游玩,他看到了两个小贩到街上卖货,如果按照我们今天的理解,到街上卖小货的人都是非常辛苦的,卖完了货还要准备第二天的活计。但是,杜慎卿看到的情景令他非常的感慨。这两个人将货卖完了,挑了两担空桶歇在山上,其中的一个拍着另外一个的肩头道:"兄弟,今日的货已经卖完了,我和你到永宁泉吃一壶水,回来再到雨花台看看落照。"这两个卖货的人,喝完了茶还要到雨花台去看看夕阳。如果我们今天看到这样的情景,也会感慨万千。难怪杜慎卿笑道:"真乃菜佣酒保,都有六朝烟水气,一点也不差。"吴敬梓在这里通过杜慎卿之口,用"六朝烟水气"来概括金陵城所透出的文化的内涵。所以我们今天也把它借用过来,用这样一个意象来指历代金陵怀古诗中所表达的主要的情感内涵,就是对六朝的魏晋风流的一种追忆。所以六朝烟水气,实际上就是一个时代的精神内涵,这个时代,就是魏晋南北朝,南方人习惯说六朝;精神内涵就是我们今天主要讨论的话题,叫魏晋风流。

自唐朝以来，一直到今天的中国文坛，历代文学创作都出现了金陵怀古题材的作品，而且出现了很多的名篇。这些金陵怀古题材作品的内涵是非常丰富的。前面我们在阅读这些作品的时候，也进行了一定的分析，下面我们对金陵怀古题材的文学作品做一个小结。

这些作品的内涵可以从下面几个方面进行概括。历代文人之所以书写金陵，以至于金陵成了中国文学中的一个重要意象，是因为金陵本身的魅力。金陵的魅力在诗人的笔下首先表现为它特有的美丽的自然，可以用杜牧的诗歌《江南春》作为代表，所谓"千里莺啼绿映红，水村山郭酒旗风"。这里的"千里莺啼绿映红"可以代表自李白以来的众多的金陵怀古诗歌中的主要描写对象，就是金陵的山川自然之美，而这种山川自然之美一直到今天，也是人们弥足珍贵的生活环境。

其次，金陵怀古题材作品另外一个重要的内涵，就是歌咏金陵的人物之美。人物之美可以分两个层次，第一个是以乌衣巷中的那些世家大族中的名士为代表，叫名士风流，其中以乌衣巷中的王、谢、桓、庾为代表。东晋是最具有典型性的，历史学家把东晋时代称为门阀时代。在东晋，政治上、军事上、文化上的领袖都出自乌衣巷中的这些世家大族，这些世家大族在政治上拥有很高的权力，在经济上拥有很强的实力。但是这些世家，之所以被称为世家，还有一个重要的因素，就是他们在文化上的创造和传承。比如说乌衣巷中最为典型的是王、谢，与他们相齐名的还有桓、庾，再加上金陵本地的一些世家，如顾、陆、朱、张。王、谢、桓、庾是东晋时期由于中原失守，从北方流落到南方的世家大族的代表。我们刚才说，除了政治上的权力和经济上的实力之外，这些家庭代代相承还有一个重要的原因，就是在文化上的创造和传承。我们前面提到了王羲之和王献之父子，他们创造了中国的书法史上的典范。谢家我们多次提到，从东晋时期的谢混、晋宋之际的谢灵运到齐梁时期的谢朓，他们创造了中国的山水诗，并且将中国的山水诗推向成熟，使山水诗成了中国后代文学中的一个重要题材。唐宋时期的诗歌创作也取得了很高的成就，它的源头要追溯到谢家对山水诗的贡献。桓家我们提到了杜牧《润州》中的桓伊桓子野。桓子野是魏晋名士的一个代表人物，中国名乐《梅花三弄》很可能就是出自桓伊之手。杜牧诗中写道"月明更想桓伊在，一笛闻吹出塞愁"。所以金陵怀古诗中所歌咏的人物之美，其中一个重要的内容就是王、谢、桓、庾这些世家大族在文化上创造的成就。除了名士之外还有金陵城里的普通的老百姓。这些普通的老百姓也是诗人笔下一个重要的描写内容，比如说李白的诗中写道："风吹柳花满店香，吴姬压酒唤客尝。金陵子弟来相送，欲行不行各尽觞。"这首诗中的吴姬、金陵子弟，代表着金陵城里的普通老百姓。这些普通老百姓具有一种淳朴的热情，这种淳朴的情怀也是金陵怀古诗中的一个重要内涵。

最后，金陵怀古诗多次歌咏人文之美。这里的人文之美就是文学艺术创造，刚才在提及名士风流的时候我们就分析过这两者的关系非常密切。

我们说金陵怀古题材的诗歌，其中一个重要的内涵，就是金陵本身所具有的魅力，可以分为三个层次：第一是自然之美；第二是人物之美；第三是人文之美。但是在金陵怀古题材作品出现的诸多情感内涵之中，我们最需要关注的是其中的六朝名士风流，也就是我们今天题目中所讲的一个重要的关键词——魏晋风流。

魏晋风流，是魏晋士人的一种人格之美，或者说是一种艺术化的人生。魏晋的文人士大夫通过他们的言谈举止和文学艺术的创作，使得他们的生活艺术化了。而这种艺术化的人生，是历代人们所追求的一种生活的至高境界。但这种至高境界不是经常出现的，所以魏晋时期的这样一种艺术化的人生就显得弥足珍贵。魏晋的名士在他们的日常生活中是如何展现他们艺术化的人生的？这一点我们要通过南朝时一部重要的文学作品或者说是历史著作——《世说新语》来加以分析。

4 魏晋风度：人的自觉

魏晋风流，或者叫魏晋风度，为凝重的中国文化抹上一层烂漫的色彩，成为后代文人追慕的一个永恒的对象。要想具体了解魏晋的文人士大夫在他们的日常生活中所展现的这样一种人格之美，或者说艺术化的人生，有一本书为我们打开了捷径。

冯友兰先生在《论风流》中就指出来："《世说新语》这部书，可以说是中国的风流宝鉴。"从一般的文学史角度来看，《世说新语》是南朝刘宋时期的刘义庆和他身边的一些文人根据前代的史料编纂出来的一部志人小说,也就是主要记述了东汉后期到晋宋间文人言谈举止的一部志人小说。《世说新语》既是小说,也是重要的历史著作,唐朝人编《晋书》的时候,有关魏晋人物的大量史料也是取自《世说新语》这部书。所以《世说新语》在某种意义上是一部集文学和史学于一体的著作,是我们了解魏晋风流的一部重要的经典。

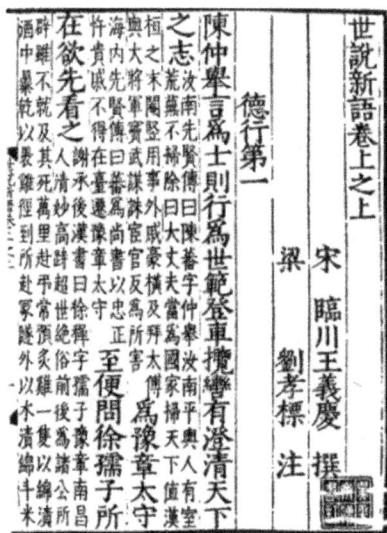
《世说新语》四部丛刊景明袁氏嘉趣堂本

讲到魏晋风流在中国文学和文化史上的意义,我们借用鲁迅先生的一个观点,鲁迅先生在 1927 年曾经在广州做过一个演讲,演讲的题目叫《魏晋风度及文章与药及酒之关系》,在这篇文章之中鲁迅有一个重要的观点,对后代的学术产生了很大的影响。他说:"用近代的文学眼光看来,曹丕的一个时代可说是'文学的自觉时代',或如近代所说是为艺术而艺术的一派。"为艺术而艺术的一派,起源于法国的浪漫主义文学创作。法国浪漫主义文学创作的一个代表人物戈蒂耶,曾经在自己的小说《莫班小姐》的序言之中提出"艺术可以超越一切功利而存在"。在西方的文学史上把它总结为,艺术创作的目的就是艺术为艺术。在五四新文化运动以后,西方这样的浪漫主义文学思潮对中国的文坛乃至学术产生了很大的影响。用这样的观点来看中国的文学发展历程,鲁迅等学者认为在中国的历史上,魏晋南北朝时期就出现了文学自觉,也就是为艺术而艺术的这样一种文学创作。

那么现在就要追问:为什么在魏晋南北朝时期出现了文学的自觉?文学的自觉有一个先决的条件,可以称之为人的自觉。人的自觉就是人的主体性,以人本主义的观点来看待人。那么讲到了人的自觉,就要追溯一下中国思想史的演进。在汉代的时候,汉武帝接受了董仲舒《天人三策》的建议,儒学一跃而成为官学,也就是两汉时期主要的政治思想。作为主要政治思想的

167

儒学,对文人的个性实际上是起着束缚作用的。随着儒家的经学自身走向一个极端,以及儒学所依从的政治基础开始走向衰落,到了东汉建安年间,原来居于主导地位的儒家经学,开始走向衰落。

衰落的缘由,首先是汉代经学的两个方面——今文经学和古文经学,都表现出严重的弊端。今文经学开始出现神秘的谶纬之学,古文经学走向了繁琐的章句之学,所以从经学本身来说出现了这样一些弊端。再加上儒学,也就是儒家经学所依从的政治基础——汉代的大一统政权开始摇摇欲坠,原来居于主导地位的儒家开始走向了衰微,另外一种新的思潮开始出现。

在汉末建安年间,有一些哲学家借助《周易》以及老庄的哲学著作来改造传统的儒家。在中国的哲学史上把《周易》《老子》《庄子》称为三玄,以三玄为基础形成了一种新的思想,叫玄学。玄学到了魏晋时期成了时代的主要思潮。玄学作为一种学术,它讨论了很多的问题,有些问题是比较抽象的,比如说本末问题(这个不作为我们课程的主要内容)。但玄学有一些另外的命题,和文学尤其是我们要讲的魏晋风度息息相关,我们还是要注意一下。《世说新语·文学》中载:"王丞相过江左,只道声无哀乐、养生、言尽意,三理而已。然宛转关生,无所不入。"王丞相就是王导,王导从北方来到了江左,也就是当时的建康城之后,他讲了三个问题:声无哀乐论、养生论和言尽意论。

这里我们就先讲第一个——言尽意论,言尽意论探讨语言和意义之间的关系。在当时的玄学家之中,关于言意的关系就有两个不同的观点:一种观点是言尽意,就是语言能够表达内在的思想感情,以欧阳健为代表;还有另外一种观点,认为语言不能表达主体内在的思想感情,以荀粲、王弼等人为代表。这是言意之辩命题的主要内涵。

第二是养生论,以嵇康等人为代表。嵇康写过一篇关于养生的文章《养生论》,直到今天还是我们中医学要研读的一篇文章。在《养生论》中嵇康提到怎样养生才能够保证我们的身体健康。他说要注意两个方面。其一是:"故修性以保神,安心以全身,爱憎不栖于情,忧喜不留于意,泊然无感,而体气和平。"就是说平常我们在生活之中不要大喜大悲,大喜大悲会让我们的情感在两极之间跳来跳去,就影响我们的身体健康,所以要做到淡泊无感,对功名利禄保持一颗平常心。其二是通过一些方法来养生。嵇康在《养生论》中具体提到一种方法,叫呼吸吐纳,服食养身。具体来说也是两个,一个是像我们今天的气功，叫呼吸吐纳；另一个就是通过食疗，吃一些东西来养生。嵇康提出的呼吸吐纳、服食养身的方法，直到今天在我们日常生活中还在用，这也是玄学的一个重要命题。

第三是声无哀乐论。这是一个音乐命题，但是也转化成了玄学讨论的一个话题。嵇康作为一个音乐大师，写过一篇音乐专论叫《声无哀乐论》，在《声无哀乐论》中，嵇康提出了一个重要的观点，认为音乐实际上是没有情感的。他说："声音自当以善恶为主，则无关于哀乐；哀乐自当以情感而后发，则无系于声音。"他说音乐在某种意义上，就是一种有节奏的声音。音乐要评价的话只能用好听和不好听来讲，不能用情感来评价。实际上，嵇康在这里提出的观点在理论上是站不住脚的。嵇康声无哀乐论的观点，实际上是针对中国传统的儒家音乐理论提出的。中国的儒家音乐理论，特别强调音乐的教化作用。这本来也是非常合理的，但是过分地强调使音乐失去了独立地位，所以嵇康提出了特有的声无哀乐论。这是玄学的一个重要命题。

玄学理论中还有一个特别的命题，叫才性四本论。《世说新语·文学》中除了文学之外，实际上还记录了哲学以及其他艺术的内容。其中提到过曹魏时期的一个学者，叫钟会。钟会官位很高，也有军事能力，他曾经写过一本书叫《四本论》。《四本论》写好了以后，他想请教嵇康，可惜由于嵇康看不起钟会的人品，所以钟会很难当面将这本书递交给嵇康。那《四本论》这本书的主要观点是什么？南朝时期的学者刘孝标在《世说新语注》中曾经提到过所谓"四本论"就是才性四本。四本就是关于才性的关系有四个不同的观点。"才性"中的"才"，就是一个人的才能；"性"，就是一个人的品性道德。评价一个人既要看他的道德，也要看他的才能。对一个人来说，他的道德和才能之间的关系如何，不同的学者有不同的观点。合起来大概有四种：有人认为才性是相同的；有人认为才性是不同的；有人认为才性是可以统一的；有人认为才性是不能统一的。这里说的四本实际上可以归结为两个观点：和、同是一类；离、异是一类。也就是对一个人来说，他的才能和品格既可能是同样重要的、可以统一的，也可能是不同等重要的、不能统一的，所以和同离异可以分成两个主要的不同的观点，这是才性四本论。对于才能和品性之间的关系如何去看，以及对一个人的具体的评价，这是玄学理论的第四个命题。

玄学理论还有一个命题，是讨论情感的，叫圣人有情无情论。在平常生活中,我们都知道人肯定是有情感的,但是现在要进一步追问圣人有没有情感。庄子在《逍遥游》中曾经写道:"至人无己,神人无功,圣人无名。"圣人跟我们普通人是不一样的,我们普通人在平常生活之中,遇到好的事情都很快乐,遇到了悲伤的事情那肯定非常痛苦,是有喜怒哀乐、七情六欲的。但是当时的玄学家何晏认为,圣人没有喜怒哀乐的情感,有很多人赞同他的观点。但有一个年轻的哲学家叫王弼,他不同意何晏的观点,他认为圣人和我们普通人是一样的,具有喜怒哀乐等情感,和我们普通人不一样的地方在于他们有情感而不为情感所累。王弼的原话很精彩,叫"应物而无累于物"。圣人有情无情论这一命题,直接关系魏晋风流的主要内涵。

我们讲魏晋玄学这些命题,是为了让我们进一步地了解魏晋风度的主要内涵。在某种意义上说,了解魏晋玄学以及玄学的理论内涵是理解魏晋风度的一个理论基础。

如果说魏晋玄学是魏晋风度的理论基础,那么可以说魏晋风度在某种意义上就是对玄学理论的一种生活实践。刚才我们提到才性四本论是魏晋玄学的主要命题,才性四本讨论一个人的才能和他的品性之间的复杂关系,主要有两个不同的观点:一个是和同,一个是离异。和同认为人的才能和道德是可以统一的,是一样重要的;而离异却认为一个人的才能和品性是两回事情,不能够同等地去对待。当时有很多人对才性的关系是持不同的态度的,其中我们要提到在三国时期,准确地说应该是汉末建安时期重要的政治人物曹操,他是怎么看待这一观点的。

我们看一看在汉末建安时期,曹操作为一个政治家的理想。正如他的《短歌行》里所说:"山不厌高,海不厌深。周公吐哺,天下归心。"这是他的政治理想,就是要统一天下。但是由于曹操特殊的出身,很多文人士大夫不愿意为他效力,于是他三次下求贤令,在求贤令当中他的一个核心思想就是唯才是举。唯才是举就是提拔一个人、重用一个人的时候,不再考虑他的德行如何,而主要考虑他是否具有政治上的才能。以这样的主导思想颁布求贤令,使得曹操的身边聚集了很多有才华的能人,曹操的势力得到了加强。由于曹操在政治上特殊的地位,唯才是举的求贤令不仅加强了他的政治力量、军事实力,对后代的中国思想也产生了重大的影响。唯才是举的求贤令的一个鲜明特征，就是重才轻德。所以我们说重才轻德，就是才性四本论的玄学观点的一个具体的实践。

我们从《世说新语》中还能看出魏晋的士大夫由于受玄学思想的影响，特别关注个体的价值。我们可以举两个例子，一个是温太真温峤。温峤和王、谢、桓、庾这些家族的人一样，都是从北方来到南方的。在东晋的时候，文人士大夫有这样一个习惯，平时在一起的时候喜欢品评人物。曹魏时就有九品中正制，就是将人分成三六九等，评价人物有三六九等之分。温峤有一次听到文人士大夫在一起评价人物，数说第一流人物，但第一流人物数完的时候，没有听到自己的名字，他大惊失色。他本来以为自己应该属于第一流人物，但是发现在人们的心目中自己还算不上第一流人物，所以内心非常的失落。从这里我们可以看出来温峤非常在意自己在人们心目中的地位。这也是重视个体价值的一种表现，尤其是下面一个人物殷浩。殷浩年轻的时候和桓温齐名，但是他们两个人在年轻的时候都有好胜之心。有一次桓温见到殷浩的时候就当面质问他，殷浩，你跟我比到底怎么样？殷浩怎么回答？如果说自己比桓温好，那当然就是得罪了桓温；如果说自己不如桓温，那是魏晋的名士不愿意说出的话。魏晋的名士都非常具有自我意识，你看殷浩是多么的聪明，他说了这样一句话，既回避了和桓温之间的矛盾冲突，同时又维护了自我的形象。这句话非常智慧，叫"我与我周旋久，宁作我"。短短的一句话，从语言文字来说，出现了三个"我"字，从表达效果来说，也确实维护了自我的形象，而且避免了和桓温之间的矛盾冲突。我们再看下面一个例子，例子中的人物我们相对比较熟悉，一个是东晋时期的风流宰相谢安，还有一个就是王羲之的儿子王献之，字子敬。王子敬和他的父亲一样都是著名的书法家。有一次谢安见到了王子敬，就当面问他说，你的字写得那么好，但是我要问你的是你的书法跟你家的老父亲比怎么样？王子敬怎么回答？王羲之在中国的书法史上被称为书圣，当时就名满天下，作为他的儿子，王子敬说自己的字不如父亲，一点也不丢自己的面子。但是王子敬却不这样说，而是说："固当不同。""固当不同"那就是说各有千秋。谢安用另外一句话来刺激王子敬。他说："外人论，殊不尔。"意思是说，在别人的眼光之中好像不是这样的，潜台词是说你的字还不如你家老父亲。而这句说出来以后却刺痛了王子敬。他说："外人那得知？"别的人，他会写字吗？他有什么资格评价我的字和我父亲的字！从这里我们就看出,王子敬在与谢安的对话之中也非常在意对自我形象的维护。这是魏晋风度的一个重要表现,可以看出来魏晋的文人士大夫特别重视个体的价值、自我的价值。

魏晋风度为后人所追忆的一个重要原因,就是魏晋的文人士大夫特别关注人的生命。生命分为几个层次的内涵,人的生命当然包括自我的生命、他人的生命,甚至由人的生命推及其他生物的生命。我们看下面一个片段,《世说新语·言语》记载了一个感人的故事。故事的主人公是桓温桓大司马。桓温有一次北征经过了金城这个地方,看见自己曾经做琅琊内史的时候栽的那棵柳树已经长高长大了,他用手稍微测量了一下,大概有十围(两手的拇指和食指合拢的圆周长为一围)。柳树跟松柏是不一样的,松柏常青而柳树生命有限,一旦长到十围的时候,大概就要干枯了,也就要死去了。桓温见到自己亲手栽的这棵柳树就要死掉了,感慨万千地说道:"木犹如此,人何以堪。"柳树长到十围是需要一定时间的,据记载,桓温做琅琊内史的时候还比较年轻,当他再次北伐经过琅琊的时候,时光匆匆一晃过了三十年。三十年对我们人的一生来说,恐怕还是比较长的。如果从年轻的时候开始算,过三十年大概就到五六十岁了。在中国古代社会,五六十岁已经算是老年了,所以桓温在这里因为他种的柳树十围而联想到自己的生命的衰老,感慨万千,说出"木犹如此,人何以堪"这八个字。这八个字表达的就是对生命流逝的一种感伤之情。从《世说新语》的文字中我们也看得出来,他一边说着这个话,一边流下了伤心的眼泪,"攀枝执条,泫然流泪"。桓温说的"木犹如此,人何以堪"八个字后来成为中国文学作品中的一个经典的典故。

西魏北周著名文学家庾信在《枯树赋》中,把桓温的八个字演绎成一个段落,共六句二十四个字:"昔年种柳,依依汉南。今看摇落,凄怆江潭。树犹如此,人何以堪。"庾信在《枯树赋》中演绎的文字,再次对后代的文学家产生了影响。南宋的姜夔在自己的自度曲《长亭怨慢》的小序中,引用了由庾信演绎的桓大司马桓温的话。《长亭怨慢》的小序中写道:"昔年种柳,依依汉南。今看摇落,凄怆江潭。树犹如此,人何以堪。此语余深爱之。"这个小序明确地表达了诗人对桓大司马所说的那几句话的喜爱情感。著名词人辛弃疾在他的代表作《水龙吟·登建康赏心亭》中,也运用了桓温的这个典故,表达了自己到南方投闲置散,无法实现收复北方失地的理想的那种感伤之情。词中写道:"可惜流年,忧愁风雨,树犹如此。"借用桓温"叹柳"典故,一方面感叹时光的流逝,另一方面表达自己的理想不能实现的无奈之情。

桓温是一个珍爱生命的人,他不仅珍爱自己的生命,甚至把珍爱人的生命这种情怀推广到动物身上。《世说新语·黜免》记载过一件事情,说桓温有一次征蜀经过三峡。关于三峡两岸的风物,郦道元在《水经注》之中就记载过一个民谣:"巴东三峡巫峡长,猿鸣三声泪沾裳。"李白的诗歌《朝发白帝城》中还写过"朝辞白帝彩云间,千里江陵一日还。两岸猿声啼不住,轻舟已过万重山"。郦道元的《水经注》和李白的《朝发白帝城》中都提到了三峡两岸有种可爱的动物,就是猿。桓温这一次征蜀,队伍中很多士兵没见过猿,所以第一次见到猿便特别的兴奋,其中有一个士兵跑到岸上抓了一只小猿。猿被抓了,那猿的母亲就不愿意了,它跟着桓温的船队,在岸上发出悲凉的哀号之声。母猿发出悲号之声,在年轻的士兵看来还是一件比较逗人的事情,所以他一直没有把猿放走。于是这猿的母亲一直跟着船队,奔跑了一百多里地,绝望了,发现士兵是不会将它的孩子放走的,于是纵身从山崖上跳到了船的甲板之上,一下子就死掉了,肚子都跌破了,肠子都流出来了。就是我们说的肝肠寸断,是极度伤心时候的一种样子,而桓温听到了这件事以后,把抓猿的人赶走了。

我们从这件事情看出桓温具有一种博大的仁爱的情怀,可以看到他珍爱生命不仅是珍爱自己的生命,珍爱他人的生命,而且还珍爱大自然的生命。魏晋名士珍惜生命,而生命首先要求是活着,更高的要求就是不仅要活着,而且要自由地活着。

《世说新语》中记载的一个高僧支公支道林的故事,恰好就能说明魏晋文士对自由生命的一种热爱。支道林是个高僧,他有一个爱好就是养宠物,但是他的宠物与众不同,非常的高雅,是白鹤。他住在浙东岇山的时候,有人出于对他的崇敬送了一对白鹤给他,白鹤小的时候多么的可爱,但是随着时间的推移,白鹤一天天地长大了,它们可能要飞掉了。支道林觉得如果养的白鹤飞掉了,怪可惜的。于是用剪刀把白鹤长出来的大翅剪掉,而被剪掉了大翅膀的白鹤,一看张开翅膀飞不起来了,非常的垂头丧气。当支道林看到垂头丧气的白鹤的时候,他若有所悟,说了这样的话:"既有凌霄之姿,何肯为人作耳目近玩?"我们知道白鹤就应该在天空自由飞翔,在天空自由飞翔的白鹤,才是真正的白鹤。支道林感悟了以后,他就细心地加以调养,等到白鹤的翅膀长全了以后,他把它们放走了。放走了的白鹤才是真正自由的白鹤。从这里我们看到支道林对自由生命的一种珍爱,也能看到魏晋名士对自由生命的一种珍爱。

魏晋的名士不仅珍爱生命,还特别重情。这种情感,体现在魏晋的名士身上,可以叫"情之所钟"或者叫"一往深情"。这些词语就是讲魏晋名士对情感的一种重视。通过下面几个片段,我们可以看出魏晋名士对人的情感的重视。

第一个就是竹林七贤中的王戎。有一次,不幸的事情发生在他的身上。他的小儿子叫万子,不幸夭折了。他的朋友山简来探望他,他非常的痛苦,所以山简就劝慰他说"孩抱中物,何至于此",是劝慰王戎不要伤心,王戎说了一句话令人非常感动,他说"圣人忘情,最下不及情。情之所钟,正在我辈"。魏晋玄学家在讨论圣人有情无情时争论不休,但是王戎非常智慧地说,圣人有情,但是圣人是能够忘情的,如果没有情,连人都不能算,还谈什么圣人?圣人可以忘情,你我这样的人,是最重情的了,所以"情之所钟,正在我辈"。

还有一个年轻的玄学家叫荀粲。不幸的事情也发生在他的身上,他的妻子在冬天的时候发烧。那时候没有什么好的办法,大冬天的,荀粲站在庭院里面让自己的身体变得冰冷,然后用冰冷的身体给妻子退烧。这个办法不仅没有效果还给自己带来了灾祸,他的妻子发烧去世了,而荀粲自己也因为这样不当的方式生病去世了。这个故事非常的感人。前面提到的王戎因为自己的儿子夭折而伤心,我们看到的是父子之情;而荀粲因为自己的妻子高烧而病逝,我们看到他们夫妻二人可谓至爱情深。

《世说新语》中还记载了魏晋名士有一些特别的情感,它们的出现似乎没有来由。在《世说新语》的《任诞》篇中记载过王廞这个人。他有一次登上了茅山的山顶,没来由地痛哭,一边哭一边说道:"琅琊王伯舆,终当为情死。"《世说新语》记载人物的言语都是非常简洁的,王廞为什么为情而死,文中没有提到,但这是值得我们思考的一个场景,因为王廞王长史是登上了茅山之顶,不由自主地发出了这样的一种浩叹,叫为情而死。下面还有一个故事讲的是音乐家桓伊桓子野。桓子野是个音乐家,他特别喜欢精美的音乐。有一次听到了别人婉转动听的清唱,他就发出这样的感叹,"每闻清歌,辄唤'奈何'"。奈何不是我们今天的现代汉语没有什么办法的意思,实际上是桓子野听到了好听的歌声后，跟在后面应和。谢安对桓子野的做法非常理解，他评价道："子野可谓一往有深情。"因为桓伊是音乐家，每每听到了动听的音乐，他就不由自主地跟在别人后面和唱。

谢安在这里用"一往有深情"来评价桓子野对音乐艺术的钟情，实际上这个词不仅能够用来评价桓子野，而且可以用来评价魏晋时期的诸多名士。在这里我们看到魏晋士人重才、重我、重情、重生的表现，这些都是魏晋名士的一种人格之美，是他们艺术化的人生，也就是我们今天要讲的魏晋风流的主要精神所在。

魏晋风度，在某种意义上就是魏晋玄学理论的实践，魏晋文人士大夫由于受到玄学思想的影响，在他们的日常生活中表现出对才能的关注、对自我价值的认识以及对生命的关爱和一往而深的情感，我们可以说是重才、重生、重我和重情，从正面体现了魏晋风度的主要内涵。但是在《世说新语》中，我们还看到了魏晋名士的一些奇行异举和放浪形骸的行为，这些放浪形骸和奇行异举包括服药、饮酒、容止、挽歌等。

通过《世说新语》中记载的有关服药、饮酒、容止、挽歌的故事，我们可以看到魏晋的名士在日常生活中，可能受到环境的压抑所以要寻求一些刺激。鲁迅先生在《魏晋风度及文章与药及酒之关系》的演讲之中特别提到的两个东西就是药和酒。药和酒主要是对文人的一种生理的刺激，这种生理的刺激在某种意义上可能是在动荡的时代寻求的一种暂时的麻木，所以我们说这些行为是奇行异举、放浪形骸。但是在一些奇行异举中，却包含了更重要的意义，比如说挽歌。魏晋的文人士大夫平时没事的时候喜欢唱挽歌。挽歌是送葬时唱的一种歌曲，但是魏晋的名士有时候高兴就会唱挽歌，而且我们从魏晋文学家的作品之中看到他们也喜欢写挽歌。陶渊明就给我们留下了三首挽歌词。挽歌可以进一步追溯到汉代的乐府诗歌，汉代的乐府诗歌当中就有《蒿里行》《薤露行》两首挽歌词。虽然挽歌主要是送葬的时候唱的歌曲，但是魏晋的文人在自己的作品之中写挽歌，在日常的生活之中唱挽歌，透露出来的实际是对生命的一种达观的态度。

还有一件事情值得我们关注，那就是魏晋的名士喜欢纵游山水，我们用"冶游"这个词来指称他们的这种行为。在《世说新语》中曾经记载过顾恺之的一件事情。顾恺之顾长康从会稽还,人问山川之美,顾云:"千岩竞秀,万壑争流。草木蒙笼其上,若云兴霞蔚。"通过《世说新语·言语》记载的这个片段,我们可以看到魏晋的名士包括顾恺之等人都喜欢纵游山水。魏晋的这些名士,在纵游山水的时候有了新的发现,这个发现非常重要,因为他们发现了山川之美。山川自然在很早的时候就是人类生存环境中的有机组成部分。但是在以前,中国文人是以别样的眼光来看待山水的。比如《论语》中孔子的名言:"知者乐水,仁者乐山。知者动,仁者静。"在孔子的眼中,山水自然是人的化身,是人的品格的一种写照。《世说新语》记载顾恺之游历时,用了"山川之美"一词,而且顾恺之在评价山川之美的时候,用了非常优美的文字:"千岩竞秀,万壑争流。草木蒙笼其上,若云兴霞蔚。"这句话可以说是一个精美的山水小品。山川之美的发现,在某种意义上就是东晋南朝时期山水诗出现的一个先决条件,所以我们在这里要高度评价魏晋名士纵游山水的新发现,这直接推动了中国山水诗的出现。

魏晋风度最精彩的地方,就是《世说新语》中集中展现的魏晋那种所谓的风度和气韵。这种风度和气韵具体表现为某种镇定自如的心态和随心所至的心情。《世说新语·雅量》中记载,谢安有一次跟着众人乘着船到海上。突然刮起了大风,海上掀起了波澜,一个小舟在这波浪汹涌的大海之上很容易沉没,所以船上的人都开始有点惊恐了,都在喊,我们是不是应该赶快移船上岸,而这时候谢安站在船头,精神非常的亢奋,而且镇定自如。这就体现了谢安和同行的人不同的精神风度。他非常镇定,即使在面临危险的时候仍然面不改色,显得非常从容自若,这就是所谓的雅量。

再看夏侯玄夏侯太初。《世说新语·雅量》中记载了这样一个故事,故事的主人公是夏侯玄。他有一次靠着一个柱子写字,突然雷鸣电闪,下起了瓢泼大雨。雷将柱子震坏了,夏侯玄的衣服都被闪电烧着了、烧焦了,但他仍然镇定自若、神色不变,还在那里写字,像什么也没发生一样,真是泰山崩于前而面不改色。

下面的一个故事也极为典型,讲的是竹林七贤的代表人物嵇康临终之前的一个场景。这个场景描写得非常简约,但很精彩:"嵇中散临刑东市,神气不变。索琴弹之,奏《广陵散》,曲终曰:'袁孝尼尝请学此散,吾靳固不与。《广陵散》于今绝矣!'太学生三千人上书,请以为师,不许。"嵇康由于得罪了

竹林七贤砖画

权贵,后来被处以极刑。这里写的就是嵇康临行之前的最后一个场景,嵇康来到了刑场,当然还是那样的镇定自如,到临刑的时候问他还有什么要做的,嵇康说能不能给我找一张琴来。临刑之前他还想弹一弹琴,弹一弹他生平最得意的那首曲子《广陵散》,就像平时一样。将《广陵散》弹完了以后,他说道,从前有一个叫袁孝尼的人想跟我学曲子,我觉得《广陵散》不太适合袁孝尼,所以没有教给他。没想到我死了,我的《广陵散》也终结了,成了绝响。可以看到嵇康在被处以极刑的时候,仍然是镇定自若的,他在意的不是自己的生命没有了,而是自己珍爱的《广陵散》,就这样随着他的生命的消失而断绝了,这是大师挚爱艺术的一个表现。嵇中散嵇康临终之前的这个故事,读后令人难以忘怀。

我们再来看一个故事。这个故事写的是王羲之的儿子王徽之。这段文

元 张渥《雪夜访戴图》

字非常简约,从它的内涵来说,也能够集中地体现魏晋名士那种旷达的情怀和随心所至的放浪。这段文字意境非常优美:"王子猷居山阴。夜大雪,眠觉,开室命酌酒,四望皎然。因起彷徨,咏左思《招隐》诗。忽忆戴安道。时戴在剡,即便夜乘小船就之,经宿方至。造门不前而返。人问其故,王曰:'吾本乘兴而来,兴尽而返,何必见戴?'"这段文字首先把我们带到了非常皎洁的雪夜当中,王徽之住在浙江的会稽,那一年的冬天下了一场大雪。夜晚的时候,王徽之突然醒来,把自己的房门打开,外面下雪,可能有点冷,于是王徽之叫人拿酒来,准备一边喝酒一边欣赏外面的世界。外面一片皎洁,于是他起来徘徊,想起了西晋著名诗人左思的《招隐》诗中的"非必丝与竹,山水有清音",大自然本身就有一种无限的韵味啊。他在吟诗的时候,突然想到了自己的朋友戴逵戴安道。当时戴逵离会稽很远,他想见这个朋友,于是当夜就命人找了一只小船,乘着小船去找自己的朋友,经过了一夜的航行,来到了戴逵家门口。但是令人想不到的情景出现了,他突然转身离开了。随行的人觉得好奇怪啊,你不是昨夜就想见你的朋友吗? 现在乘了一夜的船,来到朋友家的门口,推门就可以进去了,你怎么突然就离开了? 王徽之说道:"吾本乘兴而来,兴尽而返,何必见戴?"经过一夜的航行,我来到我的朋友戴逵的家门口,是因为我非常思念他,我就来找他。没想到我来到他家门口的时候,我的兴致没了。兴致没了,就不要勉强去见我的朋友。

勉强见了反而不自在,所谓的"乘兴而来,兴尽而返",集中体现了魏晋名士随心所至的、通脱随意的情怀。这可以说是魏晋风度的一个最集中的表现场景。

⑤ 魏晋风流的典型:陶潜

魏晋风流或者说魏晋风度,是魏晋诗人的一种人格美,或者说是他们的一种艺术化的人生。魏晋的文士通过言谈举止和文学创作,使他们的生活艺术化了。在分析魏晋风流的主要内涵时,通过《世说新语》这部南朝时期的志人小说或者说历史笔记,我们看到魏晋风流的具体表现,它在某种意义上是对魏晋玄学理论的一次实践。魏晋的名士对自我意识特别重视,对人的才情特别看重,还表现为他们对生命的重视以及情感上的一往情深。当然魏晋风度在魏晋南北朝那一个动荡的时代,有时也表现出一些放浪形骸的行为和言谈,我们今天给大家讲一讲魏晋风流的典型代表人物——陶渊明。

在中国文学史上,陶渊明是田园诗的开创者,也有人把他看作隐逸诗人的代表。陶渊明在今天留下来的诗文一百多篇,从总的数量来看不是太多,但是陶渊明诗文之中所表现的对自然的崇尚,在某种意义上是魏晋风流的典型代表。陶渊明留下来的诗文所表现的内涵是非常丰富的,在中国文学史上的意义也是多重的。今天我们联系魏晋风流或者魏晋风度这个话题,主要谈一谈陶渊明诗文中表现出来的自然观。

清代石涛《陶渊明诗意图》

我们可以通过历史文献和陶渊明自己的文学作品了解陶渊明。在中国的二十四史中有三部史书记载了陶渊明的生平事迹,《晋书》的《隐逸传》、《南史》的《隐逸传》以及《宋书》的《隐逸传》中都有陶渊明的记载。认识陶渊明除了通过这些历史传记之外,还可以通过陶渊明自己的诗文作品。在陶渊明众多的诗文作品之中,有一篇作品是了解陶渊明为人的一个捷径,就是带有虚拟色彩、小说性质的传记,叫作《五柳先生传》。《五柳先生传》在中国传统的学术中一直是被当作陶渊明自我形象的一种写照,正如志磐法师所编的《莲社高贤传》所说："少怀高尚，著《五柳先生传》以自况，时人以为实录。"陶渊明的《五柳先生传》篇幅短小、文字浅易，着重塑造了五柳先生的自我形象。我们先看看《五柳先生传》的文本，这篇传记是这样写的：

> 先生不知何许人也，亦不详其姓字，宅边有五柳树，因以为号焉。闲静少言，不慕荣利。好读书，不求甚解；每有会意，便欣然忘食。性嗜酒，家贫不能常得。亲旧知其如此，或置酒而招之；造饮辄尽，期在必醉。既醉而退，曾不吝情去留。环堵萧然，不蔽风日；短褐穿结，箪瓢屡空，晏如也。常著文章自娱，颇示己志。忘怀得失，以此自终。

在这篇《五柳先生传》之中，陶渊明塑造了五柳先生的形象，如果说五柳先生是陶渊明自我形象的写照的话，也就是说陶渊明具有这样的一些性格特征：第一，"闲静少言，不慕荣利"，某种意义上就体现了（和陶渊明的诗文结合起来）陶渊明淡泊名利的精神。

第二，"好读书，不求甚解；每有会意，便欣然忘食"。陶渊明是个文学家，也喜欢读书，从他的诗文中我们可以看到，无论是儒家的经典，还是一些小说，陶渊明都广泛涉猎。比如说带有小说色彩的《穆天子传》，还有保留了中国古代神话故事的《山海经》，似乎是他特别喜欢读的两部书。他写过一组诗歌叫《读山海经》，在《读山海经》中，他就表达了自己的读书爱好："泛览周王传，流观山海图。"他读书的范围非常之广泛。但是他读书，和汉代以来的经学家那种读书的方式是不太一样的，不去寻章摘句、不去抠字眼，他只要在读书的时候了解经典的意义就行了。他说："奇文共欣赏，疑义相与析。"这两句诗表明了陶渊明不仅喜欢读书，还特别喜欢读那些不常见的所谓的奇书，而且碰到疑难问题，他还希望和别人共同讨论，品味诗文或者是经典的意义。

第三，陶渊明作为魏晋时期的一个文学家，和很多魏晋名士一样，也有一些奇行异举和放浪形骸的行为。比如说他特别喜爱饮酒。对于这个问题，南朝昭明太子萧统有一个说法："有疑陶渊明诗篇篇有酒。吾观其意不在酒，亦寄酒为迹者也。""寄酒为迹"可以很好地解释陶渊明诗文之中，为什么常常有饮酒的题材。一方面我们知道在陶渊明生活的时代，他的理想不能实现，内心之中难免有一些悲伤，所以有时候也是借酒消愁。另一方面在陶渊明的诗文之中，我们看到饮酒和他崇尚自然的人生态度存在着密切的关系，也就是

《五柳先生传》中所说的"既醉而退，曾不吝情去留"。这里的"曾不吝情去留"表明的态度正如他的《形影神三首》中所说的"委运任化"，顺应自然、纵浪大化，这在某种意义上就体现了陶渊明的诗文以及他的人格当中一个重要的精神境界，就是对自然的顺应。

讲到自然这个话题，我们首先要看看自然的概念在陶渊明的诗文作品当中包含哪些意思。我们通过对陶渊明一些代表性的诗文进行梳理分析，可以看到自然在陶渊明的诗文中，首先是指他所描绘的山川自然，这种自然就是以客观的物质的方式存在的大自然，与人类社会相对而言，也就是自然界。比如说陶渊明的诗歌《归园田居》中开篇所写的"少无适俗韵，性本爱丘山"，这里的"性本爱丘山"就表明了陶渊明对山水自然的一种喜爱。其次，自然实际上是陶渊明的一种精神境界或者说是一种人生境界。这种人生境界是自然而然的，或者说是一种非人为的、非矫饰的人生境界。如果联系陶渊明的诗文创作，自然还可以指陶渊明诗文创作的风格。

下面我们可以通过陶渊明的诗文作品，来看一看这个自然在他的作品中的具体表现。陶渊明有一组奇特的作品叫作《形影神三首》。《形影神三首》分别是《形赠影》《影答形》和《神释》，这组诗歌还有一个小序。小序中这样说："贵贱贤愚，莫不营营以惜生，斯甚惑焉。故极陈形影之苦，言神辨自然以释之。好事君子，共取其心焉。"在这个小序之中，出现了一个关键词叫"自然"。这一组作品实际上就是写世间的芸芸众生为了维持生存，要去忙忙碌碌。陶渊明在《神释》中就写道："三皇大圣人，今复在何处？彭祖爱永年，欲留不得住。"陶渊明从自然观出发，认为身在世间的人们，生命肯定是有限的，所谓的三皇圣人和彭祖毕竟只是传说中的人物。在《影答形》这首诗歌中，陶渊明就思考儒家的一种人生观，儒家思想的核心内涵就是孔子所说的仁，仁者爱人，在世间的你我，要以一种博爱的情怀去对待他人，要去做一些好事。但是在《神释》这首诗，陶渊明就写过"立善常所欣，谁当为汝誉"。做好事，在我们自己看来是一件很欣慰的事情，但是世间的人们各自忙各自的事情，谁又来赞誉你的善行呢？所以陶渊明通过对人生态度的思考，提出了"委运任化，纵浪大化"的自然观，也就是对自然的一种崇尚。

陶渊明在他的代表作品《归去来兮辞》的序当中，同样也表明了这样一种态度。陶渊明在中年时期由于生活所迫，在他叔叔的帮助之下做了彭泽令，以解决家族的生存问题。但是他做了彭泽令不久就辞官回家了。对于这件事情，学术界有很多讨论，陶渊明为什么做彭泽令不久就辞官归隐了？实际上陶渊明在《归去来兮辞》的小序之中做了说明，"质性自然，非矫厉所得"。做彭泽令他要在官场上周旋，就可能失去自己的本性，而对他来说失去了本性是一件最悲哀的事情。近代学者陈寅恪先生在《陶渊明之思想与清谈之关系》中就高度评价了陶渊明在中国思想史上的重要地位。他说陶渊明的思想受到了魏晋南北朝玄学的影响和他自己家庭的道教信仰的影响。在这两者的影响之下，陶渊明创造性地提出了一种新的思想，陈寅恪先生用"新自然说"加以概括，他还对新自然说的内涵进行了分析。陶渊明思想的新自然说与旧自然说、与儒家的观念相比，是不一样的。他又说过"盖主新自然说者不须如主旧自然说之养此有形生命"，即《形影神》诗中的《形赠影》表达的那种长生不老或是"别学神仙"。

新自然说主要追求的是精神融于运化之中，与大自然融为一体，所以从思想史的角度来说，新自然说表明陶渊明不仅仅是中古时代的大文学家，也在中国古代思想史上占有一席之地。

我们下面再根据陶渊明的诗文作品，来看一看他自然观的具体表现。从《归园田居》开篇的"少无适俗韵，性本爱丘山"到诗的结尾"久在樊笼中，复得返自然"，他直接提出了观点，就是回归自然。

这里的自然的第一个层次，就是对自然山水的一种喜爱。这里的自然不仅是指纯粹的自然山水，实际上还指陶渊明的一种精神追求。陶渊明诗文之中有一个主题，比如《归去来兮辞》，或者我们刚才提到的《归园田居》，这些作品实际上都是回归的主题。

这种回归，首先是家园的回归、田园的回归。田园是陶渊明所喜爱的那个家，这里的家园也有两个层次的意思：一个是陶渊明自己的家，像《归园田居》中所写的"方宅十余亩，草屋八九间。榆柳阴后檐，桃李罗堂前"这样一个宁静的乡村家园。同时家园也是陶渊明精神的追求，所以陶渊明在其代表作品中提出来的回归的主题，实际上是对自然本性的一种回归。因为陶渊明29岁就出来做官，一直到他41岁辞了彭泽令，这么长的时间一直在官场上周旋。陶渊明认为自己已经失去了本来的性格,所以陶渊明在自己的作品中提出的回归,是自我本性的回归。这是陶渊明崇尚自然的第二个层次,就是对真实自我形象的一种回归。

对自然的回归还体现在他的诗文作品的风格上面,其代表作品就是田园诗歌,这些田园诗歌在以下两个方面体现了陶渊明自然朴素的文风。首先,陶渊明田园诗中大量书写了中国古代农业社会中最为平常的事物,比如村舍、鸡犬、豆苗、桑麻、穷巷、荆扉、获稻等,这都是中国古代农业社会中为普通人所熟悉的,所以从题材的角度来说,非常的朴素平淡。这是自然风格的第一重表现。其次,我们可以看到,陶渊明在这些作品中所使用的语言,也是非常自然的。正如宋代的学者朱熹所说,陶渊明诗歌平淡出于自然;金代的学者元好问在《论诗三十首》中这样评价陶渊明:"一语天然万古新,豪华落尽见真淳";清代的学者赵文哲在《媕雅堂诗话》中这样评价陶渊明的诗:"陶公之诗,元气淋漓,天机潇洒,纯任自然。"无论是自然还是天然,在对陶渊明诗文风格的理解上,这两个词语的内涵是一致的。我们从陶渊明的诗文作品中也能看出来。比如下面这些诗歌,语言非常的朴素,就像平常我们生活当中熟人见面打招呼时所说的话。从《饮酒二十首》其九中所说的"清晨闻叩门",到《诸人共游周家墓柏下》中的"今日天气佳",到《拟古九首》中所写的"日暮天无云",这些就好像我们大清早见面的时候在一块谈家常一样,这就是陶渊明诗文之中语言的朴素。正如明代的学者谢榛所说的"如秀才说家常话"。陶渊明诗文风格在语言上的一个重要特征,就是朴素、平淡。

这是陶渊明诗文自然的表现之一。尤其是他的代表作品《归园田居》第一首。这首诗歌我们比较熟悉,我们看他所描写、表现的内容,就是非常的平淡自然,是我们最为熟悉的一种乡村生活。宋代的学者黄庭坚曾经评价陶渊明的诗文"不烦绳削而自合","不烦绳削"就是不需要那么仔细地推敲,而自然而然地符合文学创作的一种规律。在《归园田居(其一)》中,我们可以看到是以他自己的家园为中心,由近到远、由静到动,整个诗歌的描写非常具有层次感,非常符合艺术创作的规律,正是黄庭坚所说的"不烦绳削而自合者"。所以,我们看到陶渊明诗文中的自然观有三个方面的内容:第一就是陶渊明诗文中所表现的山水自然;第二是陶渊明对真我形象的一种追求;第三是陶渊明诗文风格对自然境界的一种追求。

三个方面合起来就是陶渊明对自然的崇尚。对自然的崇尚在某种意义上也是魏晋风流所追求的最高的境界。

思考与练习

1. 试分析中国文学中"金陵怀古"作品的情感内涵。

2. 试分析陶渊明诗文中的"自然"观。

参考文献

［1］徐震堮.世说新语校笺［M］.北京:中华书局,1984.

［2］刘义庆.世说新语汇校集注［M］.刘孝标,注.朱铸禹,汇校集注.上海:上海古籍出版社,2002.

［3］刘义庆.世说新语笺疏［M］.2版.刘孝标,注.余嘉锡,笺疏.周祖谟,余淑宜,周士琦,整理.北京:中华书局,2007.

［4］刘义庆.世说新语校释［M］.2版.刘孝标,注.龚斌,校释.上海:上海古籍出版社,2019.

［5］张永言.世说新语辞典［M］.成都:四川人民出版社,1992.

［6］张万起.世说新语词典［M］.北京:商务印书馆,1993.

［7］逯钦立.陶渊明集［M］.北京:中华书局,1986.

［8］陶潜.陶渊明集校笺［M］.龚斌,校笺.上海:上海古籍出版社,1996.

［9］袁行霈.陶渊明集笺注［M］.北京:中华书局,2003.

［10］冯亦同.南京历代经典诗词［M］.南京:南京出版社,2016.

［11］程章灿,成林.南京历代经典散文［M］.南京:南京出版社,2017.

［12］陈勇.诗国南京［M］.南京:南京出版社,2020.

第七讲

盛唐气象 少年精神

——繁荣的唐代文学（上）

今天我们跟大家讨论唐代文学。在唐代近 300 年的文学史上，我们拟定这样一个题目，叫《盛唐气象　少年精神——繁荣的唐代文学》。由于内容比较多，所以这一题目我们分两讲来跟大家讨论。今天我们跟大家讨论的问题首先是解题，为什么要用"盛唐气象"这个词来讲唐代文学。其次，我们要讨论一下盛唐气象是怎么形成的，之所以要讨论这个问题，一方面是了解唐代文学在中国文学史上所取得的成就；另一方面是追问取得这些成就的原因，在某种意义上，可以为我们后代的文学和文化创造提供一些启示。

在讲这个题目的时候，我们主要以唐代的大诗人——李白的诗歌创作为例，但不局限于李白的诗歌创作，也包括唐代其他一些重要的作家。首先我们来解题。什么是盛唐气象？这个概念，我们分几个层次来谈。首先是这个概念中的盛唐的意思，唐代从公元 618 年一直到 907 年持续了近 300 年的时间。在文学史上，自宋代开始，就已经对唐代文学发展的阶段进行了细分，到明代初年高棅的《唐诗品汇》就明确地讲，唐代的诗歌分成四个阶段："唐诗之变，渐矣。隋氏以还，一变而为初唐，贞观、垂拱之诗是也；再变而为盛唐，开元、天宝之诗是也；三变而为中唐，大历、贞元之诗是也；四变而为晚唐，元和以后之诗是也。"高棅将唐代的诗歌分为初唐、盛唐、中唐和晚唐四个阶段，也就是说盛唐是唐代诗歌或者唐代文学四个阶段中的一个阶段，从顺序来说是第二个阶段。对于这种划分，清代的学者冒春荣在《葚原诗说》中提出了一种辩证的观点：虽然我们可以将唐代的诗歌包括其他文体创作分为初盛中晚四个阶段，但又不能以刻板的态度去对待这件事情。他说："诗格虽随气运变迁，其间转移之处，亦非可以年岁限定。"诗文风格的变化有时候与我们的四时之序和年代的变化不完全是一致的。所以对四唐的划分，我们一方面要把它作为唐代诗歌发展的重要阶段来看，另一方面也不能够拘泥死板地去对待这个问题。今天讲盛唐这个概念，我是这样来理解的，一共有三个层次。第一个层次，按照前人的说法，盛唐就是四唐之一，也就是初唐、盛唐、中唐、晚唐这四个阶段中的第二个阶段。第二个层次，盛唐这个词很好，它是一个偏正结构,指盛大的唐朝,唐朝在我们中国的历史上是一个经济非常强盛的时代,同时也是在文化上取得辉煌成就的时代。第三个层次,盛唐也可以指代我们强大的中国,直到今天,我们有时候还用唐来指代中国。这个现象,我们在平常的生活中也可以见到,比如说在国外华人聚居的地方叫作唐人街,又比如说我们有时候穿的一种代表我们这个民族的服装——唐装。这是我所理解的盛唐的概念。

其次我们来看看气象。"气象"这个词在我们今天的现代汉语中几乎每天都要用到。每天早上起来我们就要关心今天的气象报告,今天的天气如何。但是在中国的文学中,尤其是在唐代的文学之中,是用这个词语来评价唐代文学的一种特征。这个气象就和我们日常生活的语言中的气象有了很大的区别。用气象这个词来评价诗歌,实际上从唐代就已经开始了。中唐有一个诗学家叫皎然,他在自己的诗学作品《诗式》中说"诗有四深",其中提出了气象、体势、意度、作用、用律、用事等不同的概念。我们仔细看一下,皎然在这里说:"气象氤氲,由深于体势;意度盘礴,由深于作用;用律不滞,由深于声对;用事不直,由深于义类。"皎然把气象与意度、用律、用事合称为诗歌的四大要素。南宋著名的诗人、词人、音韵家姜夔在《白石道人诗说》之中也把气象与体面、血脉、韵度一道称为诗歌的四大要素。用气象这个词来谈文学尤其是诗歌的创作,最为全面的应该是南宋晚期的诗学家严羽。严羽在《沧浪诗话》之中多次使用这个概念来评价诗歌。我们首先看在《诗辨》之中,他说诗之法有五:"曰体制,曰格力,曰气象,曰兴趣,曰音节。"我们从这里可以看出严羽进一步把气象与其他四个要素合称为诗歌创作的五大要素。气象是诗歌创作的一个重要的要素。《沧浪诗话·诗评》中,严羽说:"唐人与本朝人诗未论工拙,直是气象不同。"本朝人就是宋朝的诗人。我们从这里可以看出,气象还可以评价一个时代的诗歌特征。我们再看一看严羽的一篇书信《答出继叔临安吴景仙书》,在这封书信之中他这样运用气象这个词:"坡、谷诸公之诗,如米元章之字,虽笔力劲健,终有子路事夫子时气象。盛唐诸公之诗,如颜鲁公书,既笔力雄壮,又气象浑厚。其不同如此。"气象在这段话中出现了两次,首先用来评价米元章的书法,其次用来评价唐代颜鲁公的书法。我们根据米芾(米元章)和颜真卿(颜鲁公)的字来体会一下气象这个词的意义。多宝塔碑文是颜真卿的书法代表作品之一。从这个书法之中,我们来理

唐代 颜真卿《多宝塔》

解严羽的评价："颜鲁公书，既笔力雄壮，又气象浑厚。"要特别注意这两个词，一个是雄壮，一个是浑厚，这是颜鲁公书法给严羽的印象。而米芾是宋代著名的书法家，他和苏轼、黄庭坚、蔡襄并称为宋代的四大书法家。从米芾的代表作品《箧中帖》，我们可以看出米芾的书法给严羽留下的印象是"笔力劲健"。我们看这幅字的时候也能够大略体会到字的笔画非常有力。但是在严羽看来，米芾的字有一点"子路事夫子"时的气象。子路我们知道是孔子众多弟子当中年纪比较大的一个，在孔子的众多弟子中，他非常的勇敢、非常的直率，但是未免有点鲁莽草率。米芾的字给严羽留下了这样的印象，这就是说米芾的字看起来非常的刚劲有力，但是可能有点草率。我们从这两幅书法来体会一下。严羽是怎样理解气象这个词的，他说米芾的字，有"子路事夫子时"的气象;说颜鲁公的书法,笔力雄壮又气象浑厚。我们再来理解一下气象作为严羽诗学思想的五大要素之一,它是什么意思。近代有一个学者叫陶明濬,他在《诗说杂记》之中把严羽的诗歌的五大要素和我们人的身体相比。他说一个完整的人应该是一个有机的整体,如果缺了其中的一个部件,那就残缺不全了。诗歌也就像人一样,应该包含体制、格力、气象、兴趣、音节五大要素。体制就像人的体干必须佼壮,格力就像人的筋骨必须劲健,气象就是人的仪容必须庄重,兴趣就如同人之精神必须活泼,音节如同人的言语必须清明。"五者既备,然后可以为人"。对我们人来说,人的身体要有体干,要有筋骨,要有仪容,要有精神,还要有言语。这五个要素具备了就是一个完整的人。对诗歌来说也要具备五个要素,如果缺了其中的一个,就像人一样就变成了畸形的、残缺不全的人。气象在陶明濬这里被比作人的仪表——人的仪态和样子,也就是人之仪容。对于一个人来说,他长的什么样子,我们一眼就

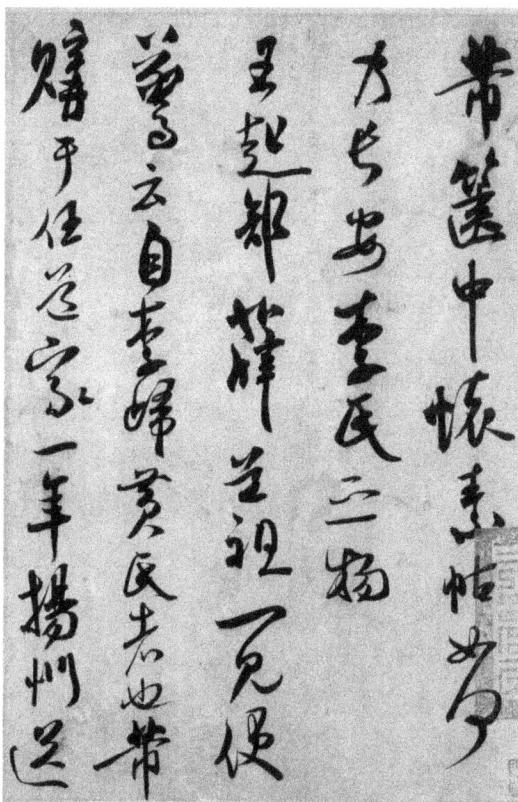

宋代 米芾《箧中帖》

看得见;对诗歌来说,这个气象是不是也能看得见呢?由于诗歌是语言艺术,并不能够直接通过视觉看见,但是这个气象和其他的要素比较起来,应该是容易把握的一个,在某种意义上看就是诗歌给人的一个总体的印象。严羽最推崇的就是盛唐的诗歌,在他的诗学思想之中,要以盛唐诗歌为榜样,只有按照盛唐诗歌的样子来写,才能够写出好的诗歌。

盛唐诗歌在严羽看来到底是一种什么样的样子,等一会我们再来讨论这个问题。

气象是严羽诗学思想的一个重要概念。他在评价盛唐诗歌的时候,曾经将其与颜真卿的书法做类比,说:"盛唐诸公之诗,如颜鲁公书,既笔力雄壮,又气象浑厚。"其中"笔力雄壮"和"气象浑厚"这两个词,我们各取一个关键字"雄"与"浑",合称起来就是雄浑。我们看一下司空图的《二十四诗品》,《二十四诗品》中第一品的题名,恰恰就是这个雄浑。

什么是雄浑?司空图用诗的语言来描述这样一种风格或者叫境界,他说:"大用外腓,真体内充。返虚入浑,积健为雄。具备万物,横绝太空。荒荒油云,寥寥长风。超以象外,得其环中。持之非强,来之无穷。"由于司空图是用诗的语言来描述雄浑这一风格的内涵的,所以我们不能够直接用抽象的概念理解雄浑的意义。我们看看后人的一个解释,清代学者杨振纲在《诗品解》中就说:"此非有大才力大学问不能。文中惟庄、马,诗中惟李、杜,足以当之。惟积中发外,刚健笃实光辉,方能造此境也。"怎么能够达到这个境界?杨振纲在这里提出了两大条件:第一就是大才力,第二就是大学问。也就是第一要求这个作者有才能,第二要知识渊博。今人张少康在《司空图及其诗论研究》之中对雄浑做出了这样的解释,他说"雄浑之体得自然之道,故能包容万物,笼罩一切,有如大鹏之逍遥,横贯太空,莫与抗衡"。这里有一个比喻非常值得我们思考。他说就像庄子笔下的大鹏能够横绝太空,莫与抗衡。张少康在这里提到了庄子笔下《逍遥游》中大鹏的形象,把它作为雄浑这种风格的一个象征。非常巧合的是我们今天用来理解盛唐气象的一个代表人物李白,他在自己的诗文当中也表现了对大鹏特有的喜爱。严羽在《沧浪诗话·诗评》之中也提到了这个事情,他说"李杜数公,如金鸂擘海,香象渡河,下视郊岛辈直虫吟草间耳"。严羽在这里用了两个意象,一个是金鸂擘海,一个是香象渡河。所谓香象渡河实际上指对佛学的一种精深的理解，而金翅擘海中的"金翅"就是人们所熟悉的大鹏。我们刚才提到李白在诗歌当中表达了他对大鹏这个意象特有的喜爱。我们看一看他的一首诗歌，题目叫《上李邕》。《上李邕》的开篇写的就是大鹏："大鹏一日同风起，扶摇直上九万里。假令风歇时下来，犹能簸却沧溟水。世人见我恒殊调，闻余大言皆冷笑。宣父犹能畏后生，丈夫未可轻年少。"《上李邕》这首诗歌据学者的考证大约作于开元七年（719 年）至九年（721 年）这个时段。我们一般说李白诞生在公元 701 年，也就是说李白大概是 20 岁左右作了这首诗歌。这时候李白还非常年轻，去拜访渝州刺史李邕的时候，想跟他谈自己的远大理想，但是李邕大概觉得李白年纪还小，未能予以重视，所以李白开始的时候可能就受到了一点挫折，想在这首诗歌中表达自己的远大理想。怎么来表达自己的远大理想呢？诗歌以庄子笔下的大鹏鸟能够在九万里的高空展翅飞翔为开篇，建议李邕不要小看年轻人。他用孔子的话来表达这个意见："宣父犹能畏后生，丈夫未可轻年少。"《论语》中记载："后生可畏，焉知来者之不如今也？"现在你看我还年轻，将来也许我前途未有可量。后来李白仗剑去国、辞亲远游，来到了今天的湖北江陵，在江陵见到了当时的大道士司马子微。司马子微第一次见到李白的时候就认为他与自己同道。我们知道司马子微是盛唐时候的国师，是道教的代表人物，他见到年轻的李白的时候就说他有"仙风道骨，可与神游八极之表"。能够神游八极之表的大概就是庄子笔下的那个大鹏了，所以李白非常的兴奋、激动，就写下了一篇赋作叫《大鹏遇希有鸟赋》，后来经过自己的改编，题目重新拟定为《大鹏赋》。在《大鹏赋》中李白再次把自己比喻成庄子笔下的大鹏，这个大鹏在某种意义上一直伴随着李白，一直到李白临终之前，62 岁那一年，他写下生平最后一首诗《临终歌》，又叫《临路歌》。临路也是临终的意思，在《临路歌》中李白用古老的楚歌体来表达这一生理想不能实现的悲痛之情。在这首诗歌中他再次想到了大鹏鸟，诗中写道："大鹏飞兮振八裔，中天摧兮力不济。余风激兮万世，游扶桑兮挂左袂。后人得之传此，仲尼亡兮谁为出涕？"我们仿佛看到了李白在临终之前手上拿着一支笔在颤颤巍巍地写着这首诗歌。尽管李白一生多次受到挫折，但是大鹏的形象始终藏在他的内心之中，所以清代学者王琦解释，怎么理解《临路歌》？他说："太白尝作《大鹏赋》，实以自喻。兹临终作歌，复借大鹏以寓言耳。"我们可以看到在某种意义上大鹏这个形象真的是伴随着李白的一生。唐代的诗歌风格也可以用庄子笔下的那个大鹏来比喻，所以我们用李白的诗歌来理解盛唐气象可能是比较适合的，正如当代学者林庚说："没有李白，我们今天对于盛唐高潮的认识就要减低；没有李白，盛唐高潮就要为之减色。"所以我们说盛唐气象的典型代表就是李白。

我们可以在盛唐、气象、雄浑这三个概念的基础之上，对盛唐气象这个概念做一个小结。所谓的盛唐气象，在中国的文学批评中原来是一个专门的术语，指的是唐代文学主要是盛唐文学尤其是以诗歌为代表的文学作品表现出来的一种精神风貌，其内涵就是开阔的胸襟、恢宏的气度和一种积极进取的精神。李白笔下的大鹏，以及张若虚笔下的《春江花月夜》中的大海是盛唐气象的典型意象。雄浑是盛唐气象的典型风格，李白是盛唐气象在诗歌创作中的典型代表。实际上盛唐气象不仅体现在诗歌创作之中，在其他的艺术创作中同样有所表现，所以我们说李龟年、公孙大娘、张旭、吴道子这些人，可以分别代表盛唐气象在音乐、舞蹈、书法、绘画方面的成就，这是我们所理解的盛唐气象的内涵。

② 盛唐气象形成的原因（1）：经济发展

我们说盛唐气象是盛唐的文学艺术作品中表现出来的一种精神风貌，其精神内涵就是开阔的胸襟、恢宏的气度和一种积极进取的精神。这种精神是我们每个时代的中国人都应该具有的精神。盛唐的文学艺术作品中为什么能够表现出这样一种优秀的、令人鼓舞的、积极向上的精神？我们接下来要讨论盛唐气象形成的原因。

首先我们看经济的发展。经济和文学艺术创作的关系我们一般是比较容易把握的。经济的持续发展为唐代文学繁荣提供了强大的物质基础，使唐代的文士具有一种开阔的胸怀、恢宏的气度和积极进取的精神。这里我们就看到了盛唐气象形成的最根本原因是唐代经济的持续发展。如果从经济的角度来说，中国传统社会的经济主要是农业经济，还有部分是畜牧业经济和商业贸易经济。在理解这个问题的时候我们也以唐代的诗歌或者史料文献为依据，来看一看唐代经济发展的一般情况，首先我们看农业经济的发展。我们可以看杜甫的诗歌《忆昔》。杜甫在《忆昔》的第二首中写道："忆昔开元全盛日，小邑犹藏万家室。稻米流脂粟米白，公私仓廪俱丰实。九州道路无豺虎，远行不劳吉日出。齐纨鲁缟车班班，男耕女桑不相失。"开元盛世在杜甫这首诗歌中的主要标志首先就是粮食丰收。不管是公家的粮仓，还是私人家的粮仓，都装满了优质的大米。其次我们看到城市的人口非常之多，"小邑犹藏万家室"。人口众多在中国传统的社会中一直被当作一个地方兴旺发达的重要标志，由于人们的生活无忧，整个社会也非常的安定。杜甫诗歌中写过"九州道路无豺虎，远行不劳吉日出"，社会上没有强盗，所以人们安于自己的生产、生活。"齐纨鲁缟车班班，男耕女桑不相失。"男耕女桑这个词是对中国古代农业社会中人们主要的劳动生活的典型描写。在杜甫的《忆昔》诗中，我们看到唐代的农业比较发达。首先一个重要的标志就是粮食丰收，我们从《新唐书》中也能看得出来，杜甫写的是开元盛世，开元是唐玄宗的年号，《新唐书·食货志》中记载道，"是时（是时就是唐玄宗在位的时候），海内富实，米斗之价钱十三"。一斗米价格是十三钱，"青、齐间斗才三钱"，青、齐相当于今天的山东一带。青、齐间一斗米才三钱，那是极为便宜了。一斗米一般的价格是十三钱，到了青、齐一带一斗米才三钱，说明粮食丰收，按照市场的一般的规律就是货物多了，价格就相对便宜一点。那时候的交通也比较发达，市场也比较繁荣，在街市之上我们看到路边有很多小店，为行人提供酒菜，"道路列肆，具酒食以待行人"。"店有驿驴，行千里不持尺兵。"所谓的"店有驿驴"就是说很多的小店还提供毛驴，供人们去租借来代替脚力。由于社会安定，所以那些商旅之人不需要携带防身的武器。这个描述正好可以和杜甫的《忆昔》诗相互印证。从白居易的诗歌中我们也看到同样的现象，因为粮食多了，价格就便宜了。白居易在《六年寒食洛下宴游赠冯李二少尹》这首诗中就写道："米价贱如土，酒味浓于饧。此时不尽醉，但恐负平生。""米价贱如土"就是我们刚才说的商品多了，价格就非常的便宜，但是"贱如土"稍稍有些夸张。后面两句"此时不尽醉，但恐负平生"，从中我们可以看到唐人是怎样享受生活的。从这里我们再次看到唐代经济发达的表现。

唐代经济的发展不仅表现在农业上，也表现在畜牧业上。我们看这首大家比较熟悉的诗歌《木兰诗》或者叫《木兰辞》，大家可能觉得有疑问了，《木兰诗》大家熟知，一般把它当作是北朝的民歌，你怎么在讲唐代的经济发展的时候用这首诗来做证据呢？这个问题提得非常好，《木兰诗》从源头来说当然是北朝的民歌，但是我们今天看到的《木兰诗》不是原创的北朝的民歌《木兰辞》，而是经由后人特别是隋唐时期文人加工润色过的本子，其中有一个重要表现就是诗歌反映了唐代最典型的兵制——府兵制。府兵制要求人们平时去耕田，到战时还要去当兵。当兵的人还要自备武器和马匹，我们从《木兰诗》中看到木兰要代替自己的父亲去从军了，从军之前就要备好马匹。对木兰这样的人家，如果马匹很贵的话，她可能就买不起，但是我们在诗中看到，木兰到市场上转了一圈很快就置办好了装备。诗中写道："东市买骏马，西市买鞍鞯，南市买辔头，北市买长鞭。"我们从这里看到木兰这样的贫寒人家也能到街上去购置马匹，一个重要的原因就是唐代的时候特别是盛唐的时候，畜牧业非常发达，马匹很多。和前面的大米一样，米多了，米价就贱如土。马匹多了，马相对也就比较便宜。从这首诗中我们能看到唐代畜牧业的发达。

唐代商业也比较发达。不要说长安和洛阳这些国际化的大都市，在其他的交通要道比如说扬州、广州以及丝绸之路沿线就有大量的商业性城市。白居易的《齐云楼晚望》是他做苏州刺史时所写的一首诗歌。那时候的苏州可没有今天这样经济发达，它肯定比不上长安、洛阳，甚至也比不上交通枢纽之地扬州。白居易为了表现他对苏州的留恋之情，在诗中写道："潦倒宦情尽，萧条芳岁阑。欲辞南国去，重上北城看。"《齐云楼晚望》这首诗歌大概是白居易将要辞别苏州时所写的，所以他在诗中写道"欲辞南国去，重上北城看"，站在高高的城楼上回望苏州城，看到苏州城的自然形势非常的壮观。"复叠江山壮，平铺井邑宽"，苏州城里面的大街小巷，道路非常的宽广，尤其是人口非常的稠密，市场也非常的热闹。他有两个比较，将人口和扬州作比、将市场和长安作比，当然这里也可以用互文见义来理解。这两句他说"人稠过扬府，坊闹半长安"，人口稠密度甚至超过了扬州，街巷的热闹程度相当于半个长安。因为长安的市场是全国最大的，苏州尽管繁华，但是那时候还没有办法和长安相比。从这里可以看出来，别说长安、洛阳、扬州、广州这些大都市，连地方城市苏州也是非常的繁华，市场非常的热闹。这是从白居易的诗歌中看到的唐代商业的发展情况。

正是由于唐代农业、畜牧业以及市场贸易的发达,所以我们可以看出唐代的整个经济也是比较发达的。经济发展在某种意义上是文学艺术创作的先决条件,我们从唐代的诗歌创作中也能够看出这一点。后面我们主要看一看唐代的诗歌与经济发展之间的直接的关系,尤其是经济的发展对唐代诗人精神风貌的影响。

刚才我们从唐人的诗歌创作之中看唐代经济发展的一般情况,经济的发展与诗歌创作之间有什么直接的关系?我们以李白为例,来分析经济的发展与诗歌文学创作之间的直接的关系。

李白曾经在自己的一封求职信《上安州裴长史书》中写道:"白本家金陵,世为右姓。遭沮渠蒙逊难,奔流咸秦,因官寓家。"先介绍了自己的家世,接着介绍了自己的主要经历。在介绍自己的经历的时候他特别提到,曾经去过扬州一段时间。他说:"曩昔东游维扬,不逾一年,散金三十余万,有落魄公子悉皆济之。此则是白之轻财好施也。"《上安州裴长史书》是一封带有求职性质的书信,主要是介绍李白自己的能力和性格特点。在第二段中李白介绍了自己的家世,说"世为右姓",出自世家大族。李白是否出身于世家大族,是一个值得思考的问题,我们在这里姑且不论。为了表现自己的优点,他就说自己轻财好施。轻财好施有什么具体的表现吗?他就讲到曾经游历维扬,就是今天的扬州,在不到一年的时间之内,就散金三十余万,有很多的落魄的人到他的身边来,他就非常大方地去接济他们。从这里可以看到李白年轻的时候能够壮游天下,散金三十余万,大概是有一定的经济实力了。如果没有这样的经济实力的话,他无法做这样轻财好施的事情。实际上李白的父亲李客曾经客居碎叶,而碎叶曾经是丝绸之路上的一个重镇,李白的父亲曾经在这个地方经商多年,为自己的家庭积聚了不少的财富。所以年轻时候的李白自己虽然没有从事过生产活动,但是由于家境殷实,他能够畅游天下,而且能够接济一帮落魄的公子。从这件事上我们看得出来,经济实力对于李白这样的作家来说是生存生活的一个重要基础,对他的诗歌风格也有明显的影响。我们看李白诗歌中说:"一百四十年,开国何赫然。"用"赫然"这个词写李白所处的盛唐时候的国威是比较准确的。从这里我们再次看到,经济不仅是作家个人生存的基础,同时也是国家发展的重要的基础。

在王维的诗歌中我们看到唐代强大的国威。在诗中，王维这样写道："九天阊阖开宫殿，万国衣冠拜冕旒。"从"万国衣冠拜冕旒"中我们可以看到，王维生活的时代——大唐王朝能够赢得周边王朝的臣服，所以达到了万方来朝的局面。万方来朝，是中国古代社会盛世的一个重要的标志。在唐代的诗人当中，我们看到了他们崇高的理想和宏大的胸襟。李白在《代寿山答孟少府移文书》中就书写了自己的远大的理想，他说："申管晏之谈，谋帝王之术。奋其智能，愿为辅弼，使寰区大定，海县清一。事君之道成，荣亲之义毕，然后与陶朱、留侯浮五湖、戏沧洲，不足为难矣。"李白在这里表现了自己要为天子效力，通过施展自己的才能使天下大定，像陶朱公范蠡、留侯张良一样功成身退。在这一段文字中我们看到李白的自信，其他诗人的作品之中同样也表现了这样一种自信。

王湾是唐代的一个普通诗人，在他的作品《次北固山下》中同样也表现了盛唐的宏大气象："潮平两岸阔，风正一帆悬。海日生残夜，江春入旧年。"开元时期的宰相张说看到王湾这首诗中的"海日生残夜，江春入旧年"后，把它抄写在政事堂上，说这两句诗写得特别好，我们写诗就要写这样的诗，以这两句诗为"楷示"。明代的学者胡应麟在《诗薮》中也说"海日生残夜，江春入旧年"这二句在某种意义上可以作为盛唐与初唐之间界限的一个重要标志。"海日生残夜，江春入旧年"这两句诗实际上就透露了唐人的自信和一种乐观主义的精神。首先引入一个宏大的形象——大海，太阳从大海上升起，那是早晨，但是这里夜还未消失，太阳就从大海上升起了，旧年还没有过去，新的一年就已经来到了。这正是盛唐气象的一种表现啊！

这种盛唐气象同样也表现在孟浩然和李白的诗歌之中。孟浩然是唐代的田园诗人，他在《望洞庭湖赠张丞相》当中也表现了盛唐的宏大气象，这种宏大的气象应该是盛唐气象的一种典型表现，所谓"气蒸云梦泽，波撼岳阳城"。我们说李白是盛唐气象的典型代表，他的《庐山谣赠卢侍御虚舟》有所谓"登高壮观天地间，大江茫茫去不还"的诗句，"登高壮观天地间"直接就展现了一种宏大的境界。如果说在孟浩然的诗中，"气蒸云梦泽，波撼岳阳城"还是一种平面式的辽阔，那在李白的这首诗歌中我们看到的不仅有平面的辽阔，而且还有一种立体之感。所以李白的"登高壮观天地间，大江茫茫去不还"可以说更能够代表盛唐气象恢宏的气度。

③ 盛唐气象形成的原因（2）：南北一统

　　盛唐气象之所以能够形成，除了唐代持续发展的经济之外，还有其他的原因，比如唐代在中国的历史上是一个大一统的时代。从公元 618 年唐王朝开始建立算起，唐王朝维持了隋以来的大一统的局面。在大一统的时代，南北文化相互交融渗透，使得唐代的文学呈现出众多的风格流派，唐代诗歌的意境也纷呈多彩。

　　唐代以前是隋代，隋代从公元 581 年开始，但实际上真正统一的时间是589 年，589 年到 618 年统一的时间比较短，所以隋代在文学艺术创作上虽然有所作为，但是无法和大一统的唐代相比。在隋代以前中国经历了近 400 年的分裂，在这漫长的分裂时代形成了多样的地域文化。唐王朝统一全国以后，在文学艺术乃至文化上如何取得这个时代的成就的？著名的政治家、史学家魏征在《隋书·文学传序》中曾经提出唐代文学发展的正确道路，他说道："江左宫商发越，贵于清绮，河朔词义贞刚，重乎气质。气质则理胜其词，清绮则文过其意，理深者便于时用，文华者宜于咏歌。此其南北词人得失之大较也。若能掇彼清音，简兹累句，各去所短，合其两长，则文质斌斌，尽善尽美矣。"魏征在《隋书·文学传序》中的这一段话包含两个层次的重要意思，首先他分析了隋唐以前的南北朝时期形成的地域特色非常分明的文学，一个是江左的文学，也就是南方文学，一个是以河朔为代表的北方文学。江左的文学和北方文学，二者特点非常的鲜明且不相同。魏征用这样的话来概括南方文学的特点，"江左宫商发越，贵于清绮"，所谓"贵于清绮"是对南方文学主要特征的一种概括，南方文学以南朝的永明体和宫体诗为代表，诗歌创作中追求声律和辞藻，偏重于诗的声辞之美。这样的诗歌比较适合用来歌咏，但是形式非常的绮靡，也就是形式大于内容。而以河朔为代表的北方文学，魏征说特点是"重乎气质"。所谓"重乎气质"是北朝诗歌特有的一种真挚朴厚的情感力量和气势，贞刚壮大是北方文学的长处，但是相对来说，它的形式缺乏美感，这是北方文学的缺憾所在。从这里可以看出南朝的文学和北朝的文学各有优点，也各有缺点。这是魏征在《隋书·文学传序》中所说的第一个层次的意思。魏征是唐代的政治家,作为一个政治家,他也考虑到唐代文学。魏征在诗歌创作上也取得了一定的成就,他对诗歌创作的规律是比较了解的,为唐代文学的创作道路指明了方向。他说唐代文学的创作应该汲取南方文学和北方文学的长处,而摒弃其短处,使得唐代的文学达到文质彬彬、尽善尽美。这是第二个层次的意思。我们来看看南北文学对唐代文学发展的影响,在某种意义上,后来的唐代文学正是像魏征在《隋书·文学传序》中所说的通过汲取南方文学和北方文学的长处,摒弃其短处从而走上了正确的方向。

我们以南朝的乐府诗歌《西洲曲》为代表看看南方的文学对唐代文学的直接影响。《西洲曲》我们一般把它当作南朝诗歌最优秀的作品。关于这首诗歌的风格,明代的学者陆时雍说得好:"清如冰壶,艳如红玉。"冰壶、红玉是那样清艳,那样清新和华丽。这是一首爱情诗歌,诗歌中大量地使用了顶针的手法,使得整首诗歌在表达爱情的时候显得缠绵婉转。这是形式和内容结合得比较完美的一首南朝的优秀诗歌。清代的学者陈祚明在《采菽堂古诗选》中就评价道:"《西洲曲》摇曳轻飏,六朝乐府之最艳者。初唐刘希夷、张若虚七言古诗皆从此出,言情之绝唱也……太白尤亹亹于斯,每希规似,长干之曲,竟作粉本,至如'海水摇空绿',寄愁明月,随风夜郎,并相蹈袭。故知此诗诚唐人所心慕手追而究莫能逮者也。"陈祚明在这里说,《西洲曲》是唐代诗人最向往的一首诗歌,他们非常希望自己的诗歌也能够达到《西洲曲》的高度。初唐时期的刘希夷的代表作品是《代悲白头翁》,"孤篇横绝,竟为大家"的张若虚写了《春江花月夜》。但是无论是《代悲白头翁》还是《春江花月夜》,在陈祚明看来都是受到了《西洲曲》这首诗歌的影响。尤其是盛唐气象的典型代表李白,他对《西洲曲》这首诗歌也特别有兴趣,希望自己也能写一首与《西洲曲》相似的诗歌。但是李白在一开始的时候还没能够写成这样的诗歌,所以对于这首诗歌一直耿耿于怀,后来到了金陵,听到了更多的南朝民歌,他写出了《长干行》二首。《长干行》也是表现真挚爱情的诗歌,还创造了一个成语——青梅竹马,一直沿用到今天。《长干行》二首学习民歌中的时序法,比如诗中的主人公,讲她从十四岁、十五岁到十六岁的样子,这个时序非常的明显。大自然的时序,他也写到了,从五月到八月,按照这个时序写下去。显然《长干行》二首受到了南朝乐府民歌的直接影响,它正是李白在学习民歌的基础之上,写出来的优秀诗歌。但是如果比较李白的《长干行》和南朝的乐府民歌《西洲曲》的话，我们发现，《西洲曲》固然大量使用顶针、接字，甚至双关的修辞方法，但是仍然非常的自然，就像一串珍珠一样，婉转流利。但李白在《长干行》中所写的数字，十四、十五、十六、五月、八月，未免有点机械的、不太自然的痕迹。所以陈祚明说唐代的人非常希望自己能够写出像《西洲曲》这样的作品，但是最终还是没有达到《西洲曲》这样的境界。由此我们看出南朝民歌对唐代诗歌创作的直接影响。

我们再看看北方的文学对唐朝诗歌的影响。北朝诗歌最优秀的作品《木兰辞》，我们前面提到了。我们再看一些小的篇章。《琅琊王歌辞》文字非常简易，如"新买五尺刀，悬著中梁柱。一日三摩挲，剧于十五女"。这首诗表现了北方人尚武的精神，北方人特别喜欢身佩宝刀或者是宝剑，这是尚武精神的一种彰显。我们再看《李波小妹歌》。《李波小妹歌》写的这个女子，名字叫李波。这个女子能征善战，诗中写道："李波小妹字雍容，褰裙逐马如卷蓬。左射右射必叠双。妇女尚如此，男子那可逢？"我们前面讲到了《木兰辞》，木兰要代替自己的父亲去从军，按照府兵制的要求，必须自备装备，在某种意义上表明这首诗歌可能经由后人的润色加工，如果我们把《木兰辞》与《李波小妹歌》做一个比较，实际上更可以发现《木兰辞》中有后人加工的痕迹。因为在诗中，木兰为了代替自己的父亲要女扮男装，易装出场，但如果是真正的北朝民歌，女孩子从军不需要易装，我们从《李波小妹歌》中就可以看到。"李波小妹字雍容，褰裙逐马如卷蓬"，她不需要易装。同时这首诗歌也表现了北方女子能征善战，"左射右射必叠双"，这个李波武艺非常的高强，左右开弓，可以同时射中几个目标，可见北方女子的高强武艺。从《琅琊王歌辞》和《李波小妹歌》等北朝民歌中，我们明显地看出北方诗歌所体现出来的北方人的尚武精神。而这种尚武精神对唐人的诗歌影响更为明显。初唐时期的杨炯在《从军行》中写道"宁为百夫长，胜作一书生"。宁愿做一个百夫长，也比只做一个书生要强得多。边塞诗人岑参《送李副使赴碛西官军》这首诗说得就更为典型了，表现了唐人的一种政治理想。他说："功名只向马上取，真是英雄一丈夫。"在唐代博取功名实际上有很多的方式，比如说参加科举考试，但是岑参在这首诗中说，只有骑马征战，到边塞上去立功才是一个真正的英雄大丈夫。这是岑参这首边塞诗透露出来的唐人的尚武精神，这种尚武精神甚至在以写山水田园诗为主的诗人王维身上也有所表现。王维的《少年行》中写道:"出身仕汉羽林郎,初随骠骑战渔阳。孰知不向边庭苦,纵死犹闻侠骨香。"到边塞去征战,当然是非常辛苦的事情,甚至还要冒着战死的危险,但是即使在边塞献出了自己的生命,也留下了一种侠骨精神。这正是唐人尚武精神的一种表现。李白的《军行》也非常典型,这是一首绝句,诗中写道:"骝马新跨白玉鞍,战罢沙场月色寒。城头铁鼓声犹震,匣里金刀血未干。"这首诗歌描写的是一场非常惨烈的战斗,从白天一直打到夜晚,月亮已经升起来了,但是战斗仍然在紧张地进行着。"城头铁鼓声犹震,匣里金刀血未干",战场上血腥的气息似乎也透露出来了。这是《军行》这首诗歌中所表现的一种尚武精神。中唐时期李贺的诗歌之中也透露出这样一种尚武的精神。在《南园》这首诗歌中,他说"男儿何不带吴钩",吴钩在很早的时候就是一种非常精美的武器。"男儿何不带吴钩,收取关山五十州。请君暂上凌烟阁,若个书生万户侯?"李贺也多么希望像个男子汉大丈夫一样,带着精锐的武器到边塞去征战、收复国土。他在后面写到,在凌烟阁上的都是在马上征战的那些功臣的画像,哪里有完全凭借着读书而被封为万户侯的人?凌烟阁是唐代建立的纪念功臣的地方。这里也透露出李贺希望能通过到边塞去征战来博取功名,可惜他命运多舛,没有能够到边塞去征战,甚至因为避讳的原因他也不能够参加科举考试,郁郁不得志,最后英年早逝。这是我们看到的唐代的众多诗篇透露出来的尚武精神。这种尚武精神和北朝的诗歌息息相通。

我们看唐代很多诗歌表现了唐人的尚武精神,还要进一步看看李白的诗歌是怎样表现唐人的尚武精神的,这种尚武精神就是盛唐气象的一个重要表现。当代诗人余光中特别推崇李白,他多次以李白为题,写了很多纪念李白的诗歌。其中《寻李白》这首诗中有几句诗非常经典。他说:"酒入豪肠,七分酿成了月光,余下的三分啸成剑气,绣口一吐就半个盛唐。"在这四句诗中,余光中提到了几个重要的意象,第一个就是酒,第二个是月光,第三个是剑气。我们在这里主要分析李白诗歌中的尚武精神,所以用"剑"来作为我们主要的分析对象。我们在李白的诗歌中看到他多次歌咏"剑",比如在《司马将军歌》中,他写道:"狂风吹古月,窃弄章华台。北落明星动光彩,南征猛将如云雷。手中电曳倚天剑,直斩长鲸海水开。"我们再看下面这首《临江王节士歌》，他写道："洞庭白波木叶稀，燕鸿始入吴云飞。吴云寒，燕鸿苦，风号沙宿潇湘浦。节士悲秋泪如雨，白日当天心，照之可以事明主。壮士愤，雄风生，安得倚天剑，跨海斩长鲸。"在这两首诗歌中我们看到，李白不仅喜欢用"剑"这个意象，而且他的剑比较特别。这两首诗写的都是倚天剑，在《司马将军歌》中写的是"手中电曳倚天剑"，在《临江王节士歌》中写的是"安得倚天剑，跨海斩长鲸"。倚天剑这个意象在文学作品中一般认为是起于先秦时期的。宋玉在《大言赋》中说"长剑耿耿倚天外"，实际上这句诗就已经暗含着倚天剑这个词。在后来众多的诗篇之中，歌咏倚天长剑的要数李白最为突出了。除了前面的两首诗之外，我们还可以看一下李白的《大猎赋》。《大猎赋》中开篇写道："攉倚天之剑，弯落月之弓。昆仑叱兮可倒，宇宙噫兮增雄。河汉为之却流，川岳为之生风。羽旄扬兮九天绛，猎火燃兮千山红。"李白在《大猎赋》中为我们塑造了一个非常壮观的景象，这个景象有很多的意象，其中令人瞩目的就是开篇的倚天长剑，这柄"倚天剑"似乎也一直伴随着李白。李白在年轻的时候就表现了对剑术的特别爱好，在《与韩荆州书》中他写自己"十五好剑术，遍干诸侯"。我们从前面的众多诗歌中看到，好剑是唐人尚武精神的一个表现。我们发现，李白在自己的诗文之中特别喜欢歌咏这柄剑。再看看在其他诗文中他是怎样歌咏这柄剑的。在《赠从兄襄阳少府皓》中，他写道："结发未识事，所交尽豪雄。……托身白刃里，杀人红尘中。"李白在这首诗中表现出自己非常具有侠士精神，路见不平拔刀相助，正如一个年轻的后生魏颢在后来为李白编辑诗歌集子的时候写到的李白的形象，"眸子炯然，哆如饿虎。少任侠，手刃数人"。李白年轻的时候非常仗义，像一个侠客一样，每次在路上遇到不平之事的时候，他就拔刀相助。这种侠客精神最为集中地表现在他的《侠客行》这首诗中。在《侠客行》中，李白借用了司马迁《游侠列传》《刺客列传》之中描写的春秋战国时期侠客的形象，比如说信陵君身边的朱亥就成了李白学习的一个榜样。诗中着重写的是为信陵君做事的侯嬴、朱亥，他说："千秋二壮士，煊赫大梁城。纵死侠骨香，不惭世上英。谁能书阁下，白首太玄经。"在这里极尽地歌颂了侯嬴和朱亥这两个侠客仗义任侠的精神，同时也表现出李白不愿意在书斋之下读书，希望到边关去，骑马征战为国立功。

　　前面我们看到在《与韩荆州书》中，李白写自己"十五好剑术，遍干诸侯"。

李白在二十五岁以后,"仗剑去国,辞亲远游",顺江东下,经过今天的重庆(就是渝州)、湖北的荆门、湖南的洞庭、江西的庐山、安徽的天门山、江苏的南京和扬州,我们可以发现这一路之上那柄剑一直伴随着他,一直到他三十八岁的时候。李白遇到了很多的挫折,他反思自己,觉得自己的武功可能还不够强大,后来他特地要到山东去。到山东干什么?在一首诗中,他交代了自己到山东的目的,这首诗叫《五日东鲁行答汶上翁》。五日是我们今天的端午,他为什么跑到山东去?诗中写道"顾余不及仕,学剑来山东"。李白在二十五岁仗剑去国以后,就想在仕途上有所作为,可是十多年过去了,这柄剑并没有给他在功业上带来什么实在的东西,所以他觉得自己在剑术上可能还有待提高。山东有一个剑师叫裴旻,他准备到山东去找这个剑师裴旻,拜他为师,进一步提高自己的剑艺。我们可能不太熟悉裴旻,唐文宗曾诏书御封,裴旻的剑、张旭的字和李白的诗歌是盛唐"三绝"。从这个说法之中我们也可以看出裴旻剑术之高超,李白到山东的一个直接目的就是要拜裴旻为师,进一步提高自己的剑艺。这柄剑伴随着李白的一生,一直到他晚年的时候,也就是安史之乱后期,公元761年,当时的太尉李光弼带着大军准备最后平定安史叛军,李白在金陵城中听到这个消息的时候非常激动,认为自己这柄剑终于有机会为国效力了,所以写下了这样一首诗歌。题目像日记一样,交代了写这首诗的缘由——《闻李太尉大举秦兵百万,出征东南,懦夫请缨,冀申一割之用,半道病还,留别金陵崔侍御十九韵》。这首诗歌有三十八句,看来篇幅还是比较长的。题目中就说了,写这首诗是希望自己这柄剑能够为国效力,诗中写道:"拂剑照严霜,雕戈缦胡缨。愿雪会稽耻,将期报恩荣。"可惜的是李白此时年纪大了,走到半路时生病了,没办法真正地走到前线去,他感到无限的遗憾。所以从这首诗中我们看到,李白最终没能够实现他为国效力的志愿,而是带着一种无限的遗憾,离开了人间。李白在某种意义上可以说表现了中国历代文人的一个梦想,就是千古文人侠客梦。通过李白诗中这个"剑"的意象,我们可以思考一下如何去理解中国文人的千古侠客梦,这个侠客梦在中国文学史上有什么具体的表现。

我们稍微梳理一下,韩非子是法家思想的集大成者,在他的观念中,当然是不允许侠客这样的人出现的,所以他的《五蠹》篇中把侠归于五蠹之一,"侠以武犯禁",侠客通过武力来破坏现存的社会秩序,所以不应该允许这样的人出现。但是汉代史学家司马迁在《史记》当中为刺客和游侠留下了篇章,为我们塑造了一系列仗义行侠重然诺的侠客形象,甚至东晋的田园诗人陶渊明在诗篇之中也表现了自己的侠客梦想。他歌咏过先秦时期一个著名的刺客荆轲,荆轲最终也没能实现自己的功业,因为他的剑术还不够高超,所以陶渊明也非常的遗憾,说"惜哉剑术疏,奇功遂不成"。在唐代尤其盛唐的时候,文人似乎多多少少的能够在现实中实现自己的侠客梦想,李白诗中的那柄倚天剑,在某种意义上就能够说明这个问题。

④ 盛唐气象形成的原因(3):观念开放

盛唐气象的形成,除了我们前面所说的经济发展和南北一统的原因外,还与唐代的观念开放、思想自由有关。具体来说,在唐代的历史上,思想比较自由,观念开放,儒释道三教并存,其他各种宗教包括景教、摩尼教、祆教等可以相对自由地传播。

观念开放的一个重要表现就是能平等对待华人和华人之外的其他民族。由于唐太宗的深远影响,他被四夷的其他民族称为天可汗,所以唐太宗不仅是大唐的天子,还是周边四夷的天子。唐太宗有这样一个包容的观念,他说:"自古皆贵中华,贱夷狄,朕独爱之如一。"华夷之辨是中国历史上基于民族划分的一个重要的文化观念,在上古时期就已经形成了夷夏之辨或者说是尊王攘夷的观念。华夏民族自古就非常受重视,而其他的边地的民族和外来的民族一般处于被鄙夷的地位,但唐太宗作为大一统时代的一个天子,他能够以一种包容的胸襟平等地对待华夷。唐代的文人李华提出了这样一个观念,当今"国朝一家天下,华夷如一"。这种开放的观念使得唐代具有一种包容的胸襟。

唐代在思想上也能够采取兼容并包的态度,具体表现为以儒家为主,能够兼取百家。自从孔子创立儒家学派,提出君君、臣臣、父父、子子这样的思想之后,儒学到汉代就成了封建国家立国的思想基础。魏晋南北朝时南北分裂,在经学上形成了南学和北学,到了隋唐大一统的时候,特别是到了太宗时期,他派人重新修订《五经正义》,《五经正义》的修订在某种意义上就有统一儒学解释的意思。《旧唐书·儒学传序》中记载，唐太宗"以儒学多门，章句繁杂，诏国子祭酒孔颖达与诸儒撰定《五经》义疏，凡一百七十卷，名曰《五经正义》，令天下传习"。《五经正义》的编纂在某种意义上就有统一南北儒学的解释的意思，目的主要是统一思想。我们说唐代在思想上虽然采取了兼容并包的态度，但是作为一个封建国家，不可能不把儒学作为立国的基础。儒学在唐代仍然有很高的地位，对诗人的诗歌创作也有明显的影响。在唐代的众多诗人之中，杜甫是最为后世的人们所推崇的一个诗人，被称为"诗圣"。圣人是在儒家观念的影响之下，我们中国古代文人对于人的境界的一种最高要求。孔子被称为圣人，在孔子之前，按照儒家的道统来看，尧、舜、禹、汤、周文王、周武王、周公形成了一个圣人的序列。在古今的文学家之中，能够被称为圣人的恐怕只有杜甫一人。杜甫之所以被称为诗圣，主要是由于他的家学的影响，杜甫在文章之中念念不忘，他是一个以儒学传家的人。在《唐故万年县君京兆杜氏墓志》中就记载了杜家起源很早，从遥远的时代开始就以儒家的仁义礼智信传家，所以在《进雕赋表》中，他就说虽然我的家门开始衰落，但仍然能够"奉儒守官，未坠素业"。这里的素业在某种意义上就是对儒家经学的一种传承。儒家的思想非常丰富，其核心的思想就是仁，仁就是爱人，就是一种博爱的情怀。具体表现在杜甫的诗歌之中，这种仁爱的情怀就是对普通百姓的同情。在他的代表作品《自京赴奉先县咏怀五百字》中，他就说了："杜陵有布衣，老大意转拙。许身一何愚，窃比稷与契。……穷年忧黎元，叹息肠内热。……葵藿倾太阳，物性固莫夺。"杜甫在这里表达了自己的一种忧黎元的情怀，而这种情怀是儒家的一个重要思想，所以宋代的文学家苏东坡评价杜甫道："古今诗人众矣，而杜子美为首，岂非以其流落饥寒，终身不用，而一饭未尝忘君也欤。"古往今来的诗人非常之多，大家一致推崇杜甫为首，为什么？杜甫自己的生活实际上也非常的贫寒，甚至一生没有得到过重用，但是杜甫始终没有忘记君王。在古代社会，忠君往往和爱民是融为一体的，苏轼在这里评价杜甫说"一饭未尝忘君"，在某种意义上也肯定了杜甫的诗歌对普通平民百姓的一种关照。《自京赴奉先县咏怀五百字》中的"穷年忧黎元，叹息肠内热"这两句诗就表现出来了。尤其是作为杜甫代表作品的"三吏三别"以及《茅屋为秋风所破歌》等诸多的作品都表现了老杜这样一种博爱的情怀。这是儒家在唐代的时候对文学创作的影响,造就了一个伟大的诗人杜甫。

除了儒家思想之外,我们再看看佛教思想。佛教自汉代由印度传到中国来,经过了几百年的发展,到了隋唐时可以说已经达到了鼎盛时期。佛教在唐代的时候已经和中国固有的思想结合,出现了中国化的表现,形成了众多的教派。这些教派都有明显的中国化的特色,比如说天台宗、三论宗、法相宗、华严宗、禅宗、净土宗、律宗和密宗,我们把它们简称为天三法华禅净律密。这八大教派尤以禅宗为代表,以慧能创造的禅宗的出现标志着佛教真正完成了中国化,成为中国式的宗教。这是隋唐尤其到唐代佛教处于鼎盛时期才会出现的一种局面。唐朝先后有高僧玄奘、义净到印度去取经,将大量的佛教经卷带回大唐王朝翻译,让更多的佛经为中国人所了解。佛教在唐代的广泛传播对文学创作的影响也是非常明显的。

唐代有很多的僧人本身就会写诗,我们把他们称为诗僧。诗歌被收录进《全唐诗》的僧人就有113人,所创作的诗歌有2 783首,士人与僧人交往的诗歌也有2 000多首,合起来有近5 000首。这是清代人所编的《全唐诗》所收录诗歌总数的近十分之一,从《全唐诗》所收录的这些诗中可以看到佛教已经对唐代诗歌创作有了明显的影响。我们看唐代初年出现的诗僧王梵志,王梵志用非常通俗的语言,表现了他对世界人生的一种思考。我们在这里看一下他的两首诗,其中一首写道:"梵志翻着袜,人皆道是错。乍可刺你眼,不可隐我脚。"这里的"隐"字要稍微注意一下,是硌的意思,就是硌到自己的脚,使自己的脚感到不舒服。我们一般穿袜子总是将不光滑的一面穿在里面,将光滑的一面穿在外面,因为那是给别人看的。但是这个王梵志说他自己穿袜子和别人不一样,他把袜子反过来穿。在我们一般人来看他肯定是将袜子穿反了,但是王梵志却认为,他反过来穿袜子让自己感觉舒服,这样才是正确的,而别人的那种穿法未必是对的。王梵志的这首小诗,用通俗的语言从我们日常生活中的一件小事着眼,里面包含着深刻的哲理。下面还有一首诗:"他人骑大马,我独跨驴子。回顾担柴汉,心下较些子。"这是我们平常生活中大多数人所具有的一种心态,就是比上不足但比下有余。看到别人骑着高头大马,洋洋自得非常的威武,而我却骑着一个小毛驴,跟别人无法相比,但是回

过头来看到,后面还有一个挑着柴的汉子,我这心里一下子就平衡了。王梵志就是通过这样一种浅白的语言写出了比较通俗却包含着深刻哲理的诗歌。

盛唐时期有一个诗僧寒山子。寒山子写了许多作品,我们来看一看他的作品《杳杳寒山道》:

> 杳杳寒山道,落落冷涧滨。
>
> 啾啾常有鸟,寂寂更无人。
>
> 淅淅风吹面,纷纷雪积身。
>
> 朝朝不见日,岁岁不知春。

这首诗歌在写到自己顶风冒雪的形象时,每一句都有一组叠词,读起来充满了音乐感。这是唐代的两个著名的诗僧王梵志和寒山子的诗歌。

佛教对唐代诗歌创作的一个重大影响就是造就了大诗人王维。我们一般根据他诗歌受佛教思想影响的这个特征,把王维称为诗佛。佛教对王维诗歌的创作有很大的影响,我们看到王维的众多诗歌体现了自然山水空寂的一种境界。关于王维的诗歌,我们着重看一看他隐居在辋川山时写的五言绝句。这些五言绝句很多描写的是大自然的空灵境界,而这种空灵的境界恰恰是佛教所追求的一种境界。像《鹿柴》:"空山不见人,但闻人语响。返景入深林,复照青苔上。"他的《鸟鸣涧》之中也出现了这样空寂的现象:"人闲桂花落,夜静春山空。月出惊山鸟,时鸣春涧中。"像《辛夷坞》写道:"木末芙蓉花,山中发红萼。涧户寂无人,纷纷开且落。"像《山居秋暝》这首五言律诗为我们描写了空寂宁静的山水境界:"空山新雨后,天气晚来秋。明月松间照,清泉石上流。竹喧归浣女,莲动下渔舟。随意春芳歇,王孙自可留。"对这种空寂的境界,作者王维表达了自己特有的喜爱之情。这种空寂的境界恰恰就是佛教尤其是禅宗对王维诗歌创作的影响。

大诗人李白的思想比较复杂,在某种意义上佛教对他的诗歌也有明显的影响。有这样一首七言绝句,题为《答湖州迦叶司马问白是何人》,意思是说回答湖州有一个叫迦叶的司马问李白是何许人也。李白在这首诗中就非常自豪地说:"青莲居士谪仙人,酒肆藏名三十春。湖州司马何须问,金粟如来是后身。"金粟如来即维摩诘,是和释迦牟尼同时代的佛教中的高士。和释迦牟尼出家不一样,维摩诘是在家修行的一个大乘居士,他是佛教中现身说法、辩才无碍的典型代表。李白想自己将来可能成为金粟如来,可见佛教对李白诗歌和李白自身有深刻的影响。我们再看一看李白的字号,李白字太白,号青莲居士,这个青莲居士在某种意义上也体现了李白对佛教的一种推崇。"青莲居士"在李白的诗歌中出现过两次,刚才我们在《答湖州迦叶司马问白是何人》中就见过,在另外一首诗《答族侄僧中孚赠玉泉仙人掌茶并序》中也出现了这个"青莲居士",我们知道莲花是佛教的一个重要的象征物,以青莲居士为号表明了他对佛教之中的纯净境界的一种追求。莲花有多种,有白莲,有红莲,有青莲,在多种莲花之中,青莲是上品,就像佛教的经典《大智度论》中所说的:"一切莲华中,青莲华为第一。""青莲"这个词在李白的诗歌中多次出现,在某种意义上也能够代表李白对佛教的一种信仰。

南宋 梁楷《太白行吟图》

　　除了佛教之外,还有中国的本土宗教道教。道教和中国早期的道家学派在思想上有深刻的渊源。无论是道家还是道教在唐代都拥有很高的地位。道家学派的创始人和代表人物是老子,他姓李名耳,因为他姓李,李唐王室就以老子李耳为自己的祖先,道家和道教的地位一下子得到了提升,除了老子之外,道家学派的后人像庄子、列子、文子都被唐王室封为真人。唐代的科举考试也专门开了一个科,就是道举科。道举科主要是考道家的经典《老子》《庄子》《列子》和《文子》。道家的这四子的著作成为道举科考试的主要科目,这是道家在唐代的特殊地位。道教在唐代也有广泛的影响。从对文学创作的影响来说,它的代表非李白莫属。我们说李白诗歌的风格是飘逸豪放,其中飘逸的诗风和他诗仙的名号是非常符合的。李白有一首诗歌《庐山谣寄卢侍御虚舟》,在这首诗中他写道:"我本楚狂人,凤歌笑孔丘。手持绿玉杖,朝别黄鹤楼。五岳寻仙不辞远,一生好入名山游。"李白一生之中创作了大量的山水诗篇,这表现李白特别喜欢游山玩水,李白为什么喜欢纵游山水?这首诗歌似乎能够说清楚原因,其目的有可能是求仙访道,所以他说"五岳寻仙不辞远,一生好入名山游"。道教对李白有深刻的影响,李白曾经在天宝年间到长安城做翰林待诏,后来由于小人的谗毁被赐金还山。赐金还山以后,李白非常痛苦。公元 745 年,李白在齐州特地请北海的高天师给他授道箓,接受道箓在某种意义上就是一个真正的道士了。

综上,我们看出来唐代由于观念开放、思想兼容并包,所以能够出现诗圣杜甫、诗仙李白、诗佛王维这样的诗人,这是唐代观念的开放和思想的自由对唐代诗歌创作的一种深刻影响。

思考与练习

1. 什么是"盛唐气象"?
2. 举例分析儒释道思想对唐代诗歌创作的影响。

参考文献

[1] 蘅塘退士.唐诗三百首[M].宋慧,点校.陈宛俊,补注.北京:中华书局,2003.

[2] 马茂元,赵昌平.唐诗选[M].上海:上海古籍出版社,2017.

[3] 中国社会科学院文学研究所.唐诗选[M].北京:人民文学出版社,2021.

[4] 黄进德.唐五代词[M].上海:上海古籍出版社,2011.

[5] 李浩.唐文选[M].李浩,李芳民,注释.北京:人民文学出版社,2011.

[6] 汪辟疆.唐人小说[M].北京:人民文学出版社,2019.

[7] 薛天纬.李白诗选[M].北京:人民文学出版社,2017.

[8] 萧涤非.杜甫诗选[M].萧光乾,萧海川,缉补.北京:人民文学出版社,2018.

第八讲

盛唐气象 少年精神

——繁荣的唐代文学（下）

1 盛唐气象形成的原因（4）：科举取士

　　唐代文学在中国文学史上取得了诸多的成就，内容非常丰富，所以在"盛唐气象　少年精神"这个题目之下，我们分了两讲给大家来讨论。前面我们在讨论"盛唐气象"形成的原因的时候，主要是从经济发展、南北一统、观念开放等三个方面来讨论分析。但我们觉得还不够，实际上要理解唐代文学表现出来的盛唐人的开阔的胸襟、恢宏的气度、积极进取的精神，还需要从其他方面加以思考。今天，要从这三个方面来跟大家进一步讨论这个问题。首先是唐代士人举荐制度，也就是科举制度，对唐代文学创作的影响。其次从艺术与文学创作之间的互动关系来看一看唐代文学所取得的成就。最后我们从历史积淀的层面，来讨论唐代文学，尤其是唐代诗歌取得成就的原因。

　　先看科举考试。中国历史非常悠远，在不同的时代，形成了不同的士人举荐制度，或者叫官僚选拔制度，也就是人才选拔制度。从先秦时期就有宗法制，在宗法背景下形成世卿世禄制，到两汉时期形成的官僚选拔制度就是察举征辟制，到魏晋南北朝时，形成了九品中正制。隋文帝大业年间，设立了进士科考试。在中国科举制度发展过程中，通常把进士科的设立作为科举考试起源的标志。唐代在官员或士人的选拔上，仍然沿袭了隋代的这种制度。在科举考试的各种科目当中，特别重视诗赋的创作，正是这样一种考试制度，对唐代文学创作产生了推动作用。

　　首先我们看一看唐代科举考试的一般情况。唐代科举取士分为两大类型，第一种是常举，第二种叫制举。制举是由皇帝主持的考试，但是科目大多数是临时设置的，不是经常进行的。而常举是每年都有一次考试，分为明经、秀才、进士、明法、明算、明书等六科。在这些科当中最引起士人也就是读书人关心的是进士科。因为进士科比较容易进入仕途，所以考生大多集中在进士科当中。

　　进士科的考试不仅影响到一个人的前途，甚至对魏晋南北朝以来形成的世家大族也有很大的影响。唐代的一个学者王定保说过："科第之设，草泽望之起家，簪绂望之继世；孤寒失之，其族馁矣；世禄失之，其族绝矣。"我们可以看到,贫寒之家的人要想提升自己家族的地位,要靠科举考试。如果在科举考试上一举成名,不仅自己能够得到提升的机会,而且能够提升整个家族的地位。反之,如果原来是一个世家大族,但是后人在科举上没有什么作为,那么这个家族很可能就渐渐地湮没无闻了。科举考试中有秀才、进士、明经、明法、明书、明算等科,在这些科目当中人们最为关注的就是进士科。所谓进士就像赵俶所说的:"进士者,谓可进而授之爵禄也……所谓选才授爵之高科,求士滥觞之捷径也。"我们从这个记载中可以看到为什么进士科在诸多科目之中成了热门的科目。

进士科考什么?进士科当中有一种考试,就是考查读书人写诗写赋的能力。它虽然录取的人数比较少,但是却集中了众多年轻的士子。因为正如刚才赵俶所说,考中进士比较容易进入仕途,我们看一看进士科是怎么考诗赋的。

宋代有个学者叫计有功,在《唐诗纪事》中就记载了祖咏参加科举考试时写诗的一个故事。《唐诗纪事》是这样记载的,那一年祖咏去参加科举考试,当年考试的题目是《终南山望余雪》,这个题目看起来还是比较容易的,是写一首即景抒情的诗歌,祖咏才思敏捷,到了考场上,一会儿就将这首诗写完了。他写了四句二十个字:"终南阴岭秀,积雪浮云端。林表明霁色,城中增暮寒。"写完了以后,他感觉比较得意,然后就准备交卷了。但是当时监考的老师看到他交上来的卷子只有二十个字,就善意地提醒他说,你这个卷子似乎还没有做完,你才写了二十个字。为什么这样说?因为唐代的科举考试当中,写诗歌也有篇幅的要求,一般是写一首六韵十二句的五言排律诗歌。这样算起来的话就是要写六十个字。祖咏这首诗从篇幅来看,只达到了要求的三分之一,所以一般来看,这肯定不是一份合格的试卷。但是后来祖咏也没有采纳老师的意见。他认为,自己这二十个字已经将这个题目的意思表达出来了,所以就没必要再写下去了,画蛇添足再增补八句,显得拖拖沓沓狗尾续貂。祖咏的这首诗歌,一直留存到今天。我们从写景的艺术来看,祖咏是获得了成功的。这是科举考试中考诗赋的一个典型例子。

我们下面再看一个,如果说祖咏这次考试所写的《终南山望余雪》在某种意义上带有冒险的性质,那么大多数考生,是需要按照考试的要求来写五言排律诗歌的,总共是六韵十二句。大历年间,有一个年轻后生钱起去参加科举考试,这一次科举考试出的题目叫《湘灵鼓瑟》。这个题目跟刚才祖咏的那个题目比较起来是有一定的难度的。祖咏的考试题目叫《终南山望余雪》,没有读多少书也能写出来。而钱起的考试题目叫《湘灵鼓瑟》,如果你读书不广,对《楚辞》还不了解的话,很可能就无从着手。好在钱起是读过《楚辞》的。《楚辞》的《远游》篇中就讲到了"湘灵鼓瑟"的来历,《远游》诗中是这样写的:"使湘灵鼓瑟兮,令海若舞冯夷。"湘灵是湘水之神,湘水之神湘灵特别善于弹奏琴曲。钱起由于知道题目的典故和出处,所以他就能够写下去了。他写的诗总共十二句:

> 善鼓云和瑟,常闻帝子灵。
>
> 冯夷空自舞,楚客不堪听。
>
> 苦调凄金石,清音入杳冥。
>
> 苍梧来怨慕,白芷动芳馨。
>
> 流水传湘浦,悲风过洞庭。
>
> 曲终人不见,江上数峰青。

前面的十句,紧扣这个题目来写湘灵鼓瑟的感染力。这样写是合格的,但是到了诗的最后两句,钱起不再写音乐了,而是写没有音乐时的情景:"曲终人不见,江上数峰青。"以景结情给人留下无限的回想余地,使得这首诗的艺术水平一下子得到了提升。所以这首诗在科举考试中算是个范文,一直到中唐以后都有深远的影响。乃至到明代的时候,著名的文学家、诗学家王世贞在自己的《艺苑卮言》中,还提到过钱起的这首诗歌。他说"凡省试诗",就是参加科举考试,特别是尚书省礼部主持的考试,要想写出优秀的作品是很难的,而钱起却在省试中写出了《湘灵鼓瑟》这样的诗篇,可以说是"亿不得一",我们一般说是百里挑一,钱起的这首《湘灵鼓瑟》在王世贞看来,是"亿不得一",看来在科举考试中能够写出这样优秀的诗篇,真是殊为难得。

我们刚才看进士科考诗赋是怎样一种情景,从祖咏的《终南山望余雪》和钱起的《湘灵鼓瑟》这两个例子中就可见一斑了。

我们从宋代学者计有功的《唐诗纪事》中记载的祖咏参加科举考试时所写的《终南山望余雪》可以看出,唐代的科举考试还是

比较宽松的。因为在考试的时候，监考的老师还可以善意地提醒考生是否写完了。实际上，唐代的科举考试，不仅仅要在考试的时候下功夫，我们从大量的史料中可以看出，唐代的很多文人为了参加科举考试，在试前就要进行大量的工作。

后代的学者有一种说法叫作温卷，什么叫温卷？宋代的学者赵彦卫在《云麓漫钞》中曾经记载过："唐之举人，先借当世显人，以姓名达之主司"，唐代参加科举考试的人在考试之前，要找到那些地位显赫的人，让那些主持考试的官员们熟悉自己的名字。熟悉了名字之后，还要做一些工作，就是"然后以所业投献，逾数日又投，谓之温卷"，将自己平时所写的那些诗文投献给相关官员去看。因为通过批阅试卷看出一个人真正的才华，可能存在着偶然性。所以，这些士子们在科举考试前，要做一个很重要的工作，就是将自己平常所写的作品交给那些相关的官员去看，这种行为就叫作温卷。温卷这种活动的出现对唐代的文学产生了直接的影响，中唐时期传奇小说大量出现，很可能就是由温卷行为导致的。而传奇小说，实际上并不仅仅是纯粹小说的写作，因为从传奇小说中可以看出一个士子的史才、诗笔、议论，唐代传奇小说的出现与温卷有关，与科举考试相关，而传奇小说中又包含了作者大量的诗歌，可以看出，科举考试和考试之前温卷的行为对诗歌创作的直接影响。

这种温卷的做法，我们可以找一些例子来看。比如说唐代有个学者叫张固，他写过一本小册子。这本小册子到后来只留下了几十个片段，不长。其中就记录了白居易参加科举考试的故事。白居易年轻的时候，到长安去参加科举考试。在科举考试之前，就要温卷，将自己所写的诗歌投呈给当时的著作郎顾况。当时的著作郎顾况见到年轻的后生白居易，就问他叫什么名字，白居易告诉顾况："我叫白居易。"顾况重复了一下白居易的名字，就说长安是大都市，人口众多，不像别的地方，大米很便宜，长安的米是很贵的，所以住在长安是不容易的事情。顾况一边用白居易的名字开了一个小玩笑，一边就把白居易投呈给他的诗卷打开来看。白居易对自己要投呈的诗卷是做了一点功夫的，他把自己的得意之作，就是那篇《赋得古原草送别》放在诗卷的开篇，让顾况刚打开诗卷就能读到他的这首诗。当著作郎打开白居易的诗卷的时候，看到了这首诗，他就读道："离离原上草，一岁一枯荣。野火烧不尽，春风

215

吹又生。"不读则罢，一读顾况拍案叫绝。没想到年轻的后生写出来的诗歌还非常有哲理，"野火烧不尽，春风吹又生"。于是就说能够写出这样好诗句的人住在长安就容易了，你的名字取得真好。以后顾况在官场之上逢人就会提到，我最近见到一个年轻的后生叫白居易，他的诗歌写得真是不错，不信你们看一看他的这首《赋得古原草送别》。于是白居易的声誉就越来越高了，这是白居易年少的时候温卷的一个故事。

还有一个故事，中唐时期有一个年轻后生叫朱庆馀。朱庆馀也想参加科举考试，在科举考试之前也进行了温卷的工作。他将自己的诗卷多次投呈给著名的诗人——水部侍郎张籍。可是张籍由于公务繁忙，没有多少时间翻阅朱庆馀投呈给他的那些诗卷，所以朱庆馀没有得到张籍的回应，但是眼下马上就要考试，朱庆馀内心有点着急，在科举考试之前他又写了一首诗歌。他的用意在于试探性地问张籍有没有看过自己的诗卷，如果看了，对自己的诗卷留下了什么样的印象。如果在诗中直接说，恐怕不太好，所以朱庆馀就恰到好处地在诗中把自己比作一个新嫁娘，以新嫁娘的口吻问自己的丈夫，自己的梳妆打扮是否恰到好处？以这样的形象，是否可以去拜见自己的公公婆婆？朱庆馀的诗是这样写的："洞房昨夜停红烛，待晓堂前拜舅姑。妆罢低声问夫婿，画眉深浅入时无。"这首诗歌恰到好处地用了比体，口吻非常恰当。当诗送给了张籍之后，张籍只看这一首诗歌，就知道朱庆馀是很有诗歌创作才华的。所以张籍立马用诗回了一封信给朱庆馀，在这首诗歌之中，张籍恰到好处地借用朱庆馀原诗中新嫁娘的身份，把朱庆馀比作天下第一美女，就是西施。他在诗中写道："越女新妆出镜心，自知明艳更沉吟。齐纨未是人间贵，一曲菱歌敌万金。"在这首诗歌之中张籍把朱庆馀比作西子，朱庆馀收到了这首诗歌的时候，就相当于吃了一颗定心丸了。

我们从唐代科举考试对诗赋的考查以及考试之前的温卷行为可以看到科举考试对唐代诗歌创作的直接影响。宋代的学者严羽在《沧浪诗话·诗评》中就指出了这一点，他说："或问唐诗何以胜我朝？唐以诗取士，故多专门之学，我朝之诗所以不及也。"宋代当然也有科举考试，但宋代的时候，特别是到了王安石变法以后，不再去考诗歌了。唐代科举考试中最热门的科目就是进士科，而进士科是要考诗赋的，这直接推动了唐代诗歌的繁荣。因此唐代诗歌的繁荣与科举考试息息相关。

　　唐代文学和其他艺术之间是互生互荣的。从这一角度来看，其他艺术的繁荣对唐代诗文创作也产生了积极的影响。我们从作为中国文学源头之一的诗歌说起。我们发现诗歌最初诞生的时候就和音乐舞蹈艺术存在着密切的关系。早期的诗歌与音乐舞蹈往往是不分的，我们叫诗乐舞三位一体。虽然后来音乐舞蹈从诗歌中分化出来，形成了独立的艺术，但是在后来的中国文学发展过程之中，音乐舞蹈等艺术仍然和诗歌的创作有着密切的关系。在唐代，我们发现不仅音乐舞蹈艺术对诗歌创作起着推动作用，其他的艺术比如说书法、绘画、雕塑、建筑等艺术对唐代的诗歌创作也有积极的影响。我们看到，唐代的诗人创作了很多有关其他艺术元素的诗歌，这些艺术的元素包括音乐、舞蹈、绘画等。比如说写音乐的名篇有李颀的《听董大弹胡笳弄兼寄语房给事》，李白的《听蜀僧濬弹琴》，中唐时期李贺的《李凭箜篌引》，白居易的名作《琵琶行》，韩愈的《听颖师弹琴》等。写舞蹈的作品，出现了杜甫的《观公孙大娘弟子舞剑器行》和白居易的《胡旋女》等。描写绘画艺术的有杜甫的《丹青引》《画鹰》和高适的《画马篇》等作品。

　　下面我们分别来谈唐代的诗歌与这些艺术之间互生互荣的关系。首先我们看看诗歌与绘画之间的关系。我们知道杜甫不仅是个伟大的诗人，他对绘画艺术也情有独钟。在讲魏晋风度的时候，我们曾经提到过杜甫由于特别仰慕顾恺之的绘画，所以特地到金陵瓦棺寺去观摩顾恺之的代表作品维摩诘肖像。在诗中他写道："看画曾饥渴，追踪恨淼茫。虎头金粟影，神妙独难忘。"虽然没看到顾恺之的真迹，但是在江宁看到人们临摹的顾恺之的画本也令杜甫终生难忘。除了顾恺之的绘画之外，杜甫对同时代的画家也有歌咏。在《存殁口号》这组诗的第二首中，他写到两个诗人、两个画家。诗中写道："郑公粉绘随长夜，曹霸丹青已白头。天下何曾有山水，人间不解重骅骝。"这首绝句提到的两个同时代的著名画家，一个是郑虔，杜甫称他为郑公，一个叫曹霸。郑虔是唐玄宗时期百科全书式的人物。他精通文学、艺术、绘画，特别是杜甫在这里提到的绘画。他的山水画天下有名，所以在诗的注释当中，杜甫写道："高士荥阳郑虔善画山水。""曹霸丹青已白头"，从绘画题材来说，曹霸特别善于画马。马的意象在唐诗中频繁出现，在某种意义上也是唐人尚武的表现。杜甫有一首长篇歌行体的诗歌，就是写大画家曹霸曹将军画马的。这首诗歌比较长，其中重点的段落是写曹霸给唐玄宗的坐骑留影写真的。诗中写道："先帝天马玉花骢，画工如山貌不同。是日牵来赤墀下，迥立阊阖生长风。诏谓将军拂绢素，意匠惨淡经营中。斯须九重真龙出，一洗万古凡马空。玉花却在御榻上，榻上庭前屹相向。至尊含笑催赐金，圉人太仆皆惆怅。"唐玄宗有个心爱的坐骑天马玉花骢，他想将天马玉花骢的形象留下来，可是众多画家的画作都不能令唐玄宗满意，所以特地请了曹霸来给他的坐骑画画。曹霸看了唐玄宗的天马玉花骢之后，经过自己的一番构思，霎时就将这个天马玉花骢画了出来。唐玄宗感到非常的满意，连连催着人要赏赐曹霸。这是杜甫在《丹青引》这首长篇诗歌所写的主要内容。曹霸作为唐代善于画马的高手，培养了一些年轻的画家。诗中提到曹霸有一个弟子叫韩幹。韩幹在曹霸培养之下后来也成为一个画马的能手，但是在杜甫看来，韩幹画的马不能够和曹霸的马相匹敌。诗中他写道："弟子韩幹早入室，亦能画马穷殊相。幹惟画肉不画骨，忍使骅骝气凋丧。将军画善盖有神，必逢佳士亦写真。"从这里我们可以看出来，杜甫不太喜欢韩幹画马的那种风格，说他"画肉不画骨"，使得宝马的气势一下子凋散殆尽了。我们从杜甫的另外一首诗《房兵曹胡马诗》中看到，杜甫特别喜欢那种比较瘦硬的马，而韩幹画的马却多肉无骨。曹将军曹霸画的马我们今天无从知晓，但是他的弟子韩幹画的马尚留人间。韩幹的作品，宋徽宗还在上面题过字。韩幹的真迹《牧马图》就保存在台北的"故宫博物院"里，能够看出杜甫在诗中所写的"幹惟画肉不画骨"的风格；还有一幅真迹保存在美国纽约的大都会博物馆中，这幅画作的名字叫《照夜白》。我们比较一下《照夜白》和《牧马图》中的两匹马，它们的形象基本相似，膘肥体壮，但是杜甫似乎对这样的形象不太喜欢。他特别喜欢自己诗中所写的那种马，他写过一首《房兵曹胡马诗》。"胡马大宛名，锋棱瘦骨成。竹批双耳峻，风入四蹄轻。所向无空阔，真堪托死生。骁腾有如此，万里可横行。"从杜甫笔下描写的房兵曹的胡马可以看出他比较喜欢那种瘦硬的马匹。这样的马似乎更有奔腾之势，更能够体现杜甫的一种精神，一种境界。这是杜甫诗歌中所写的马匹和画马的画家的有关情况。正是由于杜甫对绘画艺术的钟情，他才能够写出像《房兵曹胡马诗》和长篇歌行体诗歌《丹青引》这样的作品。

唐代 韩幹《牧马图》(现藏台北故宫博物院)

　　杜甫不仅喜欢绘画艺术，我们可以看出音乐艺术、舞蹈艺术对他的诗歌创作也有直接的影响。杜甫的《丹青引》是一首长篇歌行体诗歌，除此之外他还写了一首有关另外一个艺术家——舞蹈家公孙大娘的弟子跳剑器舞的作品《观公孙大娘弟子舞剑器行》。这首作品篇幅较长，前面还有一个较长的序言。在序言之中杜甫介绍了幼年的时候就曾经看过公孙大娘的西河剑器舞，令他终生难忘。后来杜甫流落蜀中，在夔州他的朋友元持家里又一次看到了一个舞蹈家的舞蹈，她叫李十二娘。李十二娘剑器舞的舞姿让他觉得似曾相识，所以杜甫就问李十二娘有没有拜过什么人为师。李十二娘自报家门说，自己就是公孙大娘的弟子。这一下子让杜甫想到了自己幼年的时候所看到的公孙大娘在郾城跳的西河剑器舞。公孙大娘是唐玄宗时期一流的舞蹈家，她的舞蹈艺术已经达到了杜甫在诗里所说的"浏漓顿挫，独出冠时"的境界。

　　公孙大娘的西河剑器舞对著名的书法家张旭的书法也有过激发的作用，所以在小序中杜甫特别提到这件事，说："昔者吴人张旭，善草书帖，数常于郾

219

县见公孙大娘舞西河剑器，自此草书长进，豪荡感激，即公孙可知矣。"也就是说公孙大娘浏漓顿挫的舞姿，直接激发了张旭的草书，使得张旭的草书也达到了浏漓顿挫的境界，从这里我们可以看到书法艺术和舞蹈艺术之间相通的地方。

我们再看一看杜甫在诗歌之中用了怎样精美的语言来描写公孙大娘浏漓顿挫的舞蹈。诗中写道："昔有佳人公孙氏，一舞剑器动四方。观者如山色沮丧，天地为之久低昂。㸌如羿射九日落，矫如群帝骖龙翔。来如雷霆收震怒，罢如江海凝清光。"从这八句当中，我们大略可以体会到公孙大娘的西河剑器舞酣畅淋漓、顿挫有致的姿态。这是杜甫给我们留下的唐代著名的舞蹈家公孙大娘跳舞时的形象。

中唐著名诗人白居易，他的代表作品是《长恨歌》。《长恨歌》主体上是书写唐玄宗和杨贵妃带有悲剧色彩的爱情故事。杨贵妃之所以能够得到唐玄宗的宠幸，有多方面的原因，其中一个重要的原因是杨贵妃的舞蹈。杨贵妃能歌善舞，所以白居易在《长恨歌》中写道："骊宫高处入青云，仙乐风飘处处闻。缓歌慢舞凝丝竹，尽日君王看不足。"从这四句中我们可以看到，唐玄宗非常欣赏杨贵妃的舞蹈，而杨贵妃的舞姿曼妙，和音乐的节奏非常协调。通过"缓歌慢舞凝丝竹"的"凝"字就可以看出杨贵妃高超的舞蹈艺术。唐玄宗在音乐舞蹈艺术方面也有一定的造诣，他创造出了著名的舞曲《霓裳羽衣曲》。白居易的《长恨歌》写到了《霓裳羽衣曲》，这是《长恨歌》中的一个重要内容。如果不是杨贵妃能歌善舞，可能就没有《霓裳羽衣曲》的出现，甚至可能也没有《长恨歌》这篇杰出作品的出现。唐代舞蹈非常盛行，刚才我们讲到著名舞蹈家公孙大娘的剑器舞，还有杨贵妃的霓裳羽衣舞。白居易在自己的乐府诗歌《胡旋女》中为我们展示了唐代最流行的一种舞蹈——胡旋舞。在《胡旋女》中，白居易淋漓尽致地写出了胡旋舞在当时的流行。在宫中它的代表人物是杨贵妃，在宫外代表人物就是安禄山。诗中写道："中有太真外禄山，二人最道能胡旋。"胡旋舞带有西域文化的特征，传到了唐朝以后，唐朝上上下下都非常喜欢。在敦煌的莫高窟中还留下了胡旋舞舞姿的相关壁画，让我们今天还能够领略到胡旋舞的舞姿。从这里我们就可以看到，唐代的舞蹈对诗歌艺术的直接影响，再一次说明了其他的艺术对诗歌的创作有着积极的影响。

在唐代的诗歌之中,我们不仅看到了诗歌与绘画艺术之间的关系,看到了诗歌和舞蹈艺术之间的关系,还能够看出诗歌创作与书法艺术之间的密切关系。

刚才我们读的杜甫的《观公孙大娘弟子舞剑器行》这一长篇歌行体诗歌的序言之中,就提到过公孙大娘的舞蹈激发了张旭,使他成为草书的代表人物。张旭不仅擅长草书,也能够创作诗歌。我们在这里看一下张旭的两首诗歌,一首是《桃花溪》,一首是《山中留客》。从《桃花溪》这首诗的题目中我们就可以看出他对陶渊明笔下的桃花源非常向往。他在诗中用非常清新的语言为我们描写了桃花源的境界:"隐隐飞桥隔野烟,石矶西畔问渔船。桃花尽日随流水,洞在清溪何处边。"这是《桃花溪》这首诗的内容。我们再看一下《山中留客》这首诗:"山光物态弄春晖,莫为轻阴便拟归。纵使晴明无雨色,入云深处亦沾衣。"这两首诗歌用非常清新的语言为我们创造了一个清新活泼的境界,张旭作为一个书法家,也能够写出有着高超艺术表现力的诗篇。我们再看看李白,李白是诗仙,他的诗歌风格豪放飘逸,我们今天不仅能够看到李白的众多诗歌作品,同时也能看到他给我们留下来的书法作品。这是保存在故宫博物院里的《上阳台》的书法帖,帖子是李白的真迹,有些字已经漫漶不清了,主要文字在李白的集子中可以看到。《上阳台》写的内容是:"山高水长,物象千万。非有老笔,清壮何穷。"下面还有落款:十八日上阳台书太白。我们可以把李白的书法作品和李白的诗歌风格做一个比较。李白墓碑上就说"翰林字思高笔逸",李白曾经做过翰林待诏,这句话就是说李白的书

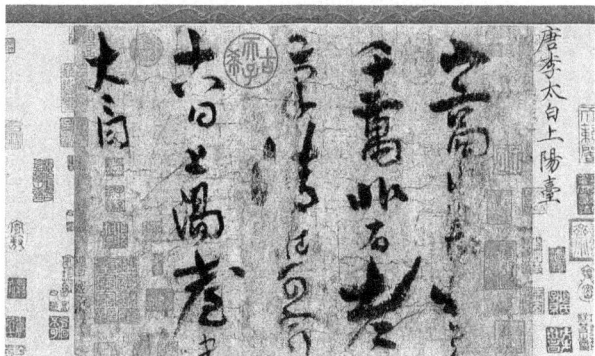

李白《上阳台》书法

法和他的诗歌一样思高笔逸。宋代的学者黄山谷本身也是一个文学家、书法家，他对李白的书法应该说有比较深入的了解。他评价道："白在开元天宝间，不以能书传。今其行草殊不减古人，盖所谓不烦绳削而自合者欤。"因为李白在开元天宝间是以诗名闻天下的，他的书法不能和同时代的张旭等书法家匹敌。但是我们今天看来，李白留下来的这些行草书法跟前人相比，在艺术成就上一点也不逊色，达到了艺术的至高境界，所谓"不烦绳削而自合"，是中国文学艺术创作的一个至高境界。大宋的《宣和书谱》这样评价李白的书法，说："白尝作行书，字画尤飘逸。"我们从《上阳台》的书法中，可以看出这是行书的作品。从行书的字体上我们确实能看到李白飘逸豪放的风格。李白留存后世的字，不仅有《上阳台》，还有保存在山东曲阜孔子庙中的另外一幅字，叫《送贺八归越》。《送贺八归越》诗在李白的诗集中也完整地保存着。从行书《送贺八归越》中也可以看出李白的书法艺术字画飘逸的风格。这里的贺八是李白推崇的一个诗人，也就是初唐时期的著名诗人贺知章。贺知章后来年纪大了，致仕回家时李白送了他一首诗，诗中写道："镜湖流水漾清波，狂客归舟逸兴多。山阴道士如相见，应写黄庭换白鹅。"李白用非常飘逸的行书写了这样一首《送贺八归越》，贺知章被称为四明狂客，这样飘逸的字和飘逸的诗歌与他所送的对象贺知章的性格息息相关。我们今天看到李白的这两幅字就觉得难能可贵，因为李白的诗歌取得了很高的成就，传播非常广泛，但李白的书法我们难得一见，实际上李白诗歌的风格和他书法艺术的风格可以做一个比较。这是唐代的诗歌创作与书法艺术之间密切的关系。

李白《送贺八归越》书法

诗歌和音乐在某种意义上可以说是孪生姐妹。唐代诗歌的繁荣和唐代音乐的繁荣也是息息相关的。

我们从岑参的《白雪歌送武判官归京》中可见一斑。《白雪歌送武判官归京》是岑参在西域所写的一首送别诗，写的是送自己的朋友武判官回长安。在送行的时候，古人一般要举行一个仪式，也就是所谓的饯行。在饯行的酒会上，往往少不了音乐。所以诗中就写道："中军置酒饮归客，胡琴琵琶与羌笛。"这里音乐也有鲜明的特征，乐器的名字很多都带有外来元素，比如说胡琴、羌笛，甚至是琵琶，由此可见大唐音乐带有鲜明的异域文化特征。唐初的时候有九部乐，这九部乐从名称来看也多有外来的元素。排在第一位的叫燕乐，第二清商，第三西凉，第四扶南，第五高丽，第六龟兹，第七安国，第八疏勒，第九康国。龟兹、安国、疏勒、康国在某种意义上还属于大唐时候的西域，但高丽就明显属于外来的音乐了。到了盛唐的时候，进一步由九部乐提升为十部乐，增加了天竺。天竺乐也就是古印度的音乐，古印度的音乐在大唐时也成为一个重要的部类。由此可以看出大唐音乐的繁荣有一个重要的原因，就是对外来音乐的吸取。在大唐，举行盛大的活动的时候表演燕乐是一种惯例，我们看到唐代无论是九部乐还是十部乐，排在第一位的就是燕乐。燕乐是在传统音乐的基础之上吸取了外来元素的一种新体音乐。这种音乐表演的时候，乐器非常之多，为唐人所喜爱。我们在《唐六典》有关太常寺的职掌之中可以看出来，燕乐表演的时候，有很多的舞蹈和乐器。燕乐会有景云乐之舞、庆善乐之舞、破阵乐之舞、承天乐之舞；乐器有玉磬、方响等数十种之多。这些乐器从名字上来看，就让我们感到眼花缭乱。试想一下这些乐器在表演的时候，能够演奏出怎样一种音乐，这是唐代音乐发达的一个标志。

我们从唐代的传奇小说中还能看出音乐对唐诗艺术水平高低的影响。唐代诗歌的题材很多，特别是五七言的绝句，很多都被谱成曲子广为流传。薛用弱的《集异记》就记载过一个"旗亭画壁"的故事。旗亭在唐代是管理市场的机构，同时也是一个酒楼，这里往来的商旅宾客非常之多，非常热闹。盛唐时的三个诗人王昌龄、高适、王之涣在一个冬天到旗亭酒楼聚会饮酒。这时候酒会当中就有音乐表演，他们三个人就开始了一个小小的游戏，说我们打一个赌，在这里一边饮酒，一边静静地听这些歌女表演音乐，看一看她们所唱的歌有没有用我们的诗歌作为歌词的。那些歌女们所唱的歌词当中,谁的诗多,谁就是我们当中诗歌创作的优胜者。他们说着,那些歌女就开始唱歌了。第一个歌女唱道:"寒雨连江夜入吴,平明送客楚山孤。洛阳亲友如相问,一片冰心在玉壶。"歌女所唱的歌词是我们大家非常熟悉的王昌龄的《芙蓉楼送辛渐》,其中的名句就是"洛阳亲友如相问,一片冰心在玉壶"。冰心、玉壶是比喻诗人仍然保持着原来高洁的品格。当歌女唱到第一句的时候,王昌龄就非常激动,用手在墙上画,说你们看我的一首绝句已经成了她们的歌词了。接着另外一个歌女唱道:"开箧泪沾臆,见君前日书。夜台今寂寞,犹是子云居。"这是高适的一首五言古诗,歌女截取了这首五言古诗的前四句作为歌词来唱。当高适听到歌女唱"开箧泪沾臆"时,他也非常激动,所以他也在墙上画了,说是我的一首绝句。接着他们继续往下听,这时候歌女就唱了这样一首歌:"奉帚平明金殿开,暂将团扇共徘徊。玉颜不及寒鸦色,犹带昭阳日影来。"当歌女唱到这首诗的时候,王昌龄就更激动了。他说,你们听我有两首诗歌成了她们的歌词了。现在我们知道王昌龄已经有两首了,高适也有一首,三个人当中只有王之涣还没有。高适和王昌龄都不约而同地朝王之涣望去,王之涣当然知道他们的意思。他说刚才的歌女是唱到了你们的诗歌,但是这不算什么。如果下面歌女唱的不是我的诗歌的话,我这一辈子就甘拜下风,不再和你们比较诗歌创作的艺术水平了。话音刚落,舞台上一个歌女就开口唱道:"黄河远上白云间,一片孤城万仞山。羌笛何须怨杨柳,春风不度玉门关。"当歌女刚刚开口唱到第一句的时候,王之涣就非常得意,你看我讲的没有错吧。高适、王之涣、王昌龄三个人冬天到旗亭去饮酒听歌这件事情的真实性我们先搁置不论,唐代的传奇小说记录这件事情,说明了唐代的音乐艺术对诗歌创作的影响之大。

从音乐对诗歌创作的影响来说,最为典型的当然要数王维的《送元二使安西》。这是唐代诗歌之中表现依依惜别情感的一首佳作。"渭城朝雨浥轻尘,客舍青青柳色新。劝君更尽一杯酒,西出阳关无故人。"我们发现,王维的这首送别诗歌在唐代就已经被谱成音乐广为传唱,称为《渭城曲》或《阳关曲》。中唐著名诗人刘禹锡在一首题为《与歌者何戡》(何戡是一个唱歌的人)的诗中写道:"二十余年别帝京,重闻天乐不胜情。旧人惟有何戡在,更与殷勤唱渭城。"何戡唱的歌曲可能很多,但是给刘禹锡留下最深印象的就是《渭城曲》,由此可以看出中唐时《渭城曲》的流传之广。从白居易的诗歌中也可以看到相似的情形。有一次他到一个姓沈的朋友家去做客,姓沈的朋友家有一个歌女善于唱歌,给白居易留下最深刻印象的就是《阳关曲》,所以白居易在诗中写道:"最忆阳关唱,真珠一串歌。"白居易在《对酒》中也提到《阳关曲》,还提到了具体的唱法,他在诗中写道:"百岁无多时壮健,一春能几日清明。相逢且莫推辞醉,听唱阳关第四声。"这第四声指的就是王维的《送元二使安西》中的"劝君更尽一杯酒",这一句通过一个细节描写,表现了诗人将要和朋友离别时的那种惜别之情。但是,"劝君更进一杯酒"实际上是《送元二使安西》的第三句,但是从音乐的角度来说,这是第四声。送别曲在演唱时第三句重叠一下,三叠是叠第三句,所以第三句成为第四声了。看来在"听唱阳关第四声"这句诗中就保留了当时的《阳关曲》在演唱时的一个特点。晚唐时期的代表诗人李商隐,在自己的诗歌之中也提到过《阳关曲》:"红绽樱桃含白雪,断肠声里唱阳关。"《阳关曲》代代相承,一直流传到今天。我们今天听到的《阳关曲》,是古谱留存下来的,当然古谱不是唐代的谱子。因为在中国的音乐史上,我们今天能见到的最早的谱子是南宋著名的词人姜夔的自度曲。所以我们看到的《阳关曲》的谱子当然不是唐代的谱子。从后世流传下来的谱子中,我们大略能够体会到《阳关三叠》(又叫《阳关曲》)演唱的方法。课后我们有机会可以把《阳关曲》的谱子找出来听一听,我们生在今天这样的社会,也会有朋友、兄弟、家人聚散的时候。当我们在送别的时候吟唱王维的《阳关曲》,那时候离别的情感的表现恐怕就不一般了。

　　我们还要讲大诗人李白,李白在诗歌与音乐的结合上也留下了一个后人不能忽略的作品,就是和大音乐家李龟年联手创作《清平调三首》。李龟年是唐玄宗时期著名的宫廷音乐家,专门为唐玄宗、杨贵妃娱乐时创作音乐、表演音乐。唐玄宗整天听着李龟年表演的音乐,而且用的歌词也是老的,所以他就想让李龟年找一点新词来,李龟年就想到了大诗人李白在京城,所以就赶紧派人把李白找来,李白见到唐玄宗、杨贵妃正在欣赏牡丹花,灵感一下子来了,就写下了《清平调三首》。在这三首诗中,李白将杨贵妃比作牡丹花,恰到好处地书写了杨贵妃的美好形象。当然从思想内容上来看,这组诗歌没有多少深刻的内容,但是如果从诗歌和音乐艺术之间的密切关系来看,李白和大音乐家李龟年联手创作的《清平调三首》在唐代的诗歌史上甚至中国的诗歌史上也是值得一提的。

唐代诗歌的繁荣除了我们之前所说的诸多原因之外，还有一个重要的原因，就是对历史传统的继承。我们中国是一个诗的国度，中国的诗歌如果从《诗经》算起，已经有了悠远的历史。唐代的诗歌继承了前代诗歌的传统，前代诗歌的传统也为唐代诗歌的创作提供了丰厚的土壤。唐人正是在继承了这样优秀的传统的基础之上，将中国的诗歌创作又推进了一个新的高度，从中国古典诗歌的创作来看，可以说是达到了顶峰。历史的积淀可以从这几个方面来理解，首先是诗歌本身的历史。历史的悠远为唐代诗歌创作本身提供了丰富的可资借鉴的资料。其次是诗歌体裁，诗歌体裁日益成熟，唐人在诗歌创作体裁上借鉴了前代的成就，用起来相对比较方便。最后是诗歌意象系统的形成。

我们从这几个方面来看一看唐代诗歌对前代诗歌艺术的继承，首先从历史的积淀本身来看。在我们一般人看来，大诗人李白是一个天才式的诗人，他能够写出如此多豪放飘逸的诗作，大部分应该是出自他的天性。我们翻开今天通行的《李太白全集》，如果从诗歌部分看起，开篇就是他的《古风五十九首》。在《古风五十九首》之中，第一首就是《大雅久不作》，从这首诗歌，我们就可以知道后人编辑李白的集子，为什么要把这首诗歌放在第一首。这实际上就告诉我们，即使像李白这样的在我们看来属于天才式的诗人，实际上也认真地继承了前代诗歌优秀的传统，才使自己成长为一个伟大的诗人。这首诗从《诗经》开始写起：

> 大雅久不作，吾衰竟谁陈？
>
> 王风委蔓草，战国多荆榛。
>
> 龙虎相啖食，兵戈逮狂秦。
>
> 正声何微茫，哀怨起骚人。
>
> 扬马激颓波，开流荡无垠。
>
> 废兴虽万变，宪章亦已沦。

自从建安来,绮丽不足珍。

……

在这里我们看到李白提到的前代的诗歌,就有以《大雅》和《王风》为代表的《诗经》,西汉时的文学家扬雄和司马相如的诗赋,还有建安时期的诗歌。对前代诗歌创作的经验进行思考的时候,李白认为自己要继承《诗经》以来的优秀诗歌传统。而对建安以后中国诗歌的发展,他提出了一些批评意见,他自己正处在一个伟大的时代,在这样一个伟大的时代应该要写出与时代相符合的诗歌,要写出这样的诗歌,一个先决条件就是认真地继承历史。从李白的诗歌中,我们也看到文化遗产、历史积淀对一个诗人创作的重要性。

其次我们从诗歌体裁上来看唐代诗歌繁荣的原因,其中一个重要的因素就是诗歌体裁众多,有古诗、律诗、歌行体诗歌等不同的体裁。我们从明代学者胡应麟的《诗薮》中就可以看出来,唐代的诗歌体裁非常丰富,这是盛唐诗歌取得伟大成就的一个重要标志。但是从诗歌体裁的创造性来看,所谓的古诗、乐府体诗歌等体裁基本上已经在前人那里取得了成熟。我们知道,东汉末年的《古诗十九首》已经标志着文人的五言诗走向了成熟,到魏晋南北朝时期优秀的诗人又写出了大量的五言诗歌。从乐府诗歌来说,汉代是乐府诗盛行的时代,南北朝之际我们前面讲过的《西洲曲》《木兰诗》都是乐府诗歌。我们从其中可以看出,乐府诗在前代也取得了成就。唐代很多诗人喜欢写乐府体裁的诗歌,比如说盛唐的边塞诗人王昌龄,他的《从军行》《出塞》等诗篇就是代表。李白更是喜欢写歌行体的乐府诗歌,比如说《蜀道难》《行路难》《将进酒》,这些诗歌的题目都来自汉代或者是南北朝时期的乐府诗歌。正是前人在乐府诗创作上取得的成就为唐代的诗人提供了借鉴,唐代的乐府诗才如此繁荣。

讲到诗歌的体裁,唐人有所作为的当然就是格律诗了。格律诗成熟的一些元素,也是前人摸索了很久的。格律诗中一个重要的元素,就是声律。实际上,南朝时的永明体代表人物沈约,就已经较为明确地提出了平上去入四声协调的理论。在《宋书·谢灵运传》中,他就提出来:“欲使宫羽相变,低昂互节,若前有浮声,则后须切响。一简之内,音韵尽殊。两句之中,轻重悉异。妙达此旨,乃可言文。”就是说在诗歌创作之中,要知道声音轻重高低的变化,并进行合理的运用,才谈得上是真正的诗歌创作。这是沈约的声律论。《南史·陆厥传》把沈约提出来的声律论创作概括为永明体。永明体的一个重要表现,就是合理地使用汉语平上去入四声的声调来进行诗歌的创作。不仅有四声的要求,而且还有八病的要求。八病是一个专门的术语,它的内涵比较特别,包括平头、上尾、蜂腰、鹤膝、大韵、小韵、正纽、旁纽这八个名目,它具体的内容需要我们慢慢地去了解,在这里我们先提一下,让大家注意一下格律逐渐成熟这个现象。可以说正是南朝时期永明体四声八病的理论,为唐代格律诗的成熟提供了先决条件。

我们说唐代的格律诗不仅有声律的要求,还有对仗的要求。对仗是非常讲究的,我们可以看一看白居易,传说他写过一本书,是关于诗歌创作法的,叫《金针诗格》,记录了初唐时期的宫廷文人上官仪在对仗上的琢磨。上官仪曾经提出过六种对仗和八种对仗的观点。所谓六对就是正名对、同类对、连珠对、双声对、叠韵对和双拟对这些名目。从他所举的例子中,我们大致可以理解,比如说联珠对在某种意义上就是叠词,比如萧萧、赫赫;双声对,就是对仗的词语的声母是一样的,比如说黄槐、绿柳这两个词,它们的声母都是相同的;叠韵对指对仗的词语的韵母是相同的,比如彷徨、放旷,彷徨这两个字的韵母是相同的,放旷同样如此。上官仪提出的"六对"说进一步推动了唐代诗人在对仗上越来越细密的要求。后来上官仪进一步提出所谓的"八对"说,要求就更加细密了。对仗的名目越来越细,可见唐人在对仗上越来越讲究。

实际上,南朝时著名的文学批评家刘勰在《文心雕龙》中早就提出了对仗的理论。《文心雕龙》有《丽辞》一篇,他说中国人在写作时之所以喜欢用对仗这种修辞手法,实际上来源于我们汉语的文化背景,也就是中国人对世界的看法,与世界观和思维方法是息息相关的。所以《文献雕龙》中说:"造化赋形,支体必双,神理为用,事不孤立。"在他看来大自然创造的事物都是成双成对的,所以我们在进行诗文创作的时候也要成双成对。在此基础上,刘勰更进一步提出对仗有四种形式,即所谓的言对、事对、反对和正对。经过一代代人的努力,中国人对对仗的要求越来越高。正是在这样一种背景之下,我们看到唐代的格律诗,尤其是律诗的颔联和颈联是要求对仗的。杜甫是遣词造句的高手,我们前面提到杜甫的代表作品《绝句》:"两个黄鹂鸣翠柳,一行白鹭上青天。窗含西岭千秋雪,门泊东吴万里船。"本来绝句是不需要对仗的,但是杜甫将这首绝句写得通篇对仗,而且上下两句当中词语也是两两相对的。

最后是诗歌意象。中国的诗歌大多数篇幅都是比较短小的,尤其是唐代的格律诗歌,篇幅更加短小,但是我们每每读出来的时候都觉得意味无穷,其道理何在? 实际上有一个重要的因素,就是中国的诗歌大多数是通过意象来寄托自己的情感的,而这些意象在前代的诗歌中就反复地出现,所以当我们读到一篇诗歌出现了某个意象的时候,就会想到,这些意象在前代的诗歌之中承载着什么样的内容。一首小诗,在某种意义上,可能承载着很长时间的历史内涵。这里我们拿王维的《少年行》来举例。这首诗歌是一首七言绝句,所谓"新丰美酒斗十千,咸阳游侠多少年。相逢意气为君饮,系马高楼垂柳边"。我们前面学过陶渊明的诗文,讨论过魏晋的名士在日常生活中和酒的关系。关于李白和酒的关系,我们就提到余光中写的"酒入豪肠,七分酿成了月光,余下的三分啸成剑气,绣口一吐就是半个盛唐"。意象承载着很多的内容,如果你把"酒"换成今天的开水或者是可乐,它的意思真是寡淡如水。提起游侠、侠客我们想到了中国的侠客文化,先秦时就有司马迁的《史记》,再到唐代人的尚武精神,我们发现游侠的形象也承载着很多的历史内容,像《少年行》中的马、楼和柳,每一个意象都承载着非常丰富的内容。正是这样一些意象的组合,使得唐代的诗歌呈现出无限的韵味。所以从某种意义上来说,中国的诗歌就是由意象建构起来的,意象在某种意义上可以说是中国诗歌的筋骨,正是由于一代代人的歌咏,所以在中国的诗歌文化中有所谓的四君子之说,有所谓的岁寒三友之说。比如说,唐代诗人张若虚的《春江花月夜》,这个题目中的每一个字都是一个非常美好的意象。春的意象、江的意象、花的意象、月的意象、夜的意象。在这诸多的意象之中,最为引人注目的当然就是明月,明月在某种意义上,可以说是我们中国文学之中最具有民族色彩的一个典型意象。正是这些意象的大量使用,使得唐代的诗歌意味无穷、耐人咀嚼。这是我们从历史的维度,从文化传承的维度,从文学继承的角度来谈唐代诗歌取得辉煌成就的一个重要原因。

前面我们在讨论盛唐气象,着重讨论盛唐气象形成的原因。我们从六个方面分析了唐代的文学艺术为什么能够表现出开阔的胸襟、恢宏的气度和积极进取的精神,在文化创造上也取得很高的成就。这六个方面分别是经济发展、南北一统、观念开放、科举取士、艺术互动和历史积淀。这六个方面,对我们后来的文学乃至文化的创造都有启示。

第一是经济的发展,我们知道物质生产是精神生产的前提和基础,归根到底一个时代的文学艺术的繁荣,要有一个物质基础。所以我们说,一个社会的文化发展首先要建立在强大的物质基础之上。从唐代的文学艺术发展中,我们就能看出来。当然我们从作为个体的作家身上往往会看到这样一种复杂的现象,就是作家本身如杜甫"流落饥寒,终身不用,而一饭未尝忘君也欤"(这是苏东坡的评价),从杜甫这一个体身上,我们发现,他的生活非常贫困,甚至像他自己所说的"残杯与冷炙,到处潜悲辛"。正是经历了种种的磨难,他成了一个伟大的诗人。但是从整个时代的发展和历史发展的趋势来看,决定一个时代文学艺术和其他的精神文化繁荣的一个重要因素,就是它的物质基础。所以我们要推动一个时代的文化发展,首先就是要发展经济。让经济得到有力的发展,在此基础上我们才有条件创造以文学艺术为代表的文化繁荣。

第二是南北一统,我们这个民族在很早的时候就形成了大一统的观念。但是在大一统的同时,我们也要允许多元文化的发声。这一点在《诗经》当中就有很好的体现。我们说《诗经》是后人编撰的一部诗歌总集,在编撰的过程中都是有统一的标准的。但即使是在有统一标准的前提之下,《诗经》仍然保留了十五国风,保留了我们上古时期多姿多彩的地域文化。《诗经》这本书恰到好处地说明了大一统和多元化之间的辩证关系,唐代的文学发展也是如此。唐代是一个大一统的时代,就唐代内部来说,它能够汲取南北朝时期南方文学和北方文学不同的特征。南方文学那些缠绵悱恻的情感和华彩的语言,为唐代的诗人所醉心,而北方文学作品表现出来的尚武精神也是唐人极为推崇的。正是南北文学不同的特点,使得唐代的文学艺术呈现出多样的色彩。

第三是观念开放,思想兼容并包。我们回观中国历史上文化最具有创造性的春秋战国时期,或者应该说是我们中国人第一个具有文化创造性的时期,在文化上的表现,就是九流十家。九流十家思想多有不同,正是不同思想的出现,让我们看到了中国文化创作的第一个辉煌的时期。唐代也是如此,唐代虽然是一个大一统的时代,但是观念开放,思想兼容并包。我们看到正是因为儒家仍然具有它原来崇高的地位才产生了诗圣杜甫,正是佛学的传入和发展,才让我们拥有了诗佛王维,而道家和道教哲学的影响则体现得非常鲜明和集中。用今天的话来说这叫百花齐放、百家争鸣,是一个时代文学创作的重要因素。

第四是科举取士。科举取士从它的历史发展来看,一般认为是从隋炀帝大业年间开始的,一直延续到 1905 年,在这漫长的一千多年的发展过程当中,也可以分成不同的阶段。以王安石变法为界限,科举考试可以分为前代和后代。王安石变法以前,就是唐代和北宋初年在科举考试中分科考试的时候,进士科是个热门的科目,而进士科考试又特别重视诗赋的创作,这样就推动了唐代以诗赋为代表的文学艺术的繁荣。实际上再进一步看的话,中国文学艺术乃至文化的发展,和制度是息息相关的。我们前面提到了乐府诗在汉代、南北朝时期的繁荣和发达,而乐府本身就是我们古代政治制度之中的一个政治机构,一个官僚机构。正是官僚机构的管理才使得中国传统的乐府中的音乐和诗歌在后代的文学创作之中仍然保留了早期诗歌的一个重要特色,就是诗乐一体。制度对文学、艺术乃至文化的创造也起着直接的影响作用。

第五是艺术之间的互生和互荣关系。这一点在先代的文学艺术中看得出来,在唐代诗歌创作之中也看得出来。我们在分析盛唐气象形成原因的时候,分别从诗歌与音乐、诗歌与绘画、诗歌与书法、诗歌与舞蹈等艺术之间的关系进行了讨论。实际上中国的诗歌,就拿唐诗来说,和其他艺术包括建筑艺术等也有密切的关系。所以一个时代的文学的繁荣,实际上是多元精神文化形态、艺术形态的繁荣。因为文学和艺术之间存在互生互荣的密切关系。

第六是历史的传承和积淀,我们对过去的历史要以一种敬畏的态度来看待。只有以这样一种态度来对待历史,我们才能够创造出更加辉煌的文学艺术作品。中国文学艺术发展的每一个时代都昭示着这样一个道理。

以上就是唐代文学艺术发展,特别是盛唐气象能够在唐代形成的六个方面的原因。而这六个方面,不仅可以解释唐代文学繁荣和盛唐气象形成的原因,实际上也可以用来观照其他时代乃至当下,可以在文化创造上为我们提供一些启示。

思考与练习

1. 举例分析科举考试对唐代诗歌创作的影响。
2. 举例分析盛唐气象形成的原因及其现代启示。

参考文献

[1] 陈尚君. 全唐诗补编[M]. 北京:中华书局,1992.

[2] 中华书局编辑部. 全唐诗:增订本[M]. 北京:中华书局,1999.

[3] 王维. 王维集校注[M]. 陈铁民,校注. 北京:中华书局,1997.

[4] 安旗. 李白全集编年笺注[M]. 北京:中华书局,2015.

[5] 郁贤皓. 李太白全集校注[M]. 南京:凤凰出版社,2016.

[6] 萧涤非. 杜甫全集校注[M]. 北京:人民文学出版社,2014.

[7] 谢思炜. 白居易诗集校注[M]. 北京:中华书局,2006.

[8] 余恕诚,刘学锴. 李商隐诗歌集解[M]. 北京:中华书局,1998.

[9] 吴在庆. 杜牧集系年校注[M]. 北京:中华书局,2008.

[10] 傅璇琮. 唐代科举与文学[M]. 2 版. 西安:陕西人民出版社,2003.

大学语文导读

第九讲

尚理崇雅　柳暗花明

——宋代文学的主要成就

同学们，今天我们跟大家一道学习宋代文学，在宋代文学这一讲中我们拟定这样一个题目，叫《尚理崇雅　柳暗花明——宋代文学的主要成就》。我们一起讨论这几个问题：第一是讨论宋代以文学艺术为代表的文化在中国历史上的特殊地位；第二是讨论宋代诗歌的主要特征；第三是讨论宋词的艺术魅力。

① 引言：宋代文化的特殊地位

宋代从公元960年到公元1279年，总共绵延了320年的时间。这320年的时间里，以1127年为界，分为北宋和南宋两个阶段。两宋在中国的历史上是一个分裂的时代，它在面临北方契丹、党项、女真和后来的蒙古等民族建立的国家政权的时候一直处于守势，所以两宋王朝在后代的中国历史上，给人以相对弱小的印象，军事实力比较弱，但是宋代人在文化上却创造了非常高的成就。宋代人对这一点也非常自信，比如说我们熟悉的南宋著名诗人陆游曾经就说过："宋兴，诸儒相望，有出汉唐之上者。"他说，宋代建立以来出现了很多著名的文士，在文化上取得的成就有时候可能超过了前代的汉朝和唐朝。汉唐在中国的历史上都是以强盛的形象示人的，宋代的陆游认为，他所处的时代在文化上取得的成就可能超过了汉唐。著名理学大师朱熹也说过："国朝文明之盛，前世莫及。"这里的国朝就是他所在的两宋王朝，国朝文明就是宋朝文明。"国朝文明之盛"，就体现了他认为自己所生活的朝代在文化上取得了繁盛的成就，而且认为这是前代比不上的。

在这里我们举的陆游和朱熹都是宋代的学者，那么是不是他们存在着一种盲目的自信呢？我们再看一看后代的学者是怎样评价两宋王朝的。关于宋代在文化上所取得的成就和地位，近代著名学者王国维在《宋代之金石学》中说过："天水一朝，人智之活动与文化之多方面，前之汉唐，后之元明，皆所不逮也。"王国维作为近代的学者，对中国的整个历史进行了观照。因为赵宋王朝的赵姓出自天水，天水是大宋王朝国姓的发源地，所以天水一朝，就是赵宋王朝。宋代人在文化上所取得的成就是多方面的。汉唐在中国的历史上一直被认为是盛世的代表，而元明两代也是大一统的时代。在王国维看来，两宋王朝在文化上所取得的成就,前代的汉唐、后代的元明都比不上。现代著名学者陈寅恪先生在《邓广铭〈宋史职官志考证〉序》中说:"华夏民族之文化,历数千载之演进,造极于两宋之世。后渐衰微,终必复振。譬诸冬季之树木,虽已凋落,而本根未死,阳春气暖,萌芽日长,及至盛夏,枝叶扶疏,亭亭如车盖,又可庇荫百十人矣。"在这一段中,陈寅恪先生大概有两层意思。第一层意思就是,两宋时代在文化上所取得的成就在前五千年的中国历史上,可以说是登峰造极。第二层意思是,在陈寅恪先生看来,自两宋之后,中国的文化渐渐地衰落下去了,但是陈寅恪先生非常乐观,认为将来中国的学术一定会出现像宋朝那样的复兴。什么时候中国的学术出现了两宋时代那样的繁荣,大概就代表着中国的文化开始走向了复兴。从上我们可以看到几个宋代的学者,以及后代的学者都对两宋时期的文化给予了很高的评价。我们刚才提到陈寅恪先生给邓广铭的《宋史职官志考证》写了一个序言,邓广铭先生是当代著名宋史学者。他也持同样的观点,认为宋代文化在整个封建社会时期截至明清西学东渐之前,可以说已经达到了登峰造极的高度。明清之际,西学东渐以后,中国的学术受到了西方越来越多的影响,开始呈现出一种新的局面。在西学东渐之前,中国的文化大体在自己的疆域之内发展着。宋代的文化取得了多方面的成就。不仅宋代学者对自己时代的文化创造非常自信。后代的学者也对宋代的文化给予了很高的评价。

宋代取得的成就是多方面的,其中最重要的是保存了或者是延续了中国文化中最可宝贵的精神。这一点,陈寅恪先生在《赠蒋秉南序》中曾经提道:"欧阳永叔少学韩昌黎之文,晚撰五代史记,作义儿、冯道诸传,贬斥势利,尊崇气节,遂一匡五代之浇漓,返之淳正。故天水一朝之文化,竟为我民族遗留之瑰宝。孰谓空文于治道学术无裨益耶?"陈寅恪先生在这里一直保留着他原来的观点,认为宋代在文化上取得了多方面的成就,达到了登峰造极的地步。在陈寅恪先生看来,北宋初年诗文革新运动的领袖以及著名的史学家欧阳修,曾经编过一本《五代史记》,这本《五代史记》后来被列入二十四史,为与以前的《五代史》相区别,被称为《新五代史》。欧阳修在《五代史记》之中通过编写《义儿传》《冯道传》这些传记,彰显出中国文化传统中极其重要的一种精神,也就是贬斥势利,尊崇气节的精神,在某种意义上可以说是中国文化中至高的一个理念。这种理念在欧阳修《新五代史·冯道传》的评论中就有体现,他说："《传》曰：'礼义廉耻，国之四维。四维不张，国乃灭亡。'"欧阳修一开篇，就引用了前人的话："礼义廉耻，国之四维。"一般认为这句话是春秋时期齐国著名的政治家管子提出来的，就是说一个国家的精神，主要表现应该是"礼义廉耻"。"礼义廉耻"在中国传统社会中，可以说是文化中最根本的一种精神。这种精神也体现在治理国家方面。所以欧阳修进一步地论述道："礼义，治人之大法；廉耻，立人之大节。盖不廉，则无所不取；不耻，则无所不为。人而如此，则祸乱败亡，亦无所不至。况为大臣而无所不取，无所不为，则天下其有不乱，国家其有不亡者乎？"这里的大臣是指五代时期像冯道这样的大臣。冯道在动荡的五代时期似乎是一个不倒翁。为什么在五代时期，朝代更替频仍，而冯道却一直维持非常稳定的地位而不动摇？这在某种意义上就说明了冯道没有中国传统文人士大夫那样一种礼义廉耻的精神。像冯道这样的人，没有"礼义廉耻"，无所不取，无所不为。一旦无所不为，就有可能胡作非为。作为一个国家的重臣，如果胡作非为，哪有天下不乱、国家不亡的道理？"礼义廉耻"在我们今天看来，带有明显的时代性。但是在中国的传统社会之中，它是维持个人精神的一个重要支柱，同时也是治理国家的重要精神支柱。

我们在这里要特别注意到两宋时期对中国传统文化精神支柱的重新确立，在宋代文化取得多方面的成就这一点上，我们也要特别予以重视。宋代人为什么能够与北方民族建立的政权相对峙，同时在自身处于分裂状态这样一个时代，取得诸多令后人瞩目的、倍加称赏的文化成就，这也是我们要思考的一个问题。

宋代之所以能够取得很高的文化成就，其原因是多方面的。有一点值得我们关注，那就是宋代从建立开始就实行了重文的政策。

我们比较一下唐代文化和宋代文化，这两个时代的文化各有千秋。前面我们讲盛唐气象的时候，曾经讲过唐代的文士本身就有一种尚武的精神，尚武是唐代文化的一个重要表现。我们不能说宋人不尚武，但是相比较而言，宋代人似乎更加重文。宋人采用了重文抑武的政策，对中国传统的儒家学说特别推崇。公元960年赵匡胤夺取帝位，不久之后他就杯酒释兵权，这主要是从中唐以后动荡分裂的局面吸取了教训。大唐王朝在开元天宝年间如日中天,但是在公元 755 年的时候爆发了安史之乱。虽然后来安史之乱平息了下去,但接着就出现了藩镇割据的局面。中央的政权落到了地方,开始出现了分裂。鉴于安史之乱和藩镇割据的局面,赵匡胤引以为戒,所以一上台之后,他就通过杯酒释兵权,把为他建立了大宋王朝的一些有功之臣,主要是武将手中的兵权解除掉,让他们回家去享受生活。

在政治上,赵匡胤推行了重文的政策,大量地启用文官。北宋初年,在科举考试上也进行了改革,大量地吸收新兴的知识分子进入政界,使得整个社会出现了一种重文的风气。史书中记载赵匡胤建立了大宋王朝以后,在杯酒释兵权时提出:"朕欲武臣尽读书,以通治道。"司马光在《涑水记闻》中也有类似的记载:"太祖闻国子监集诸生讲书,喜,遣使赐之酒果,曰:'今之武臣,亦当使其读经书。欲其知为治之道也。'"其他的史料文献中也有类似的记载。从上述记载当中,我们看出赵匡胤当了皇帝以后非常重视读书,甚至让自己身边的武臣也去读书,让他们去理解治理国家的根本道理。这些书的范围非常广,其中儒家的经书是最为重要的。由于有皇帝提倡,社会也就渐渐形成了一种重文的风气。

下面我们举一个例子,说的是北宋初年的一个重臣赵普。史书中记载,赵普年轻时就做了官,但是没什么知识学问,后来他做了宰相,赵匡胤就劝他要好好读书。赵普接受了皇帝的建议,到了晚年的时候他非常喜爱读书,每一次从朝堂上归来以后,就把自家的大门关上,把箱子打开,拿出里面的书来读,一读就是一整晚。读完了以后,等到第二天上朝时,他处理政事非常顺利、果断。他去世之后,家里人把他的箱子打开一看,原来是《论语》二十篇。后来流传的《三字经》中也记载了这个故事,说:"赵中令,读鲁论,彼既仕,学且勤。"我们有一句话叫作"半部《论语》治天下",说的就是赵普做了高官以后开始勤奋地读书。我们看北宋上面有皇帝提倡,下面有像赵普这样的重臣做模范,在整个社会形成了一种读书的风气。

我们从宋代文人的诗歌之中,也能看到这样一种风气对社会的影响。蓝奎在宋代不算一个很有名的诗人,但是他在诗中所表现的人生情趣却很有代表性。蓝奎有一首小诗叫《读书东岩》:"飞瀑悬帘动清响,依岩结屋称幽居。懒思身外无穷事,愿读人间未见书。"我们再看另外一个诗人,叫赵期,两宋之际的一个文人。他写过一首诗叫《云塘述怀》,也题为《自述》,在这首诗中他表达的情趣和蓝奎诗中所表达的情趣非常相似。诗中一开篇描写了一个非常幽静的环境:"万木阴中一草庐,溪风山月弄清虚。主人静坐心无物,读尽人间未见书。"蓝奎在诗中说"懒思身外无穷事,愿读人间未见书",赵期在诗中说"主人静坐心无物,读尽人间未见书",从这两个普通诗人在自己的作品中所表达的一种愿望,或者是情趣,我们能看出来,整个宋代确实形成了一种重文的风气。正是由于这样一种重文风气的形成,宋代人才取得了文化特别是精神文化方面很高的成就。

② 尚理:宋诗的主要特征

宋代文化取得了非常高的成就,作为文化的有机组成部分,文学是其中的一个重要代表。宋代文学在传统文体诗歌上也取得了相当不俗的成就。

我们讲到中国的诗歌,尤其是古典诗歌很容易想到唐朝。一般来说,唐诗是中国古典诗歌的高峰。实际上宋代人在三百多年的历史之中,也取得了很高的成就。宋代的诗歌留存的作品非常之多,它取得的成就是多方面的。今天我们主要跟大家讨论下宋代诗歌的主要特征——崇尚义理。宋代的诗歌为什么会形成崇尚义理这样一种特征? 这和宋代文化的特征是息息相关的。

讲到宋代文化,我们还是要看一看宋代对科举考试的改革。科举考试实际上起源于隋炀帝大业年间。在唐代的时候,科举制成了选拔士子和官员的一个主要制度。宋代人对科举考试制度当然是沿用的,但是在内容和形式上,做了很多的改革。我们首先看形式上的变革。我们前面在讲唐代的科举考试对诗歌创作的影响的时候,曾经举过祖咏的例子。祖咏在考试中写了《终南山望余雪》,由于不合考试的要求,当时的监考官还善意地提醒他。同时我们还举过白居易年少时候温卷的例子,以及其他诗人在考试之前温卷的例子。所以在某种意义上,唐代的科举实际上是公卷法,考生在考试之前,就要向与考试相关的官员递交自己的诗文作品,得到了赏识之后,他参加科举考试,才有更大的可能获得成功。而宋代在科举考试的形式上开始严格了。它采用了弥封和誊录的办法,考生交卷以后,就要将卷头的姓名弥封起来,然后编号。编完号了以后送到誊录院去,由朝廷中的宦官监督召集大量的誊录官,誊录官再召集很多的抄写人员,将考生的试卷抄写成副本,将副本递交给考官进行评阅。誊录是一个比较麻烦的工程,但是像这样一种制度的改革,跟唐代的公卷法比较起来,显然更能够保证考生科举考试的公平。在某种意义上,能够做到平等取士,公平竞争。这是形式上的变革。

我们再看一下宋代科举考试在内容上的改革。唐代科举考试,进士科是个热门。进士科考试的内容之一,就是诗赋。而宋代科举考试,在内容上进行了重大的变革,在考试的题目上特别重视儒家文化。在宋代初年的时候,考试还要考一些诗赋,后来在考诗赋的同时,普遍增加了对论这种文体的考查。论主要是从经史的材料之中选题,然后交给考生,由考生就题目展开议论。宋太宗时的殿试,有三项内容,就是一首诗、一篇赋加上一个论。论的增加是北宋初年科举考试内容上的改革,尤其是到北宋中叶王安石变法以后。由此,科举考试发生了比较大的变化。首先考试不再设立那么多科目,只设立进士一科。进士一科也不像唐代那样考诗赋,而是考论。所以到北宋中期以后,以儒家思想为指导的策论地位日益突出,被人重视。在科举考试中,一变传统的明经科考经文注疏的僵化方式,鼓励士子们发挥经典中的精神义理。无论是经义还是论还是策,主要都是一些议论性的文字。所以在宋代的时候,形成了一种与传统儒学不同的新儒学,我们称之为"理学"。宋代的"理学"取得了很大的成就,从它的学派上就可见一斑。宋代理学的代表有濂、洛、关、闽四大学派。濂学的代表人物是周敦颐,洛学的代表人物是二程,关学的代表人物是张载,闽学的代表人物是朱熹,朱熹是宋代理学的集大成者。除此之外还有蜀学、婺学和以王安石为代表的荆公新学,以及湖湘学派,都取得了很高的成就。我们看到,理学是宋代精神文化的重要代表。由此就可以看出,宋代文化尤其是精神文化特别崇尚义理。

欧阳修是北宋诗文革新运动的领袖,他平时读书的时候,就喜欢就书中的材料展开议论。正如他在《镇阳读书》这首诗中所写的:"平生事笔砚,自可娱文章。开口揽时事,论议争煌煌。"他读书的时候,喜欢结合当时的政治形势展开议论。好议论是宋代文人的一个重要特征,这对宋代的学术也有明显的影响。在中国传统的学术之中,我们要关注的是汉学、宋学和清代以乾嘉学派为代表的清学。这三种学术应该说各有千秋,是中国古代学术三个最重要的代表。汉学主要是章句之学,通过训诂解释儒家的经典。宋学与汉学谨守章句和经注是不太一样的,它特别喜欢发掘这些经书中的道理,所以宋学体现出一种重义理、明大义的特征。宋代理学广泛的传播,对宋代人的审美趣味也有明显的影响。宋代人审美趣味中一个明显的特征就是尚理,宋代以理趣为中心的审美趣味和唐代崇尚情韵的审美趣味是不一样的,这一点也值得我们关注。这是我们讲的宋代的学术一个主要特征——尚理。尚理对宋代诗歌的特征也有明显的影响。

在宋代学术尚理的影响之下,宋代诗歌也具有了尚理的特征。对这一特征,中国古代的文学批评似乎早已形成了共识。南宋晚期著名的文学批评家严羽在《沧浪诗话》之中,就有一个著名的论断,他说:"诗有词理意兴……本朝人尚理而病于意兴,唐人尚意兴而理在其中。"他在这里对本朝人也就是宋朝人的诗歌和唐朝人的诗歌做出了比较。他说宋朝人的诗歌崇尚说理而不擅长表达自己的情韵,唐朝人的诗歌则没有这种毛病,所以他说"唐人尚意兴而理在其中",唐人的诗歌是严羽最为推崇的。这是严羽对宋人诗歌专于议论的不满,他点出来的宋诗尚理的特征是值得我们关注的。明代的学者杨慎在《升庵诗话》中也有相似的看法,他说:"唐人诗主情,去三百篇近。宋人诗主理,去三百篇却远矣。"三百篇就是《诗经》,《诗经》是中国古代诗歌创作的崇高的典范。在这些学者看来,《诗经》中的诗歌就是吟咏情性,唐人的诗歌也是吟咏情性,所以唐人的诗歌离《诗经》是比较近的,而宋代的诗歌以述理为主,距离三百篇的典范就远了。这是古代的文学批评家的看法。我们再看一下当代著名的学者钱锺书先生在《谈艺录》开篇的一个重要话题:唐诗宋诗比较。《谈艺录》是这样讲的:

> 唐诗、宋诗,亦非仅朝代之别,乃体格性分之殊。天下有两种人,斯分两种诗。唐诗多以丰神情韵擅长,宋诗多以筋骨思理见胜。严仪卿首倡断代言诗,《沧浪诗话》即谓"本朝人尚理""唐人尚意兴"云云。曰唐曰宋,特举大概而言,为称谓之便,非曰唐诗必出唐人,宋诗必出宋人也。故唐之少陵、昌黎、香山、东野,实唐人之开宋调者;宋之柯山、白石、九僧、四灵,则宋人之有唐音者。

这一段文字篇幅较长,内容比较丰富。我们把这一段的内涵做如下的分析,它说唐诗最主要的特征是丰神情韵,而宋诗最主要的特征是筋骨思理。这一段还包含了这样的意思,即所谓的唐诗、宋诗的区别,主要表现在以下几个方面。

首先唐诗和宋诗是两个不同时代,也就是两个不同朝代的诗歌,体现了一定的时代差异。就唐朝来说,我们又可以细分为初唐、盛唐、中唐、晚唐四个阶段,宋代我们当然可以分为北宋、南宋时期。北宋时期的诗歌代表,我们可以说是苏黄,即苏轼、黄庭坚。南宋时期,诗歌取得很高成就的,我们称之为四大中兴诗人:尤、杨、范、陆,即尤袤、杨万里、范成大、陆游。那么这里的唐宋是指两个不同时代的诗歌。

其次,钱锺书在《谈艺录》唐诗、宋诗概念之中,还特别地提出了他自己的一种理解。他认为唐诗和宋诗这两个概念,不仅仅是两个时代的区分,更重要的是风格上的区别。风格,实际上就是这两种不同诗歌所具有的情感内涵和艺术风貌。钱锺书就概括了,唐诗以丰神情韵见长,而宋诗以筋骨思理见胜,就是说唐代诗歌的主要特征是崇尚情韵,而宋代的诗歌则特别重视义理的发挥。这就是唐诗、宋诗这两个概念的一个重要内涵。和我们一般人理解的仅仅把唐诗、宋诗作为两个不同时代的诗歌是不太一样的。这一点,恰恰是我们要予以重视的。

再次,从这两个不同的内涵来理解唐诗、宋诗这两个概念,就出现了下面的一种情况,说唐诗是以丰神情韵见长的一种诗歌,但是有可能创作出丰神情韵兼善的诗歌的不仅仅是唐朝人,恐怕宋朝人也可以写出以丰神情韵见长的诗歌。宋诗是以筋骨思理见胜的一种诗歌,但是能够在作品中体现出筋骨思理特征的,不仅仅是宋朝人,唐人似乎也有这样的诗歌。

钱锺书先生接着就举例说出这样的情况。他说唐朝人也有能够写出宋调的,其开创者要从杜甫说起。除了杜甫还有韩愈、白居易等诗人。那么在钱锺书先生看来,杜甫、韩愈、白居易也有一些以议论见长的诗歌,这些诗歌实际上体现出宋诗的特征。而宋人也有能够写出以丰神情韵见长的诗歌的,钱先生举了柯山的例子,柯山是苏门四学士之一张耒,又称张柯山,还列举了永嘉四灵的代表人物赵师秀,以及南宋著名的词人、文人、音乐家姜夔。在钱先生看来,虽然张耒、赵师秀、姜夔是宋代人,但是他们的诗歌呈现出唐诗的特征。

我们刚才分析了钱先生这一段中包含了前面三个意思。另外还有一个重要的内涵，我们不能忘记宋诗最主要的特征是什么。这里我们要特别强调一下，就是钱先生说的"以筋骨思理见胜"，我们说就是"理趣"。实际上提到这一段还包含着一层意思，就是指出了宋代诗歌最典型的特征是尚理。这是我们对钱先生《谈艺录》开篇有关唐诗、宋诗这两个概念的一段做的分析。

关于宋代诗歌的特征，我们刚才引用了中国文学批评史上古代学者们的观点。比如说，南宋的学者严羽在《沧浪诗话》之中就直接点出了宋代诗歌的特征叫"尚理"。明代学者杨慎在《升庵诗话》之中说"宋诗主理"。特别是我们引用了当代著名学者钱锺书先生在《谈艺录》中所说的唐诗、宋诗这两个概念。钱先生对宋诗概念和唐诗概念都做了一种新的解释，说唐诗是以丰神情韵见长，而宋诗是以筋骨思理见长。同时也指出，唐人也有写出宋诗风格的，而宋代也有写出唐诗风格的诗人。

下面我们看例子，钱先生首先举的是杜甫。他认为杜甫是唐人中开宋调的一个代表者，在某种意义上，也是一个开创者。杜甫是我们中国古典诗歌中的诗圣，他的诗歌创作有多方面的成就，其中一个就是杜甫喜欢在自己的诗歌之中讲道理。我们以《又呈吴郎》这首诗歌为例。诗是这样写的：

> 堂前扑枣任西邻，
>
> 无食无儿一妇人。
>
> 不为困穷宁有此，
>
> 只缘恐惧转须亲。
>
> 即防远客虽多事，
>
> 便插疏篱却甚真。
>
> 已诉征求贫到骨，
>
> 正思戎马泪盈巾。

这首诗歌是杜甫在安史之乱之后，准备返回自己的故乡，经过夔州时所写的一首诗歌。在这首诗歌之中，我们看到杜甫准备乘着小船，沿着长江三峡顺流而下，穿过三峡之后再由湖北回到今天的河南洛阳。但是杜甫经过夔州的时候,他觉得自己的身体已经不能够再支撑旅途了,所以他准备到夔州上岸休息几天。没想到这一休息,就住了三年的时间。为了让自己安顿在夔州,杜甫在这里买了房子,他的房子前面有一棵高大的枣子树。枣子树每到秋天的时候挂满了枣子,有一个老太太就到枣树下面来捡枣子吃。杜甫后来了解到,她非常穷困,无依无靠才到这边和邻家的孩子们一起捡枣子吃。杜甫的房子后来转手给了一个姓吴的亲戚。这位亲戚比较年轻,他来了以后,看到这个老妇人来打枣子,他觉得比较烦,所以在枣子树的周围筑了一道篱笆墙。这下穷困的老太太也只能够望洋兴叹。这个消息后来让杜甫知道了,杜甫就写了这首诗歌,是劝告吴郎说:"不为困穷宁有此,只缘恐惧转须亲。"如果不是穷困到了极点的话,她怎么会到这里来打枣子吃? 正是因为要到人家的房前打枣子,所以她来的时候心里总是有点不踏实。所以当老妇人来的时候,你应该对她好一点。这话就是讲道理的。老太太后来告诉杜甫,实际上吴郎筑篱笆墙也并不是针对老妇人的,但是一旦把篱笆墙筑起来了,这一道墙对老妇人来说恐怕就是心里的一道障碍。所以在这首诗中他这样去写,显然是在给吴郎讲道理,"不为困穷宁有此,只缘恐惧转须亲。即防远客虽多事,便插疏篱却甚真"。在语言上,我们看到颔联和颈联之中每一句都用了两个关联词,"不为困穷宁有此"中的"不"和"宁","只缘恐惧转须亲"中的"只"和"转","即防远客虽多事"中的"即"和"虽","便插疏篱却甚真"中的"便"和"却",使用大量虚词,就是为了更好地讲道理。这是杜甫的《又呈吴郎》,在某种意义上呈现了一种典型的宋诗说理的特征。

我们再看一看韩愈。韩愈在《龊龊》这首诗中也是讲道理的。"龊龊"是形容那些不学无术、心胸狭隘、比较猥琐的人。与龊龊之士相比,韩愈却有远大的志向。他在诗中写道:"龊龊当世士,所忧在饥寒。但见贱者悲,不闻贵者叹。大贤事业异,远抱非俗观。报国心皎洁,念时涕汍澜。"我们看到,"大贤事业异,远抱非俗观。报国心皎洁,念时涕汍澜"抒发了自己怀有一种崇高的理想,和龊龊之士是完全不同的。这首诗是五言古诗。在东汉末年,五言古诗以《古诗十九首》为代表已经取得了很高的成就。魏晋时期竹林七贤的代表人物阮籍,他的《咏怀》诗八十二首可以说是五言古诗的杰出作品,阮籍的《咏怀》常常使用象征和比兴的手法,所以显得非常晦涩难懂。而韩愈的这首诗,直接议论和抒情,在诗中表现自己的报国理想。这是韩愈的《龊龊》这首诗议论的内涵和它的特征。

我们再看白居易的一首诗《放言》。《放言》写道："赠君一法决狐疑,不用钻龟与祝蓍。试玉要烧三日满,辨材须待七年期。"从这里我们可以看到,要想对一件犹豫不决的事情下决断,恐怕最好的方法是等待时间。这首诗开篇的四句就直接地说出这样一个道理。"路遥知马力,日久见人心",所以说"辨材须待七年期"。下面是举例子来证明自己的观点。他举了两个政治家的例子,第一个是西周初年辅佐年幼成王的周公。周公当时辅佐成王的时候,周公的兄弟管叔、蔡叔就有意见。到处放流言说,周公要取成王的位子而代之,但其实周公根本没有这种想法。后来证明周公完全是真心地辅佐成王的,根本没有取成王而代之的想法。第二个例子是王莽,王莽是西汉后期汉平帝时候的一个重臣,他平常表现得非常谦恭,但实际上背地里收买人心。后来他就取汉家王室而代之,建立了自己的新莽王朝。如果周公在辅佐成王初期的时候去世了,恐怕给人的印象,就是他可能会取成王而代之。如果王莽后来没有活到他取汉家王室而代之,给人留下的印象恐怕就是一个非常谦卑的君子。但是后来历史证明,他们都不是那样的人。所以时间证明,周公就是一个忠臣,而王莽就是一个奸臣。所以诗中说:"周公恐惧流言日,王莽谦恭未篡时。向使当初身便死,一生真伪复谁知?"通过周公和王莽这两个历史人物来说明日久见人心这个道理,即"试玉要烧三日满,辨材须待七年期"。因此白居易的这首《放言》就是以说理为主的。他的《感兴二首》其中的一首也是以说理为主的,开篇就是议论:"吉凶祸福有来由,但要深知不要忧。只见火光烧润屋,不闻风浪覆虚舟。名为公器无多取,利是身灾合少求。虽异匏瓜难不食,大都食足早宜休。"他发挥老子祸福相依的道理,在诗中直接地说出了他的人生观点。他说"名为公器无多取,利是身灾合少求",表现了自己淡泊的人生襟怀。说理诗文字比较浅易,我们比较容易明白,这是白居易的诗歌。所以我们看到唐代的著名诗人杜甫、韩愈、白居易他们都写出了以说理为主的诗歌,如果说说理是宋诗最典型的特征,那么可以说杜甫、韩愈、白居易就是唐人中开宋调的诗人代表了。

虽然我们说说理是宋代诗歌最主要的特点,但是宋代也出现了一些诗人,他们的诗篇以情韵见长。我们首先看苏门四学士的代表人物张耒的这首绝句《初见嵩山》,这首诗写道:"年来鞍马困尘埃,赖有青山豁我怀。日暮北风吹雨去,数峰清瘦出云来。"张耒曾经评价贺铸贺方回的词,说他"满心而发,肆口而成。不待思虑而工,不待雕琢而丽"。实际上张耒自己的这首诗歌,就是通过青山等意象的描绘,表现了自己潇洒出尘的情韵。可以说这首诗也写得潇洒自如,情景交融,与以丰神情韵见长的唐诗很是相像。这是张耒《初见嵩山》这首诗歌体现的唐诗的一种特征。永嘉四灵之一赵师秀有一首广为人知的诗歌叫《有约》,这首诗是写初夏时分跟朋友约好了来下棋,可是由于下雨的原因,朋友没有来,所以他内心有点落寞,百无聊赖。诗是这样写的:"黄梅时节家家雨,青草池塘处处蛙。有约不来过夜半,闲敲棋子落灯花。"这首诗开头两句运用了黄梅、雨水、青草、池塘和蛙声等意象组合成了一幅非常幽静的江南夏夜图。蛙声当然是声响,雨水也有声音,这里在我们看来有点以动写静的味道,非常具有形象性。后面两句表达了所约的客人不来而产生的一种怅惘的情绪,所以这首诗也是情景交融。而且从语言文字看,清新圆润、形神兼备,就好像出自唐人之手,这真是宋人写出丰神情韵兼善的唐诗的一个典型代表。

我们刚才分析了唐代能够写出宋诗风格的一些诗人及其作品,以及宋代能够写出丰神情韵兼善的一些宋代诗人及其作品。但是真正的宋代诗歌的特征是什么? 我们前面说过,宋诗是以说理为主要特征的。我们看一下以下几位诗人及其作品的艺术特征。

王安石是一个政治家,同时也是一个大学者。在北宋的文坛上,他的诗歌散文创作也取得了很高的成就。我们来看他的一首小诗《登飞来峰》:"飞来山上千寻塔,闻说鸡鸣见日升。不畏浮云遮望眼,自缘身在最高层。"这首诗歌,开篇是说自己登上了飞来山上的千寻塔,千寻塔是个高塔,听说在高塔上,鸡鸣时分能够看到太阳升起。实际上,我们生活当中也有这样的经验,登高就可以望远。我们到著名的高山之上,有一个习惯就是看日出。比如说,到泰山去看日出,到黄山光明顶上或者莲花峰、天都峰上看日出。站得高,就能看得远。"鸡鸣见日升"当然有些夸张,但是在高山之顶,我们确实比平时站在平地之上看到太阳升起的时间要早一些。这是我们日常生活中的经验,但这首诗主要说的不是这个意思。他要说的是后面的"不畏浮云遮望眼,自缘身在最高层"。就是说我们登上了高高的山峰,就能看到别人所看不见的东西。诗中直接就把道理说出来了,实际上我们刚才说的"闻说鸡鸣见日升"这一个句子,已经暗含了这样的意思。但是,宋代的诗人生怕我们读诗的时候不容易理解,所以,他就直接把道理给你说出来。《登飞来峰》可以说是体现了宋诗说理的特征的典型诗歌。

我们再看,理学家程颢也写了一些诗歌。《千家诗》中收录了他的《春日偶成》,我们看另一首,名叫《秋日偶成》。《秋日偶成》是一首七言律诗,写诗人秋天的时候,非常有闲情逸致地到外面去秋游。但是这首诗,我们读过以后发现恐怕不是表现秋游时的那种闲情逸致的,而主要是来表现儒家的义理:

> 闲来无事不从容,
> 睡觉东窗日已红。
> 万物静观皆自得,
> 四时佳兴与人同。
> 道通天地有形外,
> 思入风云变态中。
> 富贵不淫贫贱乐,
> 男儿到此是豪雄。

"万物静观皆自得",这是我们中国哲学认识论中一个最基本的看法。说的就是要想真切地认识外界的事物,必须以一种虚静的心灵去观照世界。宋代的理学家由于受到中国传统哲学影响,认为所谓本体的道无处不在,它是形而上的,所以他说"道通天地有形外",跟"形而下者谓之器"是不一样的。《周易》中就说过:"形而上者谓之道,形而下者谓之器。"最后两句继承了孟子的大丈夫思想:"富贵不能淫,贫贱不能移,威武不能屈,此之谓大丈夫。"从这首诗歌中,我们看出主要是体现了传统的儒学,也包括道家哲学的抽象的道理。程颢与他的兄弟程颐,合称二程,是宋明理学的代表人物,理学家在写诗的时候,就难免会受他的思想的影响,也就是以说理为主。

再看北宋最有代表性的诗人苏东坡写的庐山的西林寺诗:"横看成岭侧成峰,远近高低各不同。不识庐山真面目,只缘身在此山中。"《题西林壁》的最后这两句已经成了一句格言,告诉我们看待一个事物的时候,要从不同的角度去认识。因为对一个事物仅仅从一个角度去看,获得的可能是片面的印象，所以"横看成岭侧成峰"，从不同角度就会看到不同的样子，远处看、近处看也不一样。最后还说了一个道理，认识一个事物，如果仅仅在它的内部转圈子，最终可能还是有局限性，所以我们有时候要跳出来，保持一段距离才能看到事物的全貌。所以苏东坡《题西林壁》虽然是一首说理诗，但是这首诗把说理和具体的形象结合在了一起，说理的同时也有形象性，说理说得还有一点诗的情韵。

陈师道也是北宋著名的诗人，他有一首绝句也是说理的。文字相对比较浅易，是这样写的："书当快意读易尽，客有可人期不来。世事相违每如此，好怀百岁几回开？"这首诗前面两句讲了两种不同的经验，说我们都喜欢读书，但是心情比较沉重的时候，读书就读不下去。而心情比较高兴的时候，读书的效率就会大大地提高。特别是读到一篇你喜欢的文章或者一本你比较愿意读的书时，很快就读完了。读完了之后，你内心之中不免有点落寞，觉得意犹未尽。在日常生活之中，我们交朋友也是这样。《论语》开篇就说："有朋自远方来，不亦乐乎？"你的好朋友，你有一段时间没见到了，你多么希望你的朋友能到身边来，和他聚会，促膝谈心。可是，朋友可能因为别的缘故，无论你怎么盼望他，他都不能来，所以又非常的遗憾。通过这两个经验，陈师道就总结出了"世事相违每如此"，不仅读书和朋友交往是这样，人世之间其他的事情也多有这样的经验。你想要做的事情不能够去做，一生之中，在有限的时间之内心情比较舒畅的时候往往是不多的，这又讲了一个道理。陈师道的这首诗就是一首典型的宋诗。

我们再以朱熹为例，朱熹是宋代理学的集大成者。从诗歌创作来讲，《春日》是他的代表作品："胜日寻芳泗水滨，无边光景一时新。等闲识得东风面，万紫千红总是春。"《春日》是写朱熹在美好的春天到泗水滨去游玩。实际上这不可能是现实，因为泗水在南宋的时候已经被金人占领，所以南宋的学者朱熹是不可能去的。这里讲的泗水是一个喻像，通篇诗歌之中，自然的意象是用来作比喻的。所以春日寻芳在泗水滨，泗水指的是儒家学派，寻芳实际上就是探寻儒家主要的思想。而东风是比喻儒家的教化，最后写道"万紫千红总是春"，这里的"春"就是以孔子为代表的儒家最核心的思想"仁"。这首诗把一个哲理融于形象之中，其主要的目的就是说道理。所以后代的理学家金履祥在《濂洛风雅》之中就说这首诗"喻学问博采极广，而一心会悟之后，共是一个道理，所谓一以贯之"。

讲到朱熹的这首《春日》，我们很容易想到他的另外两首《观书有感》诗。《观书有感》是两首绝句，这两首诗读起来非常具有形象性，第一首写："半亩方塘一鉴开，天光云影共徘徊。问渠那得清如许？为有源头活水来。"第二首诗写道："昨夜江边春水生，艨艟巨舰一毛轻。向来枉费推移力，此日中流自在行。"第一首诗写的是在春日看到了一块非常宁静的池塘，蓝天白云映照在池塘的水中，所以说"天光云影共徘徊"，为什么池塘的水如此的清澈？诗人问道。是因为它源源不断地有活水进来。第二首是说，在春水方生的江上乘船，本来在江上行进的时候小船非常难行，但是突然春水大涨，船只在大水的浮力作用之下漂起来，就像羽毛一样轻，前行非常顺畅。这两首诗题目叫《观书有感》，实际上从题目就可以看出，这并不是写景的，而是表达自己读书时候的感想的。

前人就有过分析，这两首诗，实际上是以自然的意象比喻读书治学时候的一种体会。朱熹曾经向年轻的学者讲授第一首诗，就说"借物以明道"，说明其目的就在于说理。而南宋末年的理学家金履祥在《濂洛风雅》中，转引朱熹的三传弟子王柏的话来解释这两首诗所讲的道理，说第一首诗是讲"日新之功"，"日新"在《尚书·盘庚》中就出现过，"苟日新，日日新"，每一天都应该有新东西，像池塘一样，每一天都有活水进来才能够保持清澈，才能够映照出蓝天白云。所以每一天获得新东西、新知识对我们是非常重要的。而第二首诗说的是"力到之效"，比如说我们读书和做学问，要日积月累，在平常看起来好像没有获得多大进步，但持之以恒，坚持到一定时候，就会发生质变，就会达到豁然贯通的境界。这是朱熹这两首诗所体现的道理。

我们刚才从王安石，到程颢，到陈师道以及朱熹，了解了他们的诗歌，从中我们可以看到，宋代诗歌最主要的一个特征就是说理。

③ 崇雅：宋词的艺术魅力（上）：宋代崇雅的审美心理

我们说宋代的诗歌，一个重要的特征是尚理，但是说理不是宋代诗歌唯一的特征。当代著名学者缪钺先生有一篇专论，就是《论宋诗》。在这篇文章之中，他对唐诗和宋诗的不同特点进行了比较。我们看一看，缪钺先生是如何区分唐诗和宋诗的。他说：

大学语文导读

唐宋诗之异点,先粗略论之。唐诗以韵胜,故浑雅,而贵蕴藉空灵;宋诗以意胜,故精能,而贵深折透辟。唐诗之美在情辞,故丰腴;宋诗之美在气骨,故瘦劲。唐诗如芍药海棠,秾华繁采;宋诗如寒梅秋菊,幽韵冷香。

在这一段文字之中,缪钺先生对唐诗和宋诗特点的分析,和前人也有相似的地方。比如说"唐诗以韵胜""宋诗以意胜",在某种意义上也说明了唐诗以丰神情韵见胜,而宋诗以筋骨思理见长。缪钺先生用"芍药海棠"来比喻唐诗,实际上和唐人的诗歌比较起来的话,牡丹似乎要比海棠和芍药更有典型性。从生活的趣味来说,唐人特别喜爱牡丹。而宋代人相比较而言,特别喜欢秋菊、寒梅、修竹。两相比较,我们就发现,宋代人有这样一种审美的趣味,就是崇雅黜俗。这种审美趣味,和唐人是不太一样的。我们还是以诗歌为例来讨论一下。

中唐时期的诗人刘禹锡,他有一首诗歌题为《赏牡丹》:"庭前芍药妖无格,池上芙蓉净少情。唯有牡丹真国色,花开时节动京城。"我们可以从这首诗歌看出唐人对牡丹的喜爱,牡丹才可以被称为真正的国色天香。国色天香不仅可以用来形容牡丹花,后来由于李白在《清平调三首》之中,用牡丹花来比喻杨贵妃的形象,所以国色天香就由称赞牡丹引申为称赞女子形象的美好。这是唐人的一种审美趣味。

我们再看一看宋代人特别喜欢的寒梅、秋菊,我们以北宋到南宋几个诗人的作品为例。比如说北宋的诗人林逋,他的代表作品《山园小梅》中写到了梅花开放的那种幽韵:"疏影横斜水清浅,暗香浮动月黄昏。"抓住了梅花之形,也写出了梅花之魂,可以说是形神兼备,同时也透露出了宋人对梅花所代表的骨气的一种追求。后人称林逋为梅妻鹤子,在某种意义上,梅花是他的自我形象的一种写照。还有王安石的《梅花》:"墙角数枝梅,凌寒独自开。遥知不是雪,为有暗香来。"这种暗香就是梅花的一种特征。

还有南宋的陆游,他有一首词是《卜算子·咏梅》。还有南宋词人姜夔,借用林逋的《山园小梅》中的疏影,以及王安石《梅花》小诗中的暗香,创制了两篇著名的词调,就是《暗香》和《疏影》。宋代人对梅花特别喜爱,写了很多有关梅花的诗词,梅花代表了宋代人的一种审美趣味。

除了梅花之外,还有修竹。比如说苏东坡的《於潜僧绿筠轩》,这首诗歌带有宋代说理诗的特征,苏轼在这首诗里直接说出了自己的个人喜爱,并且道出了为什么有这种喜爱。他说:"宁可食无肉,不可居无竹。无肉令人瘦,无竹令人俗。人瘦尚可肥,士俗不可医。旁人笑此言,似高还似痴。若对此君仍大嚼,世间那有扬州鹤?"这里的"此君"就是指竹子,这是用了《世说新语》中王徽之的典故。王徽之一次有事,临时到了一个地方。他一看住的地方没有竹子,马上就派人在房前种竹子。他身边的人说你只是暂时在这地方待几天,为什么要这样劳师动众。王徽之说:"何可一日无此君",这里的"此君"就是指竹子。竹子在中国的传统文化之中代表了君子的一种高洁的品格。苏东坡在这里歌咏了绿筠轩中的竹子,也说到了它的这种高雅的品格,直接将俗和雅的观念进行了对比。竹子恰恰就代表了与俗相对的一种高雅,可以说这首诗集中体现了宋人对雅致情怀的一种追求。

　　从宋代人的日常生活,以及他们的诗歌创作中,我们看到了宋人对雅致的崇尚和追求。除此之外,我们为了能够看清,或者是说充分地认识宋人对高雅情怀的追求,最好是通过那个时代最有代表性的文体来看。能够代表宋代文学的,在中国的文学史上是有定论的。可以用王国维《宋元戏曲考》序言中的一段话来说明:"凡一代有一代之文学,楚之骚,汉之赋,六代之骈语,唐之诗,宋之词,元之曲,皆所谓一代之文学,而后世莫能继焉者也。"这一段话我们非常熟悉,今天我们讲作为宋代文学代表的,当然就是词体了。要说明宋代文学的主要特征和它的艺术魅力,恐怕就要讲一讲词是怎样具体地体现宋人对雅致情怀的追求的。

　　我们看一看,宋人创造了很多的词作,也编出了很多的词选。这些词选,我们从它的名称上就可以看到宋人的这种情趣。在宋人诸多的词选当中,我们看到有鲖阳居士的《复雅歌词》、曾慥的《乐府雅词》。这两个词选的题目当中直接出现了"雅",可见雅是宋词的一个重要特征。其他像黄昇的《花庵词选》、赵闻礼的《阳春白雪》、周密的《绝妙好词》,尤其是赵闻礼的《阳春白雪》,出自宋玉的《风赋》,是和下里巴人做对比的。在我们的日常生活中,使用阳春白雪这个词的时候,就是和流行的通俗文学艺术做比较。阳春白雪代表高雅的艺术,被赵闻礼用来作为他词选的名字。再看黄大舆的《梅苑》。

《梅苑》以梅来给词选命名，和我们前面所讲的宋代人日常生活中的审美情趣是息息相关的。我们说寒梅修竹，是宋人比较喜爱的两个自然的物象，当然也是文化意象，体现了宋人雅致的情怀、崇雅的审美趣味，这从词选中可以看出来。可以说，雅是宋人选词的一个标准，不仅在词选中是这样，在词学批评中也出现了这样的情况。

我们说，词是有宋一代的文体，也是宋人批评的主要对象。王灼的《碧鸡漫志》、张炎的《词源》、沈义父的《乐府指迷》、陆辅之的《词旨》，是宋代词学批评的代表作品。这些词学批评著作，内涵各有不同，但是它们有一个共同的旨趣，就是崇雅，都以雅词为典范。它们在评词的时候，特别重视词的题材、内容、方法甚至包括遣词造句、词语风格等方面的雅致化。这是宋代词学批评的雅致情怀的一种表现。

刚才是讲词选和词学批评的，如果从创作来看，我们看到这样一种现象，王国维在《人间词话》中，曾经对词的演变有这样一种评价，他说：

> 词至李后主而眼界始大，感慨遂深，遂变伶工之词而为士大夫之词，周介存置诸温、韦之下，可为颠倒黑白矣。"自是人生长恨水长东""流水落花春去也，天上人间"，《金荃》《浣花》能有此气象耶？

这段话分成两个层次。王国维首先就指出来，南唐的李后主在中国词史上的重要地位。在某种意义上，李后主是词创作当中由伶工之词向士大夫之词转变的一个里程碑式的人物。但是前代的词学家，对此有不同的看法，认为李后主的词在艺术水平上不如晚唐的温庭筠和韦庄。比如说常州词派的代表人物周济周介存，在自己的词选中就是这样说的。他认为温庭筠和韦庄的词，在艺术水平上要高于李后主。但王国维是不同意这种看法的，他特别列举了李后主词作中的代表性作品，说温庭筠的《金荃》词和韦庄的《浣花》词当中没有这样的一种精神风貌。从中晚唐的时候起，词就成了文人创作的重要体裁。在李后主之前，就出现了著名的词人——温庭筠和韦庄。我们这里以温庭筠为代表，借用王国维的话，可以说温庭筠是伶工之词的一个代表性人物。在五代的时候，人们编了一个词集叫《花间集》。《花间集》收录了十八位词人的近五百篇作品，在《花间集》的近二十个词人当中，温庭筠排在第一位，收录的作品也最多，有六十六篇。这在某种意义上也体现了温庭筠是中国词史上第一个大力创作词的作家。温庭筠词的风格，可能和他的经历有关，他精通音乐，经常出入于秦楼楚馆之中，写出大量的香艳词。因为花间词是以温庭筠为代表的，所以后来人们认识词多从温庭筠入手，认为词跟诗比较起来，表现了不同的审美趣味，有"诗庄词媚"和"词为艳科"这样的说法。我们可以看看温庭筠的代表作品《菩萨蛮》：

> 小山重叠金明灭，鬓云欲度香腮雪。懒起画蛾眉，弄妆梳洗迟。照花前后镜，花面交相映。新贴绣罗襦，双双金鹧鸪。

这首词从它所描写的内容来看，是以秦楼楚馆中的一个女子为描写对象。词主要是写女子懒起、画眉、照镜、穿衣等一系列慵懒的动作，对女子的闺房、陈设、气氛以及她的服饰描写得比较细腻。所以读起来，似乎第一印象有一种强烈的感官刺激。但这首诗歌没有什么情思，典型地表现了伶工之词香艳的特征。这是晚唐五代词特别是花间词的一个重要特征。从这个角度来说，晚唐词特别是花间词，内容特别香艳。欧阳炯在《花间集序》中对此就有概括，他说："绮筵公子，绣幌佳人。递叶叶之花笺，文抽丽锦。举纤纤之玉手，拍按香檀。不无清绝之辞，用助娇娆之态。"欧阳炯在《花间集序》中说的这一段话，在某种意义上是对花间词的内容和风格的很好的概括。

花间词是一种香艳之词，或者用王国维的话来说是伶工之词。伶工，是中国古代社会中那些在秦楼楚馆之中吟唱的人，为了投合士大夫的一些口味，她们唱出来的东西，都是非常香艳的，在某种意义上，也是比较庸俗的，这是花间词的一个重要特征。

④ 崇雅：宋词的艺术魅力（下）：由俗到雅转向例证

温庭筠是花间词派的代表词人，他的词主要表现了一种香艳的风格，是早期词的代表。真正能够代表词的创作转向的是李后主，王国维说："词至李后主而眼界始大，感慨遂深，遂变伶工之词而为士大夫之词。"实际上李后主自己的词作，也可以分成两个阶段，以南唐的灭亡为界限。在南唐时期，李后主作为君王，他的生活没有任何的忧虑，所以他的早期词作书写的就是宫廷生活中的繁华。我们看这首《玉楼春》，他写道："晚妆初了明肌雪，春殿嫔娥鱼贯列。笙箫吹断水云间，重按《霓裳》歌遍彻。临风谁更飘香屑，醉拍阑干情味切。归时休放烛花红，待踏马蹄清夜月。"通过《玉楼春》可以看出，李后主作为南唐的帝王，在晚上他沉醉在音乐舞蹈当中，甚至是彻夜沉醉在这样一种声色犬马的生活中。另外一首词《浣溪沙》，也是描写同样的内容："红日已高三丈透，金炉次第添香兽，红锦地衣随步皱。佳人舞点金钗溜，酒恶时拈花蕊嗅，别殿遥闻箫鼓奏。"这首《浣溪沙》和刚才的《玉楼春》一样，描写了李后主在南唐的朝廷中的日常生活，大概是声色犬马、歌舞升平，非常享乐。词大量使用了"红""香"这样富有感官刺激的形容词。可以说，李后主早期这些词，还不是士大夫之词，仍然跟写花间词的温庭筠等人一样，写的是以香艳之词为主的一种伶工之词。

但是到公元 975 年南唐灭亡之后，李后主词的内容开始发生了变化。我们可以以《破阵子》这首词作为一个分界点。他说："四十年来家国，三千里地山河。凤阁龙楼连霄汉，玉树琼枝作烟萝，几曾识干戈？一旦归为臣虏，沈腰潘鬓消磨。最是仓皇辞庙日，教坊犹奏别离歌，挥泪对宫娥。"这首词描写的是南唐小朝廷在大宋军队压境之下最后灭亡的那种情形。即使是亡国的时候，"教坊尤奏别离歌"，虽然是别离歌，但是我们仍然能看出，李后主作为一个帝王对于歌舞的沉醉和喜爱，但是南唐就断送在他的手中。后来李后主成了北宋的阶下囚，恐怕再也不可能书写《玉楼春》和《浣溪沙》那样香艳的词了。下面我们看一看《浪淘沙》。《浪淘沙》这首词是南唐亡国之后，李后主成为阶下囚时所写的一篇作品。这篇作品书写了他的亡国之痛，表现了他的血泪之情。

帘外雨潺潺，春意阑珊。罗衾不耐五更寒。梦里不知身是客，一晌贪欢。
独自莫凭栏，无限江山。别时容易见时难。流水落花春去也，天上人间。

据宋代学者蔡絛《西清诗话》记载，这首词是李后主归顺北宋王朝之后所作的。做了阶下囚的李后主，常常怀念自己的南唐王朝，所以就写下了这样一首词。在这首词中，他书写的是一种无限的亡国之痛。据说这首词写完不久，李后主就去世了。在某种意义上，这首词可以算是李后主去世前的绝笔之作了。在这样的词中，李后主书写的再也不是像《玉楼春》和《浣溪沙》那样沉醉在声色犬马、歌舞升平之中的一种感官享受,而是一种悲痛之情。这种悲痛之情的内涵,主要是故国之思和亡国之痛。而故国之思和亡国之痛,也正是李后主在亡国之后书写的词的重要情感内涵。李后主的小令《乌夜啼》,不像《浪淘沙》那么明显,但同样也流露出了无限的感伤之情:"林花谢了春红,太匆匆。无奈朝来寒雨晚来风。胭脂泪,留人醉,几时重。自是人生长恨水长东。"这是王国维在《人间词话》中所举的,能够代表李后主词的一个句子,叫"自是人生长恨水长东",就是说李后主在自己的国家灭亡了之后,他的无限的沉痛之情,就像长江的流水一样流不断。这首词写暮春时节,百卉凋零,书写的是美好的事物消失之后的一种感伤之情,而这种情感,恰恰就是以前士大夫在自己的诗歌当中表现的一种主要的情怀。这就是李后主在自己的词中所表现的主要内容,我们联系《浪淘沙》《乌夜啼》以及大家所熟悉的《虞美人》等词可以看出李后主在词体创作历史上的重要地位。

王国维说李后主的词改变了词的创作传统,就是由早期的伶工之词,转变为士大夫之词。而士大夫之词的特点,就是在词中表现自己沉痛的情感。李后主的词主要是表达亡国之痛、故国之思,以及美好的事物消失之后的一种无奈之情。所以我们说李后主在词的创作上有这样一些贡献。一就是扩大了词的表现领域,由伶工之词扩展到了士大夫之词。从《浣溪沙》《浪淘沙》《乌夜啼》和《虞美人》等词可以看出,李后主的词具有很高的概括性,所使用的词语非常浅易,但却具有很强的表现力,比如说《乌夜啼》中的"自是人生长恨水长东",还有为我们所熟悉的《虞美人》最后的句子"问君能有几多愁,恰似一江春水向东流",这是抒写情感的。这些情感对李后主来说,是亡国之痛、故国之思,对我们一般人来说,没有像李后主那样的体验,但是日常生活中如果一个美好的事物消失了,再也不会回来了,我们也可以借用这些词,来表达美好的事物永远消逝时的一种悲痛之情。

在此我们还可以看到,李后主的词语言非常自然精炼,也有表现力。《虞美人·春花秋月何时了》这首词是这种特征的典型代表。

在风格上,我们看到了李后主的创造性。他的词有婉约词那种婉转的特征,同时也有豪放词那种刚健的风格,所以说他的词兼有刚柔之美。特别是"自是人生长恨水长东""问君能有几多愁,恰似一江春水向东流"这两句,境界比较阔大,具有一种刚健之美。这是李后主在词史上的地位,我们看到词在李后主的手中，开始由早期的伶工之词向士大夫之词转变，也就是说，开始向雅致化的方向发展了。

真正能够代表词由早期的伶工之词向士大夫之词转变的，还要数宋代的词人。在这里我们首先看北宋词人的代表柳永。柳永的词非常之多，后人编成了《乐章集》。在《乐章集》中我们看到，柳永在一些词中同样书写了像花间词中所表现的那种情怀。就像《鹤冲天》这首词，他说"忍把浮名，换了浅斟低唱"，在这里柳永主要表现了自己出入于秦楼楚馆之中，依红偎翠、浅斟低唱的这样一种情怀。这种浅斟低唱、依红偎翠显然是伶工之词表现的内容，这是柳永词的一面。但柳永在中国词史上的地位，不是由这一面来代表的，而是以《八声甘州》《雨霖铃》《望海潮》这些词为代表的。

我们看《八声甘州》，词的篇幅较长。首先，从篇幅上我们就可以看出柳永在中国词史上的地位。他是词史上第一个大力创作慢词的人。词从篇幅来看，可以分为小令、中调、长调。一般来说，五十八个字以内的，被称为小令；五十九到九十个字中间的，被称为中调；九十一个字以上的，被称为长调。当然这种划分带有机械性，不能完全作为我们分析词的依据，但大体上可以作为小令、中调、长调划分的依据。

《八声甘州》是一首慢词长调。这首词从内容来看，书写的是一个浪迹天涯的游子，到处漂泊流浪的一种落寞的情怀。词的上片说："对潇潇暮雨洒江天，一番洗清秋。渐霜风凄紧，关河冷落，残照当楼。是处红衰翠减，苒苒物华休。惟有长江水，无语东流。"这里集中地描写悲凉的秋景，"潇潇暮雨洒江天""霜风凄紧""关河冷落""残照当楼""红衰翠减"等这些秋天的典型景物集中起来。从字面来看是写景的，但是景中有情，抒写了自己哀伤的感情。词的下片，主要书写了游子在天涯思念自己故乡的一种情感。下片说："不忍登高临远，望故乡渺渺，归思难收。叹年来踪迹，何事苦淹留。想佳人妆楼颙望，误几回，天际识归舟。争知我，倚阑干处，正恁凝愁。"可以说是以直接抒情为主的，但是抒情之中也有形象。像游子登高望远、思念故乡的形象，以及想象自己思念的人，在妆楼上抬头眺望，期盼游子能够早日归来的这种形象，可以说情中有景，情景交融。这首词和《雨霖铃》《望海潮》等词一样，都表现

了柳永慢词长调的一个典型特征,就是善于铺叙。同时从情感的内涵来说,就是抒写了天涯游子的那种羁旅之愁,而羁旅之愁,在中国的传统文学作品中是最能够感染文人的情怀之一。

我们再简单地看一下他的另外一篇代表作品《雨霖铃》。这篇作品主要是写游子思妇相思离别的场景。在书写离愁别绪的时候,同样也流露出了流落江湖的游子的那种身世飘零之感。像上片之中的"执手相看泪眼,竟无语凝噎"是书写游子思妇离别时的一种极度悲伤之感。而"念去去,千里烟波,暮霭沉沉楚天阔"在书写离别的同时,也流露了作者沦落江湖的一种身世之痛。同样是柳永的代表作品,《雨霖铃》表现了词在柳永笔下发生了一个重要的转向,就是词中不再仅仅描写秦楼楚馆之中的歌女舞女的形象,还书写了士大夫,游子漂泊天涯的一种寂寞忧伤的情怀。

如果说柳永在中国的词史上是第一个大力创作慢词的人,那么词发展到苏东坡那里,发生了重大的变化。宋代学者胡寅在《(向子諲)酒边词序》中对苏东坡在词的发展历史上的地位及贡献做出了说明。他说:

> 词曲者,古乐府之末造也。……文章豪放之士,鲜有不寄意于此者,随亦自扫其迹,曰谑浪游戏而已也。唐人为之最工者。柳耆卿后出,掩众制而尽其妙,好之者以为不可复加。及眉山苏轼,一洗绮罗香泽之态,摆脱绸缪宛转之度。使人登高望远,举首高歌,而逸怀浩气,超然乎尘垢之外。于是花间为皂隶,而柳氏为舆台矣。

在这一段文字中,胡寅首先追溯了词的起源。词作为一种音乐文学,和古乐府存在着密切的关系。很多的文学家在这方面都有所作为。但是由于词在早期的时候,大多数文人都是把它当作娱乐消遣的工具,所以创作了以后,一般不把这些词作收在自己的文集之中,认为作词是一种游戏。晚唐五代的时候,词取得了很高的艺术成就,但是大多数是伶工之词,题材比较狭窄,语言比较绮丽。等到北宋柳永出现以后,他创作了众多的词,给人留下了很好的印象。人们认为,词到了柳永这里,已经到了无以复加的地步。实际上并不是这样,北宋的大文豪苏东坡创作了大量的词作,他的词作洗尽了花间词以来的那种脂粉气息,而且他的词情感比较豪迈,境界比较阔大。

苏东坡在词的创作上,取得了很多的成就。一方面他沿袭词原来的那种婉约的风格,写出了《蝶恋花·花褪残红青杏小》这样婉转、绮丽的诗篇,也写出了《江城子·十年生死两茫茫》这样缠绵悱恻的感伤悼亡词。另一方面如果我们从词的历史来看,苏东坡对词的突出贡献,是他创作了豪放词。

这些豪放词,我们可以以《江城子·密州出猎》为代表。这首词是这样写的:

老夫聊发少年狂,左牵黄,右擎苍,锦帽貂裘,千骑卷平岗。为报倾城随太守,亲射虎,看孙郎。

酒酣胸胆尚开张,鬓微霜,又何妨!持节云中,何日遣冯唐?会挽雕弓如满月,西北望,射天狼。

"西北望,射天狼"用的是屈原《九歌·东君》的典故"举长矢兮射天狼",在这里,苏东坡用典故表现出自己虽然是一介文人,但也有为国效力的雄心。这首词,感情非常豪迈,是苏东坡豪放词的一首代表作品。我们再看看大家熟悉的《念奴娇·赤壁怀古》。这篇长调分上下两片,上片通过对赤壁自然景观的描绘,给我们展示了一个非常壮观的境界:

大江东去,浪淘尽,千古风流人物。故垒西边,人道是,三国周郎赤壁。乱石穿空,惊涛拍岸,卷起千堆雪。江山如画,一时多少豪杰。

遥想公瑾当年,小乔初嫁了,雄姿英发。羽扇纶巾,谈笑间,樯橹灰飞烟灭。故国神游,多情应笑我,早生华发。人生如梦,一尊还酹江月。

苏东坡在《念奴娇·赤壁怀古》的上片,将自然的景观与历史的事件结合在一起,给我们展示了一种比较宏大的境界。虽然苏东坡所到的赤壁是黄州赤壁,与三国时候的古战场,今人认为应该是在蒲圻的武赤壁,不是一个地方。但是由于苏东坡《念奴娇·赤壁怀古》在中国文学史上的深远影响,他的赤壁被后人称为文赤壁。文赤壁,主要是由于苏东坡在此创作的《念奴娇·赤壁怀古》以及前后《赤壁赋》等优秀作品而形成的一种称法。词的上片,给我们展现豪迈、宏大境界的同时,实际上表现了苏东坡的一种豪迈的情感。苏东坡来到了赤壁,他把它当作当年的赤壁之战所发生的地方,想到了当年的英雄——周瑜周公瑾。他写的周公瑾具有这样一种形象:"遥想公瑾当年,小乔初嫁了，雄姿英发。羽扇纶巾，谈笑间，樯橹灰飞烟灭。""谈笑间，樯橹灰飞烟灭"，这是古代文人最希望自己能做到的事情，李白在安史之乱时期所写的《永王东巡歌》中就写过"为君谈笑净胡沙"。能够在谈笑之间为国效力，将敌人消灭，这当然是一件最为快意的事情。

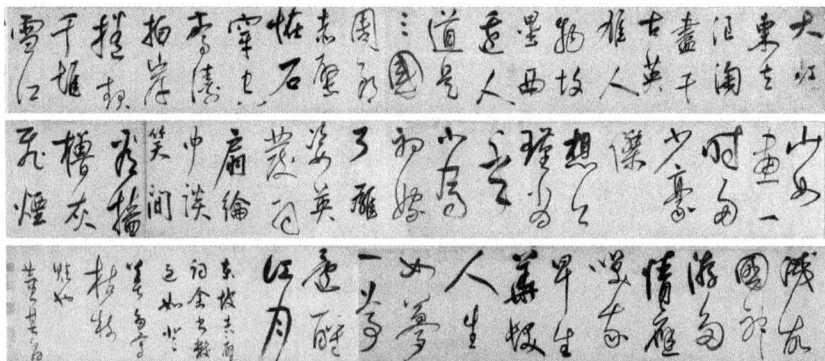

董其昌《念奴娇·赤壁怀古》

然而苏东坡发现，自己空有这样的理想，但是人已经衰老，理想无法实现。所谓"故国神游，多情应笑我，早生华发。人生如梦，一尊还酹江月"。虽然词的下片流露出了自己的理想不能实现的悲伤之情，但从整首词来看，感情仍然是那样的豪迈，所以《念奴娇·赤壁怀古》是他豪放词的一个代表作品。除了豪放词之外，我们再看看苏东坡在黄州时期所写的另外一些词篇，像《定风波》这首词：

　　莫听穿林打叶声，何妨吟啸且徐行。竹杖芒鞋轻胜马。谁怕？一蓑烟雨任平生。

　　料峭春风吹酒醒，微冷。山头斜照却相迎。回首向来萧瑟处，归去，也无风雨也无晴。

这首词写苏东坡在旅途中遇到了雨。苏东坡在这首词中借雨中潇洒徐行之举表现了自己不畏风雨不断朝前行进的精神和遭受到挫折之后仍然不颓丧的旷达情怀。他在词的下片写道，"回首向来萧瑟处，归去，也无风雨也无晴"，"一蓑烟雨任平生"是苏东坡通过对人生的反思，从政治挫折之中解脱出来，展现了他的一种旷达的情怀。这种旷达的情怀，在苏东坡的代表作品

《水调歌头》中也有表现。这首词描写的是苏东坡在理想和现实之间的矛盾冲突，在经过自己的反复思考以后，最后从痛苦中解脱出来。在词的下片，苏东坡写下了这样的一些名句："人有悲欢离合，月有阴晴圆缺，此事古难全。但愿人长久，千里共婵娟。"这首《水调歌头》是中秋时节写给自己的兄弟苏辙的，表现了对兄弟的思念之情。这首词在他众多的词作之中，恰到好处地表达了在理想和现实的矛盾冲突之中，采取一种旷达的态度来面对人生。正如词的最后两句所写的"但愿人长久，千里共婵娟"，使得这首词的人生境界达到了一个新的高度。

所以宋代的学者胡仔说："中秋词自东坡《水调歌头》一出，余词俱废。"在词的历史上，如果我们说苏东坡的《蝶恋花·花褪残红青杏小》等婉约词和前代的那些婉约词是一脉相承，那么他的这些豪放词则和旷达词则树立了他在词坛的地位。这是北宋苏东坡在词创作上的主要表现。

我们再顺着历史的发展脉络，来看两宋之际的词坛。此时出现了著名的词人李清照，李清照的词题材也比较多。我们在这里讲她的一首爱情词《一剪梅》。这首词语言非常的绮丽，情感也非常的缠绵。她写道：

第九讲
尚理崇雅 柳暗花明

> 红藕香残玉簟秋，轻解罗裳，独上兰舟。云中谁寄锦书来，雁字回时，月满西楼。
>
> 花自飘零水自流，一种相思，两处闲愁。此情无计可消除，才下眉头，却上心头。

据史料记载，这首《一剪梅》是李清照在和赵明诚结婚不久后所作的。他的夫君赵明诚要到外面去当官了，在临别的时候，李清照当然不忍与她的新婚夫君离别，于是在锦帕上写下了这首词，送给她夫君。这首词表现了新婚夫妇离别时候的那种缠绵悱恻的情感。这首词在意象的描写上，用的色彩比较鲜明，比如说"红藕""香""兰舟"，这些词在总体上给人比较旖旎的感觉。李清照在这首词中表达的是一种真切的爱情，清代词学家陈廷焯说："易安佳句，如《一剪梅》起七字云'红藕香残玉簟秋'，精秀特绝。"这里的"精秀特绝"在于李清照所写红藕、香残、玉簟这三个意象非常的超绝，给人一种不食人间烟火的感觉。我们从这里就看到,李清照的词受早期的伶工之词,特别是花间词的一些影响,但是却没有花间词的那种脂粉气息,所以这是李清照词独特的贡献。虽然用了花间词中那些常用的意象或者词语,但给人的感觉却是非常超绝的,这是李清照词中特有的一种雅致。

这种雅致的风格,在南宋的词人姜夔那里也非常突出。比如《淡黄柳》,从小序之中我们可以看出,这实际上也是一种爱情词。读完了这首词之后,给人一种非常脱俗的感觉:

> 空城晓角,吹入垂杨陌。马上单衣寒恻恻。看尽鹅黄嫩绿,都是江南旧相识。
>
> 正岑寂,明朝又寒食。强携酒,小桥宅,怕梨花落尽成秋色。燕燕归来,问春何在,唯有池塘自碧。

词中借用小乔的典故,实际上暗指自己合肥城中的恋人,表明这首词是一首爱情词。姜夔在词中用了大量的高雅意象,比如说"垂杨""梨花""燕燕",这些词语使得整首词虽然看起来写的是爱情,甚至是艳情,但是却非常的高雅,这是姜夔词的一个重要特征。姜夔与合肥特有的关系,在他的诗中也有表现。他有三首《送范仲讷往合肥》,在这组诗之中我们看其中的一首,表现了对合肥的那种一往而深的情感。说是:"我家曾住赤栏桥,邻里相过不寂寥。君若到时秋已半,西风门巷柳萧萧。"近代词学家陈匪石评价《淡黄柳》,说是"神味隽永,意境超妙,耐人三日思"。这里的"耐人三日思",其中一个重要的背景,就是姜夔对合肥赤栏桥边特有的一种情感。我们从这首诗中可以看到能够和《淡黄柳》相互印证的内容。

宋代著名词学家张炎在《词源》中高度评价了姜夔的词,说:"词要清空,不要质实。清空则古雅峭拔,质实则凝涩晦昧。"而姜夔姜白石的词"如野云孤飞,去留无迹",这种去留无迹,就是姜夔词超绝的清空风格。南宋时期吴文英吴梦窗的词,虽然用了大量华丽的辞藻,但是由于没有真正的情感灌注其中,所以张炎评价:"梦窗词如七宝楼台,炫人眼目,碎拆下来,不成片段。"吴梦窗的词就像七宝楼台一样华丽炫目,但拆下来以后,却不成系统。接下来他高度评价姜夔的一系列自度曲,说"白石如《疏影》《暗香》《扬州慢》《一萼红》《琵琶仙》《探春》《八归》《淡黄柳》等曲,不惟清空,且骚雅,读之使人神观飞越"。我们从张炎的评价之中,可以看到姜夔在词的创作上的独特贡献。他创作了大量的自度曲,在自度曲中不仅表现了一种清新超俗的风格,同时也表现了一种悲伤的情怀。这种悲伤的情怀,都是用非常高雅的意象表现出来的,所以张炎用"骚雅"一词来评价姜夔的词作。读这样的一些词,给人一种超尘脱俗的感觉,就是所谓的"使人神观飞越"。

思考与练习

1. 试分析钱锺书先生在《谈艺录》中是如何分析唐诗、宋诗的。
2. 试分析词体由俗向雅转变的代表人物及其作品。

参考文献

[1] 钱锺书.谈艺录[M].北京:生活·读书·新知三联书店,2001.

[2] 钱锺书.宋诗选注[M].北京:生活·读书·新知三联书店,2002.

[3] 张鸣.宋诗选[M].北京:人民文学出版社,2004.

[4] 胡云翼.宋词选[M].上海:上海古籍出版社,1999.

[5] 柳永.乐章集校注[M].薛瑞生,校注.北京:中华书局,1994.

[6] 邹同庆,王宗堂.苏轼词编年校注[M].北京:中华书局,2016.

[7] 辛弃疾.稼轩词编年笺注:增订本[M].邓广铭,笺注.上海:上海古籍出版社,1993.

[8] 李清照.李清照集笺注[M].徐培均,笺注.上海:上海古籍出版社,2002.

[9] 姜夔.姜白石词编年笺校[M].夏承焘,笺校.上海:上海古籍出版社,1981.

第十讲

古典与现代的精神裂变

——王国维的心路历程及其文艺思想

中国文学在唐宋以后仍然取得了很高的成就,像元代的戏曲,明代、清代的戏曲和小说等,都值得我们用心去学习。今天我们谈这样一个题目,一方面是对我们历史悠远的中国文学做一个小结,另一方面也看看中国的文学发展到这个时代,看起来是静水深流,非常自然,实际上正在发生着一些比较重大的变化。我们今天主要是选择近代一个大学者——王国维作为话题,我们拟定《古典与现代的精神裂变——王国维的心路历程及其文艺思想》这样一个题目,主要是跟大家讨论四个方面的问题,第一个是王国维的心路历程及其启示,第二个跟大家简要分析一下王国维早期论文所表现的文学观,第三个是谈王国维文学批评的代表作品,特别是小说批评的代表作品——《红楼梦评论》中包含的文学思想,第四个是王国维的词学代表作品,也是我们中国传统词学中的一部重要作品——《人间词话》中的"境界"说。

① 王国维的心路历程

首先跟大家讨论第一个问题——王国维的心路历程。王国维生活在近代社会晚期和现代社会早期,他的一生对我们中国的文学乃至文化有重要的影响,可以这样来评价他的一生:王国维的心路历程和他的文学思想是近代中国社会痛苦裂变的精神缩影,是中国传统的文学思想、文化精神向现代化、世界化转变的一个里程碑。王国维在中国的文学史、文化史上是一个里程碑式的人物,所以分析王国维这样的学者对深刻理解中国文学和文化的演变具有重要的启示。王国维一生在世50年,这50年的生涯我们大体可以把它分成三个阶段。第一个阶段是年轻的时候,从他出生以后到1898年即22岁以前,像我们中国传统社会大多数的年轻人一样,有条件的就在家乡读书,王国维在年轻的时候走的也是这样一条道路。他的父亲王乃誉是一个古董商人,当然也有一定的文化,在他的家乡有浓厚的读书氛围,所以王国维在年轻的时候非常用功地读书,也展露了一些才华。在众多的书籍之中,王国维特别喜欢读史书,他读了很多的史书,特别是《史记》《汉书》《三国志》《后汉书》等,但是读这些史书对他参加传统的科举考试却没有帮助,所以王国维名落孙山了。但是王国维不像以前的文人比如说吴敬梓《儒林外史》中所写的那个范进，一辈子只有一条路，就是读书参加科举考试，王国维所生活的近代中国社会尤其是在王国维的家乡浙东，已经有了一些新的风气，所以王国维在科举考试失败以后决定离开自己的家乡，到当时的大都市上海去寻找自己的新的人生道路，就这样王国维开启了人生的第二个阶段。第二个阶段王国维主要是在上海。他一开始在《时务报》做一些文字编辑工作，因为《时务报》在当时主要宣传西方的一些新的思想，所以在这里王国维就大量地接受了西方的新思想、新学问，他也开始像很多的年轻人一样从事文学创作活动。由于他特别喜欢词的创作，所以写了很多的词，后来辑为《人间词》，在进行词作创作的同时，他接受了西方的很多思想包括哲学的、美学的，等等，开始用西方的这些美学思想来观照文学创作，写了一系列的文学批评著作，这一时期是王国维的第二个重要的活动时期。

1911 年辛亥革命爆发，次年大清王朝灭亡了，王国维的人生进入第三个阶段。大清王朝灭亡以后，王国维东渡日本，在日本读了四年的书，然后回国从事教育活动，主要在上海由犹太人哈同创办的仓圣明智大学一边教书，一边做学问。他这时候所做的学问，与他年轻时所从事的文学研究活动和哲学思考不太一样，他开始研究中国的古文字、古器物和古史地。在这段时间他取得了令人瞩目的成就，开始在学术界为人所重视。1923 年他北上来到北京，应末代皇帝溥仪的邀请做他的南书房行走。虽然溥仪当时已经逊位了，但是王国维做南书房行走的时候，心里好像仍然有为传统的帝王之师的感觉，所以他内心非常高兴。到了 1925 年的时候，清华国学研究院组建，国学研究院的院长吴宓先生特意去聘请王国维做国学研究院的老师，王国维在清华国学研究院一边教书，一边继续从事古文字、古器物和古史地的研究，取得了很高的成就。

但是令人不可思议的事情发生了，在 1927 年 6 月 2 日，王国维将学生的作业批完了以后，留下了一纸遗书，然后到颐和园的昆明湖投水自杀了。这件事情在学界引起了非常大的震动，国内很多的学者对这件事情展开了热烈的讨论。很快两年过去了，到了 1929 年，清华国学研究院经过讨论决定要在清华的坟地给王国维立一块碑，立碑就要有碑文，这个碑文由谁去写呢？大家一致推举国学研究院的导师陈寅恪先生去写。陈寅恪先生给我们留下了这样一段重要的文字，就是《清华大学王观堂先生纪念碑铭》，这个碑铭分两部分,第一部分相当于序言,交代了写这个碑文的缘起。第二部分是碑文的正文。在序中他说:"海宁王先生自沉后二年,清华研究院同仁咸怀思,不能自已,其弟子受先生之陶冶煦育者有年,尤思有以永其念。佥曰,宜铭之贞珉,以昭示于无竟,因以刻石之词命寅恪,数辞不获已,谨举先生之志事,以普告天下后世。"在这个碑文的序言之中陈寅恪先生交代了为什么要接受这个写碑文的任务,一方面是大家共同推举他,另一方面陈寅恪先生考虑到他对王国维先生的学术及其意义还是有自己的理解的。这个是序言。在碑文的正文之中我们看到陈寅恪先生是这样写的:

> 士之读书治学,盖将以脱心志于俗谛之桎梏,真理因得以发扬。思想而不自由,毋宁死耳。斯古今仁圣同殉之精义,夫岂庸鄙之敢望。先生以一死见其独立自由之意志,非所论于一人之恩怨,一姓之兴亡。呜呼!树兹石于讲舍,系哀思而不忘。表哲人之奇节,诉真宰之茫茫。来世不可知者也,先生之著述,或有时而不彰。先生之学说,或有时而可商。惟此独立之精神,自由之思想,历千万祀,与天壤而同久,共三光而永光。

清华大学王国维先生纪念碑

这里值得注意的是陈寅恪先生通过纪念王国维先生的一生，阐释了读书治学的真正意义。开篇他就说"士之读书治学，盖将以脱心志于俗谛之桎梏，真理因得以发扬"，我们为什么要去读书、要去做学问？在陈先生看来，首先就是让我们的心灵得到解放，从功名利禄的世俗枷锁之中解脱出来，这是让我们的精神获得一种超越。其次就是探寻真理，只有在精神获得超越、摆脱世俗桎梏的前提下，我们才能够探寻真理。这是陈先生在王国维的纪念碑文之中给我们的一个重要启示。所以这个碑文是值得我们好好地去咀嚼的。

2 早期论文所表现的文学观

下面我们跟大家讨论王国维年轻时从事的文学创作活动和文学批评活动的一些内容，着重跟大家讨论他的一些文学批评作品和美学作品中所包含的文学思想。王国维从事文学批评活动主要集中在他 26 岁到 36 岁这一段时间，大约整整 10 年的时间。这 10 年时间大体上又可以分成两个阶段，第一个阶段主要是讨论中国和西方的美学思想以及文学问题，其代表作品是《红楼梦评论》，第二个阶段以研究中国传统的词曲为主，其代表作品是《人间词话》和《宋元戏曲史》。《人间词话》和《红楼梦评论》是我们后面专门要讨论的话题，因此在这里我们主要讨论王国维除了《红楼梦评论》和《人间词话》之外的一些美学著作和文学批评的论文表现出来的文学思想。王国维这一时期的文学思想表明中国传统的文学思想在这个时代发生了一个重大的变化，那就是对西方文学思想和美学思想的汲取和运用，这一时期他的代表性论文有《论叔本华之哲学及其教育学说》《叔本华与尼采》《屈子文学之精神》《文学小言十七则》《古雅之在美学上之位置》《人间嗜好之研究》，当然还包含《人间词话》和《红楼梦评论》。在这些美学或者文学批评的作品之中，我们看到王国维的早期美学思想有以下这些内容。

首先什么是美？王国维受叔本华、尼采和德国古典哲学创始人康德的影响，在《叔本华与尼采》这篇文章之中直接提出了他对美的一种理解，他说："夫美术者，实以静观中所得之实念，寓诸一物焉而再现之。"意思是说以文学艺术为代表的美学作品，实际上是作者在静观中所得的实念。实念实际上就是理念,这个理念蕴含在一切事物之中,而作家包括艺术家要做的事情,就是将体现在一切事物之中的理念再现出来,理念是美的主要内涵。理念是一个形而上的东西,但是它又存在于各个事物中,文学家和艺术家在反映这个客观事物的时候特别要知道存在于这些事物上的超绝的理念。怎样获得这个理念是我们个人获得审美感受的前提条件,对于人来说,怎么能够获得对存在于外在事物上面的理念的认识呢?王国维说必须具备这样的一个条件,就是必须要做到无欲。正如他后来在《红楼梦评论》中所说的"美术之为物,欲者不观,观者不欲,而艺术之美所以优于自然之美者,全存于使人易忘物我之关系也"。世间的你我只有摆脱欲望的束缚,以一种静观的态度才能够把握这个现实社会中的美,这是王国维提出的获得美的一个主观条件,总结起来就是美是静观中所得的实念,实念就是西方哲学之中所讲的那个理念。

其次,他认为美是可以爱玩而不可以利用的。用我们今天的话来说,就是美的东西我们只能去欣赏,而不能从物质利益出发利用这个东西。这一点他在《古雅之在美学上之位置》这篇文章中说得非常明白。他说:"美之性质,一言以蔽之曰:可爱玩而不可利用者是已。虽物之美者,有时亦足供吾人之利用,但人之视为美时,决不计及其可利用之点。其性质如是,故其价值亦存于美之自身,而不存乎其外。"也就是说,当我们进行审美欣赏的时候,一定要撇开功利的心态,如果以功利的心态来观照外在事物,那么就不是进行审美的欣赏,而是从自己的物质需要出发去占有这个外在的事物,这是王国维在这里提出的美之于其他事物的一个重要因素。美是可以欣赏的,不能从物质利益出发来利用美的事物。这一点受西方特别是德国古典美学的影响比较大,对中国现代的美学思想和文学观念也产生了比较大的影响,现代中国开始不再像传统社会那样以纯粹的教化的观点来观照文学艺术。中国传统的文学观念讲诗言志、文载道、乐教化,这当然是有它的合理性的,但是如果仅仅以教化的观点来看待文学艺术,可能还不能够充分认识到文学艺术所具有的那种独特的审美价值。所以王国维在《论哲学家与美术家之天职》之中就对中国传统的这种载道的观念进行了反思。他说:"披我中国之哲学史,凡哲学家无不欲兼为政治家者。"这里的哲学家是广义的,包括文学家,包括史学家,也包括艺术家。他说中国传统的文学家、艺术家、哲学家、史学家,除了在自己的专业上有所作为之外,他们都还想在政治上有所作为。在王国维看来这是比较奇怪的一件事情,他就以诗人为例,说杜甫杜子美在诗歌之中就表现了自己的政治理想:"自谓颇挺出,立登要津路。致君尧舜上,再使风俗淳。""胡不上书自荐达,坐令四海如虞唐。"这是韩愈的诗歌,韩愈在这首诗歌之中也寄寓了对年轻后生的一种忠告。再看看陆游的诗歌,他说:"寂寞已甘千古笑,驱驰犹望两河平。"这是陆游诗中表现的北方的失地始终不能够得到收复的悲愤之情,当然收复失地是他的政治理想。王国维在列举了杜甫、韩愈、陆游这些诗人的作品之后,他说只有在作品中表现真正理想的这些诗人,世人才会称他们是大诗人。如果诗人没有这样的抱负,在诗歌作品中没有表现自己的政治理想,世人就会认为他和那些戏曲小说家一样,只是游戏人生的人,所以"以俳儒倡优自处,世亦以俳儒倡优畜之"。"俳儒倡优"是中国古代戏子的一种代称,他们主要是供达官贵人娱乐的,没有多少严肃的政治意义,王国维是这样认识并反思中国传统文学的价值观的。因为王国维年轻时受到西方思想的影响,他开始对中国传统的这种价值观念提出了自己的怀疑,提出了一种新的文学价值观,他接着说:"诗之外尚有事在,一命为文人便无足观,我国人之金科玉律也。"一定要在自己的文学艺术作品中关心现实,要抒写自己的政治理想。他接着感慨道:"呜呼! 美术上之无独立之价值也久矣。此无怪历代诗人多托于忠君爱国劝善惩恶之意以自解免,而纯粹美术上之著述,往往受世之迫害,而无人为之昭雪者也,此亦我国哲学美术不发达之一原因也。"王国维受到西方美学思想的影响,开始对中国传统教化的文学观念进行反思,认为中国传统的那种价值观念有局限性,使得古代没有独立的文学艺术出现。这当然是有一定道理的,但是如果仅仅以西方的美学思想来评价中国传统的文学价值观,认为中国传统的文学价值观使得中国传统的文学艺术不发达,这当然也是片面的。

最后,他在早年的文论著作中还提出了一个观点,"一切之美,皆形式之美也"。他在《古雅之在美学上之位置》这篇文章之中提出形式有两种:第一种形式是指文学作品的体裁,这个体裁和我们传统文学的那个体裁是不一样的,它主要是指美所存在的不同材质,还包括自然、艺术等。第二种形式主要是风格,这个风格按照西方的美学观点来理解就是优美和宏壮这两种不同的美学范畴,还有古雅这个独特的美学范畴。在《古雅之在美学上之位置》这篇文章之中,王国维比较深入地讨论了古与今、雅和俗的关系,这是王国维早期美学思想或者说文学思想的一个内容。

3　《红楼梦评论》（1905）

　　在王国维众多的文学批评著作之中，《红楼梦评论》是重要的文学批评作品。这篇作品是 1905 年正式发表的，因为《红楼梦》在中国文学史上特有的地位，而王国维先生又用他早年所接受的西方的美学思想和文学思想对《红楼梦》的内容、人物形象、思想和艺术进行了多方面的评价，所以这标志着《红楼梦》研究在王国维的时代发生了新的变化。我们今天来看看王国维《红楼梦评论》所包含的一些主要的文学思想。

　　在这篇论文之中，王国维提出了文学艺术的价值观念。这个价值观念表现得比较特别，我们可以看到，他显然受到了叔本华的哲学思想的影响。他说文学艺术的任务就在于描写人生的苦痛及其解脱之道。在《红楼梦评论》之中，王国维说："美术之务，在描写人生之苦痛与其解脱之道，而使吾侪冯生之徒，于此桎梏之世界中，离此生活之欲之斗争，而得其暂时之平和。此一切美术之目的也。"这里实际包含着两个层次的意思，首先是王国维对人生的本质的一种理解，其次是对文学艺术价值的一种理解。我们首先看看王国维对人生的本质的理解，由于受叔本华和中国传统的老庄人生观的影响，王国维在《红楼梦评论》当中表现的是这样一种特别的人生观。他认为人的生活的本质就是欲望，而欲望的特点就是贪得无厌，人一旦贪得无厌，就会产生痛苦。在《红楼梦评论》中王国维直接就说："生活之本质何？欲而已矣。欲之为性无厌，而其原生于不足，不足之状态，苦痛是也。"按照我们平常生活的经验，大概能够理解王国维的意思就是说，我们在日常生活之中总是有很多很多的愿望、想法，可是在现实之中，这些愿望却不能够实现，那么这就是一种痛苦，这个痛苦产生的原因就是愿望不能得到满足，但是实际上我们有一些小小的愿望，还是能够实现的。那如果一个愿望实现了，就会产生新的愿望，新的愿望源源不断，它如果得不到满足，也会给我们带来不断的痛苦。我们怎么去获得人生的快乐呢？在王国维看来，当然要将苦痛摆脱掉，所以就要开始努力，努力去工作，努力在我们一般人看来也是一种痛苦。再者实际上欲望是不能得到满足的，如果人的欲望真的得到了满足，他是不是就会快乐呢？实际上也不然。因为一旦人所有的愿望都满足了，不会再产生新的愿望的时候，就会产生一种厌倦之感，而厌倦本身就是一种痛苦。所以王国维在这里说了，在我们的现实生活中，欲、生活、苦痛是三位一体的，"三者一而已矣"。以这样的一种人生观点来观照《红楼梦》，王国维获得了对《红楼梦》的不同理解。

我们来看看他是怎样来理解人生的。我们补充一下，王国维的这种人生苦痛的观点，实际上直接来源于叔本华的哲学观点，同时也有我们中国传统思想的根源。老子在《道德经》中就说过："吾所以有大患者，为吾有身。及吾无身，吾有何患！"实际上说的是自从我们人来到这个世界之上就有痛苦，只有离开了这个世界，恐怕才没有痛苦。庄子在《齐物论》中也对人生的苦痛做过比较深入的分析："一受其成形，不亡以待尽。与物相刃相靡，其行尽如驰，而莫之能止，不亦悲乎！终身役役而不见其成功，苶然疲役而不知其所归，可不哀邪！人谓之不死，奚益！其形化，其心与之然，可不谓大哀乎！"人生活在这个世界之上，为了生存会和别人产生矛盾，那么这个人的一生就在和别人的矛盾冲突中度过了，你觉得这样的人生是不是有点悲哀呢？为了维持我们的生存，整天忙忙碌碌，而没有什么成就感，弄得疲惫不堪还找不到自己的归宿，你是不是觉得可哀呢？再者人活在世上，随着时光的流逝一天天地衰老了，不仅我们的身体衰老，我们的心也衰老了，在庄子看来这恐怕是最大的一种悲哀了。

在《红楼梦评论》之中王国维认为，这样一种看起来消极的人生观，有两个来源，一个就是西方的生命哲学，一个是中国传统的道家哲学的人生观。由于对人生持着这样一种观点，王国维和我们普通人不一样，他在《红楼梦》中看出一种与众不同的东西，可以以两个人物形象为代表。

在《红楼梦》中我们想讲两个人物形象，都是大家比较熟悉的。一个就是大观园中的女强人王熙凤。在王国维看来，王熙凤在某种意义上是生活之欲的典型代表。在《红楼梦》中，我们也看得出来，王熙凤争强好胜、玩弄权术，她既喜欢钱又喜欢权，而钱和权代表着我们日常生活中的贪欲，所以我们说王熙凤的贪欲和权欲都非常强烈。王熙凤在大观园中虽然曾经风光过，但是正如《聪明累》这个曲子所交代的，她的结局却是非常的悲惨。《红楼梦》第五回十二支曲子中的《聪明累》实际上就是王熙凤形象和归宿的一种写照。我们看一下这个曲子："机关算尽太聪明，反算了卿卿性命。生前心已碎，死后

第十讲 古典与现代的精神裂变

271

性空灵。家富人宁,终有个家亡人散各奔腾。枉费了,意悬悬半世心;好一似,荡悠悠三更梦。忽喇喇似大厦倾,昏惨惨似灯将尽。呀!一场欢喜忽悲辛。叹人世,终难定!"在《红楼梦》众多的女性形象比如说十二钗之中,王熙凤算是非常聪明伶俐的。她能够把人口众多的大观园管理得非常妥当,这是她的聪明所在。但是聪明反被聪明误,她最后把自己的性命也送掉了,落得家破人亡,人生就像一场梦一样过掉了,这是王熙凤的归宿。再看看《红楼梦》当中另一个重要的人物形象贾宝玉。贾宝玉这个名字中有一个玉,在王国维看来,这个玉就是欲望,人的生活本质就是欲,欲是无限的,欲壑难填,所以人生就不免苦痛,这个解释恰到好处地说明了他受叔本华哲学思想影响而持的人生观念,但未免有点牵强附会。但是贾宝玉的玉在整个《红楼梦》中确实是一个重要的形象,当代著名学者、文学家王蒙曾经在《贾宝玉论》中对贾宝玉身上所佩戴的这个不能够分离的通灵宝玉和贾宝玉之间的关系做过这样精到的分析,他说:"通灵宝玉与宝玉同时进入了红尘,进入了大观园,成了《红楼梦》小说特别是贾宝玉故事的一个贯彻始终的道具,一个具体的情节因素,一种提示,一种富有神秘与超验意味的、宿命的、不可解的征兆、预兆。"全书围绕着贾宝玉的玉写了很多,在很多的章节之中,写示玉、摔玉、丢玉、寻玉、送玉、得玉,它和宝玉的爱情和身体健康以及家庭的命运都有脱不开的关系。所以我们说这块玉是贯穿《红楼梦》始终的重要线索,但这个玉在王国维看来,不过是生活之欲的代表而已。这种解释看起来非常的巧合,实际上未免有点牵强附会,但王国维本身对人生就是持这样的一种态度的。

我们看看贾宝玉的玉是怎么来的。曹雪芹在《红楼梦》开篇就点出了宝玉的玉的来历,他说是女娲氏在炼石补天时剩下的那一块。女娲补天是中国创世神话的一个重要内容。传说在远古的时候,有一天天地崩裂,女娲氏就想去补天,她在大荒山无稽崖总共锻造了三万六千五百零一块石头,女娲补天的时候,用了三万六千五百块,还剩下一块没有用,就随手丢在青埂峰下,但是谁知道这块石头经过了女娲氏的锻造已经具备了灵性,自来自去,可大可小。这块通灵的石头看到其他的石头都被用去补天了,而自己却没有被用来补天,所以觉得自己是个无用的石头。这个石头最后就来到了人间，通过宝玉的诞生来到了大观园。通过女娲补天这样的一个神话，王国维认为，这块女娲氏未用来补天的石头，后来有了灵性，变成了这样一个通灵宝玉，那么，这块"通灵宝玉"比贾宝玉来到人世不知要早多久，因此在某种意义上暗示着生活的欲望实际上是在我们人来到这个世界之前就存在的，而我们现有的人生只不过是生活欲望的一个发现者罢了，我们每一个人的一生只不过是体现了叔本华所谓的人生哲学思想罢了。所以说，人的欲望是与生俱来的，是先天存在的，痛苦也是先天存在的。这是王国维受叔本华哲学思想的影响所持的一种人生观点。

通过对王熙凤和贾宝玉这两个人物形象的分析，我们可以看出来王国维认为《红楼梦》这本书在某种意义上就是真正地体现了叔本华的哲学思想的一本书。由此可见，王国维这个时代的学者受西方的文学思想影响很大，对中国文学作品产生了与中国传统思想不一样的看法。这个苦痛就是生活的本质，而文学艺术作为对人生的一种反映，要反映这个苦痛，而且文学艺术有一种特别的价值，除了反映人生的苦痛之外，它还能够为我们指出解决痛苦的方向和办法。所以他提出了这种独特的艺术价值观，认为艺术的价值在于能使人解脱苦痛。他在《红楼梦评论》中就提出来，《红楼梦》这本书实际上就说明了生活的苦痛是自己造成的，同时又给人指出了解脱的路径，解脱的路径恐怕要由自己去寻找，解铃还须系铃人。但是在现实生活之中，我们普通人恐怕不行，只有那些非常之人能够洞察到世界和人生的本质。王国维认为《红楼梦》给人指出了解脱痛苦的方法，比如说在《红楼梦评论》中通过对贾宝玉等人物形象的分析，他就指出了解脱的道路到底是什么。贾宝玉这个人物形象后来的归宿实际上就是人生痛苦解脱的路径，这一路径就是出家、出世。王国维认为自我了断的方式，像金钏投井自杀，司棋触墙自杀，尤三姐、潘又安自刎都不是真正的解脱，真正的解脱，王国维在这里受到了佛教思想的影响，认为是皈依佛门。

在《红楼梦》中有三个人物形象能够代表王国维这样的观点。第一就是贾宝玉，第二就是惜春，第三就是紫鹃。受佛教思想的影响，王国维认为只有出家才是最好的解脱道路，而像金钏、司棋、尤三姐、潘又安之类的人所用的那种自我了断的方法是不恰当的。不仅在《红楼梦评论》中是这样，他曾经在《教育小言》之中也反对用自杀这种方式来了结人生的苦痛。在《红楼梦》中贾宝玉最后的结局就是跟着开篇的僧道二人出家做了和尚，《红楼梦》后来的情节也是按照这样的思路去写的。我们看今天通行的《红楼梦》第一百二十回中,写到了贾宝玉最后光着头,赤着脚,身上披着一领大红猩猩毡的斗篷,向他的老父亲拜了四拜,就被这一僧一道带走了。从他这个肖像描写中我们可以看到,他出家当了和尚,这是贾宝玉的结局。实际上在这个结局之前,《红楼梦》的前八十回对这个结局有很多的暗示。比如说第三十回,贾宝玉跟黛玉闹矛盾,林黛玉说"我回家去",宝玉缠着她说,你回家我就跟你去。林黛玉索性就说"我死了呢",黛玉这样说了以后宝玉说"你死了,我做和尚"。这和第一百二十回贾宝玉的结局是相符合的。第三十一回和刚才第三十回情节大体相似,贾宝玉也说要去当和尚,林黛玉就说:"做了两个和尚了。我从今以后都记着你作和尚的遭数儿。"林黛玉这个话可以说是不幸言中了啊,最后贾宝玉真就是出家当了和尚,在王国维看来这是解脱人生苦痛最好的一条道路。这是贾宝玉这个形象告诉我们的一种人生的归宿。除了贾宝玉这个人物形象之外,我们再看一看惜春,在第五回中曹雪芹就写过惜春:"看破的,遁入空门。"惜春的判词是这样写的,判词上还有一幅画,画上画的是一座古庙,这个古庙里面有一个美人在独自看佛经,在画下面还有四句诗,是这样写的,"勘破三春景不长",春天是美好的,但是春天又是短暂的。"缁衣顿改昔年妆",惜春作为贾家的宝贝女儿,过着非常奢华的生活,最后却穿着缁衣出家为尼,"缁衣顿改昔年妆"也是暗示着惜春未来的归宿。"可怜绣户侯门女,独卧青灯古佛旁",最后就点题了,惜春作为大观园中身份高贵的女子,最后还是出家做了尼姑。在王国维看来这样的归宿是人生最好的一种归宿了,就是看破红尘,遁入空门。王国维在《红楼梦评论》之中提出来的文学艺术具有这样的一种价值,它不仅描写了人生的本质,而且指出了解脱之道。这是《红楼梦评论》当中的一个重要内容。

王国维在《红楼梦评论》中通过对《红楼梦》人物形象的分析,得出这样的结论,文学艺术的根本目的在于描写人生的苦痛及其解脱之道。除此之外,在《红楼梦评论》之中他还提出了自己的悲剧观点。王国维受叔本华思想的影响,认为悲剧是各种艺术范畴中最具有美学价值的一类,所以他说诗歌是各种美术的顶点,悲剧又是诗歌的顶点。在《红楼梦评论》之中王国维提出中国的文学艺术表现了我们民族的一种精神。他说:"吾国人之精神,世间的也,乐天的也,故代表其精神之戏曲、小说,无往而不着此乐天色彩。始于悲者终于欢,始于离者终于合,始于困者终于亨。"我们知道中国古代戏曲、小说在王国维的时代受到西方文学观念的影响,开始得到人们的重视。在中国传统的文学观念之中,小说在先秦时期就处在九流十家之末,是不入流的。虽然那个时候的小说与后代的戏曲、小说在文体上有本质的不同,但是对中国传统小说的创作有不利的影响。戏曲这一文体在中国传统文化之中由于载道观念的影响,更不受重视。到了元代以后,文人在现实生活之中地位很低,在政治上也很难寻找到为国家效力的路径,所以把大量的精力用在戏曲、小说的创作之上,从而推动了中国戏曲、小说的发展和繁荣。戏曲和小说作为中国文学中的两个重要体裁,典型地反映了我们中华民族的人生态度。我们看到在很多的戏曲、小说之中,通过描写青年男女的爱情生活表现了作者对人生的一种理解。一开始的时候,男女之间的结合总是会遇到许多的挫折,但是在戏剧的最后,总是以大团圆作为结局。比如说王实甫的《西厢记》,崔母觉得张生以白衣身份不能够和崔莺莺结合,所以逼迫他到京城去参加科考,受到了种种的挫折,但最后还是团圆了。王实甫在《西厢记》最后写道"愿天下有情人都成了眷属,是前生注定事莫错过姻缘",是团圆的结局。像汤显祖的《牡丹亭》,杜丽娘在梦中对书生柳梦梅一见钟情,因为现实中见不到自己的梦中人而离世,但是最后她还是能复活与她心爱的柳梦梅结合,也是一个团圆结局。这种团圆的结局实际上表明我们中国人有一种乐观主义的人生情怀。这种人生情怀在戏曲和小说之中反映得比较多,大团圆的结局就是最典型的一种模式。正如李泽厚在《中国古代思想史论》中所说的,中国人很少具有彻底的悲观主义,他们总是愿意乐观地眺望未来。这是我们中国人在传统文化氛围影响之下的人生态度,也就是乐观主义。但是从文学艺术的角度来说,从美学的价值来看,现代西方美学思想认为悲剧才是最美的,才具有最高的美学价值。以这样的观点来看,中国传统的戏曲、小说就可能不符合这样的要求,但是《红楼梦》则不然。《红楼梦》是个彻头彻尾的悲剧,从而具有了在王国维眼中很高的美学价值。

王国维在《红楼梦评论》之中将悲剧分为三种类型,他说第一种悲剧是"由极恶之人极其所有之能力以交构之者"而造成的,由于在现实生活之中有一些坏人总是跟你过不去,从而产生了悲剧。第二种悲剧是由不可知的盲目的命运造成的。这两种悲剧我们都能够避免。第三种悲剧实际上是戏曲、小说之中的人物由于他在社会之中和家庭之中的地位及关系而不得不去不正常地生活，并非有罪恶的人交构其间，也没有什么盲目的命运。在现实生活中，由于家庭、社会的关系他这样去生活是合理的，但结果常常是悲剧。王国维认为这第三种悲剧是悲剧之中的悲剧。《红楼梦》中宝黛的爱情在某种意义上就是这样一种悲剧。对林黛玉来说，贾母非常喜欢她，但是王夫人却喜欢薛宝钗，从人物的关系来说这都是合理的，但最后宝玉和黛玉却不能够结成姻缘，跟王实甫的《西厢记》、汤显祖的《牡丹亭》结局是不一样的。不管遇到了多少挫折，张生和崔莺莺最后还是完美地结合了。《牡丹亭》中杜丽娘和柳梦梅也结合了。但是《红楼梦》中的贾宝玉和林黛玉最终没有能够成就美满的姻缘，并非由一个坏人在后面有意阻隔造成，实际上是因为他们各自的身份地位等各种现实原因所迫，最终产生了这样的悲剧。所以《红楼梦》在王国维看来是悲剧中的悲剧，当然，第三种悲剧也是最具有审美价值的。从这一点看来，王国维对《红楼梦》本身的评价可能还有待商榷，但是他认为《红楼梦》是中国古代戏曲、小说中最具有审美价值的一部作品的观点，我们还是可以接受的。《红楼梦》一开篇的时候，实际上对悲剧的结局就有了暗示。其中的那个跛足道人说唱的《好了歌》，在某种意义上就暗示了大观园最终的结局是走向灭亡。大观园当然好，但好就是了，了才能好，跛足道人虽然看起来疯疯癫癫的，却说出了真话："世人都晓神仙好，惟有功名忘不了。古今将相在何方？荒冢一堆草没了。世人都晓神仙好，只有金银忘不了。终朝只恨聚无多，及到多时眼闭了。世人都晓神仙好，只有娇妻忘不了。君生日日说恩情，君死又随人去了。世人都晓神仙好，只有儿孙忘不了。痴心父母古来多，孝顺儿孙谁见了。"最后大观园坍塌了，这是《红楼梦》所展示的最终的结局，就是悲剧。而在王国维看来悲剧这样的一种文学作品是最具有审美价值的，这是《红楼梦评论》中表现的一个很重要的观点。

王国维在《红楼梦评论》中还展现了一个非常重要的观点，在他看来文学艺术的一个特征就在于通过具体的来反映一般的，所以文学艺术具有一种典型意义。《红楼梦》就具有这样一种典型的意义，这种典型意义就是通过典型人物的形象表现出来的。《红楼梦》自从流传以后很快就成为很多读书人感兴趣的一本书，真是"开谈不说《红楼梦》，读尽诗书也枉然"。

清代 改琦《红楼梦图咏》黛玉

关于《红楼梦》中的主人公到底是谁,有很多不同的理解。清代的学者受传统学术方法——乾嘉考据学的影响,来考据《红楼梦》中的人物特别是典型人物贾宝玉是谁。有人认为贾宝玉是清初著名的才子纳兰性德,他是大学士纳兰明珠之子,身份非常高贵,和大观园中的社会背景可能相符合,这是考据学者提出来的一个观点。还有人认为曹雪芹是写自己的家事,曹雪芹的祖父曹寅是江宁织造,清代的皇帝多次南下,在江宁织造府待过,大观园就是江宁织造府的一个缩影,所以考据学者认为贾宝玉不是别人,就是曹雪芹自己,这是考据学者提出的另一个观点。但是无论哪一种观点，认为贾宝玉是纳兰性德也好，认为贾宝玉是作者个人身世的一种再现也好，都不太符合文学艺术创作的规律。文学艺术实际上都是虚构的，它通过人物形象的塑造来表现作家对社会生活的一种观点，这是文学艺术的一种典型意义。王国维在《红楼梦评论》的余论部分对传统的考据学进行了批判，提出文学艺术的典型意义，这一点是比较符合文学艺术的本质特征的。在我们看来这一点对理解文学艺术作品是具有积极意义的，这是《红楼梦评论》中所包含的一种非常宝贵的文学思想。

4 《人间词话》的"境界"说（1908）

《人间词话》是王国维一生的学术代表作品，所以我们在讲王国维的学术成就的时候，《人间词话》这本书是绕不过去的。下面我们来讨论《人间词话》的主要思想——境界说。

王国维在《人间词话》的开篇就提出了什么是境界以及境界在中国传统文体诗词当中的独特意义。《人间词话》所讨论的主要对象是中国传统特有的一种文体——词，但是从理论上来看，境界说不仅仅可以用来评价词，也可以用来评价其他的诗歌作品，甚至包括叙事文学。王国维在《人间词话》的开篇就提道："词以境界为最上。有境界者则自成高格，自有名句。五代、北宋之词所以独绝者在此。"首先王国维就提出了评价一首词是否成功，就看词是否有境界，只有有境界的词才能达到艺术的高度，王国维比较偏爱五代、北宋的词，他认为五代、北宋的词之所以具有独特的审美价值，就在于它们是有境界的，这是境界对于词这一独特的文体的意义。那么什么是有境界呢？在《人间词话》中王国维进一步分析道："境非独谓景物也，喜怒哀乐亦人心中之一境界，故能写真景物、真感情者，谓之有境界，否则谓之无境界。'红杏枝头春意闹'，着一'闹'字而境界全出。'云破月来花弄影'，着一'弄'字而境界全出矣。"我们从王国维的这一段分析当中可以看到，所谓的境界至少要具备三个方面的条件。第一个就是要有情有景，所以他说："境非独谓景物也，喜怒哀乐亦人心中之一境界。"那么所谓的境界就是情景契合。第二个是情景必须要真实,所以王国维说:"能写真景物、真感情者,谓之有境界。"第三个,王国维以具体的作品为例来分析境界的一个重要特征。他举的例子是宋祁的《玉楼春》,词是这样写的:"东城渐觉风光好,縠皱波纹迎客棹。绿杨烟外晓寒轻,红杏枝头春意闹。浮生长恨欢娱少,肯爱千金轻一笑。为君持酒劝斜阳,且向花间留晚照。"这首词的上片四句主要是通过对春天的典型景物像绿杨、红杏的描写,为我们描绘了一幅明媚的春光图。下片主要表现在美好的春天要及时行乐,表达的是及时行乐的一种情趣。其中上片最后一句"红杏枝头春意闹",王国维先生极为欣赏,认为这一句词是有境界的。我们再看他举的另外一个例子叫"云破月来花弄影",这句词出自北宋词人张先的代表作品《天仙子》。词中这样写道:"水调数声持酒听,午睡醒来愁未醒。送春春去几时回?临晚镜,伤流景,往事后期空记省。沙上并禽池上瞑,云破月来花弄影。重重帘幕密遮灯,风不定,人初静,明日落红应满径。"在这首小词当中张先实际上表达的也是文人士大夫伤春的一种感情。春天虽然美好,但这样美好的春光是短暂的,等到了明日落红满径的时候,美好的春天就要过去了。其中一句"云破月来花弄影",在句子中词人巧妙地使用了"弄"字,使得整首词充满了生气。所以王国维说"'云破月来花弄影',着一'弄'字而境界全出"。这实际上代表着王国维关于境界的一个很重要的观点,就是说境界的第三个要求是生气灌注,气韵生动,具有生动性。这是对境界三个方面的要求,第一个是情景契合,第二个是情景真实,第三个是情景生动,这样词作才是有境界的。

　　这是王国维在《人间词话》之中提出的一个重要观点——境界说。因为《人间词话》主要评论的对象是词,所以境界说当然是在词作的具体分析过程之中展开的。同时我们也意识到境界说实际上不仅仅是我们评价词的一个重要视角,同样也可以用来评价诗歌等其他的抒情文学,甚至在王国维的《人间词话》之中,境界说有时候和他评价戏剧文学的意境说也非常的相似。王国维在《宋元戏曲史》中就写道:"凡一代有一代之文学,楚之骚,汉之赋,六朝之骈语,唐之诗,宋之词,元之曲,皆所谓一代之文学,而后世莫能继焉者也。"从元代来看,最能够代表其时代的文学体裁当然就是戏曲了。我们说出现了关汉卿,出现了白朴、马致远,出现了郑光祖,即关马郑白元曲四大家。那么元曲为什么能够取得那么高的艺术成就?当然是多方面原因形成的。在《宋元戏曲史》当中,王国维说其中一个重要的原因就是意境,"元剧最佳之处,不在其思想结构,而在其文章"。当然元剧的思想结构也是非常重要的,但在王国维看来,元剧的妙处就在于它的文章,文章之妙表现在什么地方? 一言以蔽之曰"有意境而已矣"。什么叫有意境? 他说:"写情则沁人心脾,写景则在人耳目,述事则如其口出是也。古诗词之佳者无不如是,元曲亦然。明以后,其思想结构尽有胜于前人者,唯意境则为元人所独擅。"元曲中的意境我们可以看一看王实甫的《西厢记》长亭送别这出戏,崔莺莺送张生赴京赶考的那个情景描写就非常具有意境,在某种意义上来说受到了范仲淹的《苏幕遮》的影响:"碧云天,黄花地,西风紧,北雁南飞。晓来谁染霜林醉? 总是离人泪。"曲词写得和优秀的词作一样情景交融,所以说有意境。王国维也提出了所谓的意境就是情和景两个要素的结合。"写情则沁人心脾,写景则在人耳目",所谓元曲的文章之妙就在于情景交融的意境。所以我们看王国维的意境说既可以用来评价词,也可以用来评价其他的古诗,还可以评价戏曲乃至小说之中的文章艺术,这是境界说的意义所在。

王国维在《人间词话》中提出了境界说,境界是评价词作优秀与否的一个重要的标准。王国维对境界的内涵进行了界定,在此基础之上,王国维对境界的内涵进行了进一步的分析。他将境界从不同的角度进行了细分,分成隔与不隔两种。我们来看看王国维《人间词话》中具体的评价。

他说:"美成《苏幕遮》词:'叶上初阳干宿雨,水面清圆,一一风荷举。'此真能得荷之神理者。觉白石《念奴娇》《惜红衣》二词,犹有隔雾看花之恨。"他将周邦彦的词《苏幕遮》和姜夔姜白石的词《惜红衣》《念奴娇》进行比较,《苏幕遮》中的"叶上初阳干宿雨,水面清圆,一一风荷举"再现了荷之神理,跟再现荷之神理的《苏幕遮》比较起来,姜白石的词《惜红衣》《念奴娇》有隔雾看花之感,"隔雾看花"是王国维评价姜白石词常用的一个词语。姜白石写景之作如"二十四桥仍在,波心荡、冷月无声"是其代表作品《扬州慢》中的句子,句子化用了晚唐诗人杜牧的绝句"二十四桥明月夜,玉人何处教吹箫"。在王国维看来,这对词的境界的创作有消极的影响,所以他评价说"二十四桥仍在,波心荡、冷月无声""数峰清苦,商略黄昏雨""高树晚蝉,说西风消息"这些词虽

大学语文导读

然格韵高绝,但是从意境上来看犹如雾中看花,终隔一层。不仅姜夔的词存在这种毛病,南宋的词家像史达祖、吴文英的作品也有一个通病,都在一个隔字。

隔和不隔,这是王国维对境界做细分时提出来的观点。在下面的例证的分析之中,我们就能比较容易看清楚了,他说"问'隔'与'不隔'之别,曰:陶谢之诗不隔,延年则稍隔矣"。陶谢就是东晋南朝时期的代表诗人陶渊明和谢灵运,一个是田园诗的开创者,一个是山水诗的开创者。延年是南朝刘宋时期的一个著名诗人,他的诗歌有一个特点就是大量使用典故,所以在人看来就显得比较有隔膜。再看看宋代诗人苏东坡和黄庭坚这两个人诗歌的比较,他说:"东坡之诗不隔,山谷则稍隔矣。"他列举了谢灵运的代表作品《登池上楼》中的名句"池塘生春草",还列举了隋代诗人薛道衡的《昔昔盐》中的句子"空梁落燕泥",这两句诗王国维评价比较高。他说这两句诗的妙处就在于不隔,看来不隔对于意境来说是一个优秀的表现;而隔的境界则不太优秀,或者说是比较劣质的一种意境的表现。诗是这样子,词也如是。他接着说:"词亦如是。即以一人一词论,如欧阳公《少年游》咏春草上半阕云:'阑干十二独凭春,晴碧远连云。千里万里,二月三月,行色苦愁人。'语语都在目前,便是不隔。至云'谢家池上,江淹浦畔',则隔矣。"我们先来看一下为什么说"谢家池上,江淹浦畔"就隔了。我们知道"谢家池上"就是出自谢灵运《登池上楼》中所写的"池塘生春草",写草但不直接讲草,用了前人的诗句,所以叫用典。"江淹浦畔"是出自江淹的代表性作品《别赋》:"春草碧色,春水渌波,送君南浦,伤如之何!"也写了春草,"池塘生春草,园柳变鸣禽""春草碧色,春水渌波"这两句诗都是非常优秀的原创诗文,可以说是语语都在目前,但是当欧阳修在《少年游》下阕中用前人的这两个典故的时候就隔了一层,是所谓的境界的隔。我们再看什么叫不隔,他举了《古诗十九首·生年不满百》的例子:"生年不满百,常怀千岁忧。昼短苦夜长,何不秉烛游?"这实际上抒写了人生短暂的一种情怀。再看看《驱车上东门》这首诗:"服食求神仙,多为药所误。不如饮美酒,被服纨与素。"同样是表现及时行乐情怀的。这两首诗都是以抒情为主,抒发了人生短暂、及时行乐的人生态度。在王国维看来,这是不隔。因为境界是情景的一种契合,直接的抒情就是不隔。他再举到诗中写景的例子,陶渊明《饮酒》其五:"采菊东篱下,悠然见南山。山气日夕佳,飞鸟相与还。"这是我们熟悉的陶渊明的代表作品,表现了陶渊明已经沉浸在自然之中,与大自然融为一体的一种境界。北朝的名歌《敕勒歌》写道:"敕勒川,阴山下。天似穹庐,笼盖四野。天苍苍,野茫茫,风吹草低见牛羊。"其中的"天似穹庐,笼盖四野"直接描写了北方游牧民族生活的典型的场景,住在穹庐(相当于后来的毡房)里面这个场景没有用典,所以王国维说这是不隔。

我们现在就可以归结一下王国维将境界分成隔与不隔的意思,在他看来艺术价值更高的当然是不隔的作品,而隔在艺术价值上就有所欠缺了。从境界的情景交融来看,写景不隔就是直接书写眼中所见到的景物,不需要使用典故,一旦使用典故就如雾中看花,终隔一层。从抒情来说,在诗歌当中直接抒发情感就是不隔,如果通过典故来表达自己的情感,就是隔。这就是境界的隔与不隔的区别。

王国维在《人间词话》之中提出了境界说,他不仅对境界概念的内涵进行了界定,而且进一步对境界进行了细分。除了我们刚才所分析的境界有隔与不隔的区别之外,他还提出了造境和写境的观点。

在《人间词话》中,王国维说:"有造境,有写境,此理想与写实二派之所由分。然二者颇难分别。因大诗人所造之境,必合乎自然;所写之境,必邻于理想故也。"境界可以分为造境和写境。所谓的造境就是在作品之中更多地表现了作家的一种情怀、情感、情绪;而写境主要偏向于写实,要么是真实地书写自然环境中的景物,要么是写社会生活。但是造境和写境的划分是相对的,因为一个作品不可能完全写实,写实必然要抒写感情,而造境也是如此,在抒写自己感情的时候也应该有生活的真实,所以造境和写境是难以严格区分的,也就是在任何一篇作品之中既有写实的因素,也有理想的因素。这是由自然中的事物互相联系所决定的,也和作家通过书写这些现实生活的对象表达的情感是一致的。所以王国维进一步分析道:"自然中之物,互相关系,互相限制。然其写于文学及美术中也,必遗其关系、限制之处。故虽写实家,亦理想家也。又虽如何虚构之境,其材料必求之于自然,而其构造,亦必从自然之法则。故虽理想家,亦写实家也。"在这里他进一步分析,在一篇具体的文学作品之中,我们可以从它的总的观点或者总的特征来看,把它概括为写实派的作品,或者概括为理想派的作品,或者是写境的作品,或者是造境的作品。但实际上在任何一篇文学作品中都包含着两个方面的要素,就是写事和抒情,也就是写实和虚构这两个方面的因素,这就是造境和写境及其密切关系的一个观点。

王国维进一步对境界进行了划分,他将境界细分为有我之境和无我之境。在《人间词话》中,他说:"有有我之境,有无我之境。'泪眼问花花不语,乱红飞过秋千去''可堪孤馆闭春寒,杜鹃声里斜阳暮',有我之境也。'采菊东篱下,悠然见南山''寒波澹澹起,白鸟悠悠下',无我之境也。有我之境,以我观物,故物皆著我之色彩;无我之境,以物观物,故不知何者为我,何者为物。古人为词,写有我之境者为多,然未始不能写无我之境,此在豪杰之士能自树立耳。"在这一段话中王国维写出了三个层次的重要含义。第一,他对境界进行了进一步的细分,提出境界可以分为有我之境和无我之境。第二,他以具体的词为例,对有我之境和无我之境进行了分析,分别列举了有我之境的代表作品和无我之境的代表作品,"泪眼问花花不语,乱红飞过秋千去""可堪孤馆闭春寒,杜鹃声里斜阳暮"是有我之境。什么叫有我之境?从他举的词例中,我们可以看出作家所要抒写的那种情感,从总体上来看,这两首词都有悲伤落寞的情怀,像"泪眼问花花不语,乱红飞过秋千去",显然是表现在暮春时节百花凋零时词人的一种伤春的情怀。而"可堪孤馆闭春寒,杜鹃声里斜阳暮"通过对春寒和斜阳等自然景观的描写,实际上表现了游子漂泊他乡的一种孤独的情怀。在这两首词中我们都能明显看出词人的情感,所以叫作有我之境。而"采菊东篱下,悠然见南山""寒波澹澹起,白鸟悠悠下"则是无我之境的典型例子。陶渊明的"采菊东篱下,悠然见南山"我们比较熟悉,在这首诗中陶渊明实际上表达了人与自然相互融合的一种境界,就是天人合一的境界。下面是金代诗人元好问的诗《颖亭留别》:"寒波澹澹起,白鸟悠悠下。"澹澹、悠悠这两个叠词实际上也透露出诗人的一种情感,但是寒波和白鸟着重写的是自然物象,所以相比较来说诗人的情感主要是通过外在的物象暗含着的,而不是像"泪眼问花花不语"直接以泪来表现诗人的情感。接着他分析了第三层,也就是总结。"有我之境,以我观物,故物皆著我之色彩;无我之境,以物观物,故不知何者为我,何者为物。"这里的意思就比较清楚了,所谓的有我之境就是作家书写的事物明显地带有自己的主观情感色彩。而无我之境,是作者把自己融入大自然中,作为自然的一部分,这时候就分不清何者为我,何者为物。有我之境和无我之境是王国维在《人间词话》中关于境界说的一个重要观点,对我们分析古典诗词有重要的参考价值。

王国维在《人间词话》中提出的境界说不仅可以用来分析文学艺术作品,而且可以用来评价人生。在我们中国传统的文学观念之中有一个最根本的观点就是文如其人,诗品即是人品。境界既然可以用来评价文学艺术作品,当然也就可以用来评价人生了。王国维提出了内美和修能合一、能入和能出结合的这样一种人生境界观。我们先看内美和修能合一的人生观。在《人间词话》中,王国维说:"'纷吾既有此内美兮,又重之以修能。'文学之事,于此二者,不可缺一。然词乃抒情之作,故尤重内美。"王国维在这里引用的是屈原的代表作品《离骚》中的句子,在《离骚》开篇,屈原在进行自我介绍的时候就说到"纷吾既有此内美兮,又重之以修能",它的意思就是说我具有这么多美好的内在品格,同时我又重视后天的修养。文学创作当然需要作家内在的品格和才华,同时也需要后天的学习。就具体的文体来说,王国维认为词是抒情之作,所以王国维特别重视内美。他曾经在《文学小言》中对屈原以来的诗人进行评价:"三代以下之诗人,无过于屈子、渊明、子美、子瞻者。此四子者,苟无文学之天才,其人格亦自足千古。故无高尚伟大之人格,而有高尚伟大之文学者,殆未之有也。"不仅词尤重视内美,实际上诗人也要重视人格修养,伟大的人格是作家主体所应具有的一个重要特征。王国维对词人也有这样的评价:"词人者,不失其赤子之心者也。故生于深宫之中,长于妇人之手,是后主为人君所短处,亦即为词人所长处。"在这里他举了李后主李煜的例子,后面还举了清代的一位年轻词人的例子。提到清代这位词人,大家可能受到王国维的影响,一下想到的就是纳兰性德。他评价道:"纳兰容若以自然之眼观物,以自然之舌言情。此由初入中原,未染汉人风气,故能真切如此。北宋以来,一人而已。"王国维在《人间词话》中对两个词人给予了很高的评价,一个是李后主,一个是纳兰性德。李后主的词确实具有一种感人的力量,但不是因为李后主生在深宫之中没有受到外在环境的影响,实际上王国维这个评价是不完善的。我们说李后主的词特别是他后期的词艺术性很高,正是因为他成了阶下囚,境遇发生了重大的转折,所以他才能够写出《浪淘沙·帘外雨潺潺》《虞美人·春花秋月何时了》这些作品。这些作品书写的是亡国之痛、故国之思,所以仅仅以生于深宫之中,长于妇人之手这样的环境来评价李后

大学语文导读

主的词恐怕是有局限性的。王国维认为纳兰性德的词写得好,评价他是"北宋以来,一人而已",认为纳兰性德作为满族的一个词人,刚刚进入中原,没有受多少汉人风气的影响,所以他抒写的情感比较真切,这个评价显然也有局限性。我们看看纳兰性德的《长相思》,这首小令写景确实真切,抒情当然也非常真切,但是如果纳兰性德没有边塞的那种经历,他很难写出《长相思》这首词:"山一程,水一程,身向榆关那畔行,夜深千帐灯。风一更,雪一更,聒碎乡心梦不成,故园无此声。"因为纳兰性德曾经到过边塞,所以才能够写出这样一首具有边塞特征的思乡的作品。这是王国维词学中值得思考的地方。

王国维在《人间词话》中还提出了能入能出相结合的人生境界观。王国维这样说:"诗人对于宇宙人生,须入乎其内,又须出乎其外。入乎其内,故能写之;出乎其外,故能观之。入乎其内,故有生气;出乎其外,故有高致。美成能入不能出,白石以降,于此二事皆未梦见。"周邦彦是否像王国维所讲的能入不能出,甚至姜白石既不能入又不能出这一说法另当别论,但是他在这里提出的诗人对于人生要能入能出的观点是非常宝贵的。作家、诗人需要这样,实际上我们做人也需要这样,一方面要积极地投入生活当中去,另一方面也要静下心来思考人生,跟生活要保持一段距离,这样才能够看清楚现实生活的真实状态。

王国维在《人间词话》中还提出了三境界之说,就更为我们所知了。三境界说不仅在《人间词话》中有,在《文学小言》之中也提出过,两段文字非常的相似,我们只要看其中的一个就可以了。在《文学小言》中,他说:"古今之成大事业、大学问者,不可不历三种之阶级。'昨夜西风凋碧树,独上高楼,望尽天涯路',此第一阶级也;'衣带渐宽终不悔,为伊消得人憔悴',此第二阶级也;'众里寻他千百度,蓦然回首,那人正在灯火阑珊处',此第三阶级也。未有不阅第一、第二阶级而能遽跻第三阶级者。文学亦然。此有文学上之天才者,所以又需莫大之修养也。"《文学小言》中所举的例子有一些异文,我们课后可以再查找一下,在这里所说的人生的境界也是有辩证关系的。要想达到自己的目的,即"众里寻他千百度,蓦然回首,那人正在灯火阑珊处"这样一种美好的结果,必须要有第一、第二这两个台阶,这是不可以省略掉的。第一个台阶,在这里他借用了晏殊的《鹊踏枝》或者叫《蝶恋花》这首词中的句子来解释,"昨夜西风凋碧树,独上高楼,望尽天涯路",其中所蕴含的道理我们比较清楚。人要有远大的理想,要有开阔的胸襟,这是第一阶级或者说是第一境界。而第二境界,借用欧阳修(一说这首词是柳永的词,我们课后可以查考一下,但是在表达的意思上影响不大)的"衣带渐宽终不悔,为伊消得人憔悴",实际上就是我们树立了远大的目标之后,要努力地为目标去奋斗,如果不去努力、不去奋斗,也还是枉然。正是经历了这第一级、第二级台阶,然后才能够到达第三级台阶,也就是达到我们崇高的目标。在现实生活中我们做人是这样,文学创作也是如此,也需要经历这三个境界,这是文学家的基本修养。

这就是王国维的人生境界说,直到今天,对我们的人生也有重要的启示。

思考与练习

1. 试分析王国维《红楼梦评论》的主要文学思想。
2. 试分析王国维《人间词话》的主要思想。

参考文献

[1] 彭玉平.人间词话疏证[M].北京:中华书局,2011.

[2] 叶嘉莹.人间词话七讲[M].北京:北京大学出版社,2014.

[3] 王国维.宋元戏曲史[M].上海:上海古籍出版社,1998.

[4] 王国维.王国维文学论著三种[M].北京:商务印书馆,2010.

[5] 王国维.观堂集林(附别集)[M].北京:中华书局,2004.

[6] 王实甫.西厢记[M].张燕瑾,校注.北京:人民文学出版社,1998.

[7] 汤显祖.牡丹亭[M].徐朔方,杨笑梅,校注.北京:人民文学出版社,2005.

[8] 曹雪芹.新批校注红楼梦[M].程伟元,高鹗,整理.张俊,沈治钧,评批.北京:商务印书馆,2013.

[9] 吴敬梓.儒林外史[M].北京:人民文学出版社,2002.

[10] 鲁迅.鲁迅全集[M].北京:人民文学出版社,2005.

[11] 陈寅恪.陈寅恪集[M].北京:生活·读书·新知三联书店,2009.

[12] 梁启超.梁启超全集[M].汤志钧,汤仁泽,编.北京:中国人民大学出版社,2018.